陇上学人文存

LONGSHANG XUEREN WENCUN

陇上学人文存

陈泽奎 卷

陈泽奎 著　韩惠言 编选

甘肃人民出版社

甘肃·兰州

图书在版编目（CIP）数据

陇上学人文存. 陈泽奎卷 / 李兴文总主编 ；陈泽奎
著 ；韩惠言编选. -- 兰州 ：甘肃人民出版社，2024.
10. -- ISBN 978-7-226-06169-5

Ⅰ. C53

中国国家版本馆CIP数据核字第2024QW8508号

责任编辑：高茂林

封面设计：王林强

陇上学人文存·陈泽奎卷
LONGSHANG XUEREN WENCUN CHEN ZEKUI JUAN

李兴文　总主编

董积生　景志锋　副总主编

陈泽奎　著　韩惠言　编选

甘肃人民出版社出版发行

（730030　兰州市读者大道 568 号）

兰州新华印刷厂印刷

开本 890 毫米 × 1240 毫米　1/32　印张 11.25　插页 7　字数 285 千
2024 年 10 月第 1 版　2024 年 10 月第 1 次印刷
印数：1~1000

ISBN 978-7-226-06169-5　定价：60.00 元

（图书若有破损、缺页可随时与印厂联系）

总　序

　　陇者甘肃，历史悠久，文化醇厚。陇上学人，或生于斯长于斯的本地学者，或外来而其学术成就多产于甘肃者。学人是学术活动的主体，就《陇上学人文存》（以下简称《文存》）的选编范围而言，我们这里所说的学术主要指人文社会科学研究。《文存》精选中华人民共和国成立以来，甘肃人文社会科学领域成就卓著的专家学者的代表性著作，每人辑为一卷，或标时代之识，或为学问之精，或开风气之先，或补学科之白，均编者以为足以存当代而传后世之作。《文存》力求以此丛集荟萃的方式，全面立体地展示新中国为甘肃学术文化发展提供的良好环境和陇上学人不负新时代期望而为我国人文社会科学事业做出的新贡献，也力求呈现陇上学人所接续的先秦以来颇具地域特色的学根文脉。

　　陇原乃中华文明发祥地之一，人文学脉悠远隆盛，纯朴百姓崇文达理，文化氛围日渐浓厚，学术土壤积久而沃，在科学文化特别是人文学术领域的探索可远溯至伏羲时代，大地湾文化遗存、举世无双的甘肃彩陶、陇东早期周文化对农耕文明的贡献、秦先祖扫六合以统一中国，奠定了甘肃在中国文化史上始源性和奠基性的重要地位；汉唐盛世，甘肃作为中西交通的要道，内承中华主体文化熏陶，外接经中亚而来的异域文明，风云际会，相摩相荡，得天独厚而人才辈出，学术思想繁荣发达，为中华文明做出了重要贡献。

　　近代以来，甘肃相对于逐渐开放的东南沿海而言成为偏远之地，反而少受战乱影响，学术得以继续繁荣。抗日战争期间作为大后方，接纳了不少内地著名学府和学者，使陇上学术空前活跃。新中国成立之后，人文社会科学领域的专家学者更是为国家民族的新生而欢欣鼓舞，全力投入到祖国新的学术事业之中，取得了一大批重要的研究成果，涌现出众多知名专家，在历史、文献、文学、民族、考古、美学、宗教等领域的研究均居全国前列，影响广泛而深远。新中国成立之后，人文社会科学几次对当代学术具有重大影响的争鸣，不仅都有甘肃学者的声音，而且在美学三大学派（客观派、主观派、关系派）、史学"五朵金花"（史学在新中国成立之后重点研究的历史分期、土地制度史、农民战争史等五个方面的重点问题）等领域，陇上学人成为十分引人注目的代表性人物。改革开放以来，甘肃学者更是如鱼得水，继承并发扬了关陇学人既注重学理求索又崇尚经世致用的优良传统，形成了甘肃学者新的风范。宋代西北学者张载有言："为天地立心，为生民立命，为往圣继绝学，为万世开太平"，此乃中华学人贯通古今、一脉相承的文化使命，其本质正是发源于陇原的《易》之生生不已的刚健精神，《文存》乃此一精神在现代陇上得到了大力弘扬与传承的最佳证明。

《文存》启动于中华人民共和国成立六十周年之际，在选择入编对象时，我们首先注重了两个代表性：一是代表性的学者，二是代表性的成果，欲以此构成一部个案式的甘肃当代学术史，亦以此传先贤学术命脉，为后进立治学标杆。此议为我甘肃省社会科学院首倡，随之得到政界主要领导、学界精英与社会各界广泛认同与政府大力支持，此宏愿因此而得以付诸实施。

为保证选编的权威性，编委会专门成立了由十几位省内人文社会科学领域著名学者组成的专家指导委员会，并通过召开专题会议研讨、发放推荐表格和学术机构、个人举荐等多种方式确定入选者。为使读者对作者的学术成就、治学特色和重要贡献有比较准确和全面的了解，在出版社选配业务精良的责任编辑的同时，编委会为每一卷配备了一位学术编辑，负责选编并撰写前言。由于我院已经完成《甘肃省志·社会科学志》（古代至 1990 年卷，1990 至 2000 年卷）的编辑出版工作，为《文存》的选编提供了坚实的基础和基本依据，加之同行专家对这一时期甘肃人文社会科学发展的研究，使《文存》能够比较充分地反映同期内甘肃人文社会科学的基本状况。

《文存》自 2009 年启动，截至 2023 年，用 15 年时间编辑出版 10 辑共 100 卷，圆满完成了《文存》启动时制定的宏伟计划。如此长卷宏图实为中华人民共和国成立七十周年以来甘肃人文社会科学全部成果的一个缩影，亦为此期间甘肃人文社会科学学术业绩的一次全面检阅，堪作后辈学者学习先贤之范本，是陇上学人献给祖国母亲的一份厚礼。百卷巨著蔚为大观，《文存》和它所承载的学术精神必可存于当代，传之后世，陇上学人和学术亦可因此而无愧于我们所处的伟大时代，并有所报于生养我们的淳厚故土。有鉴于此，我们赓续前贤雅范，接续选编《文存》第十一辑，将《文存》编选工作延续下去，将陇上学人精神传承下去。

因我们眼界和学术水平的局限，选编过程中必定会出现未曾意料的问题，我们衷心期望读者能够及时教正，以使《文存》的后续选编工作日臻完善。

是为序。

李兴文

2024 年 9 月 19 日

目　录

编选前言

陈泽奎,1957 年出生于甘肃省武威市凉州区,中共党员,编审。1981 年至 1988 年就读于兰州大学历史系,先后获历史学学士、历史学硕士学位。毕业后一直在读者出版集团(2006 年转企改制前为甘肃人民出版社)从事编辑和管理工作,先后担任甘肃人民出版社文史编辑室副主任、主任,《读者》杂志副主编、编辑部主任,《读者·乡村版》主编(兼),读者杂志社总编辑,读者杂志社常务副社长,甘肃人民出版社(读者出版集团)总编辑助理,读者出版集团党委委员、副总经理、总经理,读者出版传媒股份有限公司副总经理、常务副总经理、总经理、总编辑。2018 年至 2020 年任政协甘肃省文化学习与文史资料委员会副主任(正厅级)。

陈泽奎同志勤学善思、敬业乐群、自强自重、精进不懈,在三十余年的出版岗位上业绩卓著,是省内外有影响的专家型出版领军者。他先后获得多项荣誉和奖励,主要有:第三届全国优秀中青年编辑,全国新闻出版行业领军人才,甘肃省十佳优秀出版工作者,甘肃省宣传文化系统拔尖创新人才,甘肃省新闻出版系统改革开放 30 年来有突出贡献的专家,"333 人才工程"学术带头人,甘肃省优秀专家,享受国务院特殊津贴。

陈泽奎同志始终保持读书人的本色,在经年累月、繁忙琐细的编辑和管理工作之余,坚持读书不停、思考不止、笔耕不辍,做到了"编(辑)学(习)相长"、"砍柴"不忘"磨刀",为今天取得如此骄人的研究

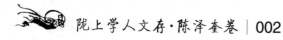

成果奠定了基础。记得 1988 年，我刚进甘肃人民出版社工作，单位上为几位新来的大学生、研究生安排宿舍，开始一段时间，我和陈泽奎两人一间。那时他已成家，平时不住宿舍，只在中午来休息一下。说是午休，其实他并不睡觉，而是躺着看书。印象最深的是他手捧淡绿封面、繁体竖排的《资治通鉴》，一读就是一个中午，天天如此。为此，我暗自佩服不已。在后来的岁月里，我与泽奎长期共事，在多个部门我担任他的副手或下属，论公为同事、搭档，在私则朋友、兄弟，经常一起公干出差、谈学论道，对他的了解自然更多更深。他高中毕业于"文革"后期，曾回乡当过火车站装卸工、社请教师，无论条件多么艰苦，读书的习惯未曾中断，为学上进的念头未曾泯灭。后来恢复高考制度，他考入兰州大学历史系学习，本科毕业后师从刘光华等先生攻读历史学硕士学位。每当谈及求学经历，他常常会情不自禁地说起赵俪生、刘光华等先生讲课、治学的风采和精神，追慕前贤之情溢于言表。他读书颇广，博闻强记，又能融会贯通，反对"死读书""读死书"，常常能将书本上的知识、智慧、观点与当下社会、人生、工作联系起来，彼此印证、相互解释。他的文章论著、言语讲话，时有高论灼见，让人感觉通透豁达、切中要害。聊举一例，大家谈到《读者》杂志的成功，普遍认可的一个原因是，创刊时恰逢改革开放、文化饥渴年代，"天时"之功不可没。陈泽奎在讲到这个问题时，引用《史记·佞幸列传》"力田不如逢年"一语，既恰当形象又典雅精炼，虽短短一句话，亦可体现其学殖之厚。每当有人称赞其学问好、有思想时，他常常半开玩笑半认真地说："我们比别人多背了几年床板，应该的！"（"多背了几年床板"意指在校多读了几年书。20 世纪 80 年代，能考取研究生的人很少。）幽默中包含着几分自我期许。他文字功底好，长于属文，文思敏捷，文辞流畅。曾听他的一位学弟讲，当年在武威二中，陈泽奎是同学们羡慕的名人，老师经常以他的作文为样板鼓励大家。越到后来，他的写作越发老道,特别是近几年连续撰写的系列文史随笔,说古道今,谈文论化,娓娓道来,旁征博引,大开大合,文气贯通,有史料、有故事,有分析、有评论、有观点,知识含量高,引经据典多,但读起来并不沉闷、深奥,反而时常有一种轻松甚至过瘾的感觉。

陈泽奎同志虽出身于历史学专业研究生,但职场生涯与出版、文化结缘,并非专业学术研究人员,研究写作多起因于情怀与爱好。据不完全统计,他至今总共撰写过五六十篇论文、随笔,可谓成果丰赡。本书选编了 21 篇文章,大部分为他近年所写,主要集中在历史、文化、出版等方面。文章的编排,以文明研究起首,以出版研究结底,重点是有关体制与文明、地缘环境与文化、区域文化与人文底色、历史人物评价、名著名篇解读,以及与本人职业相关的出版、版权、期刊等方面的具有代表性的作品。

首篇《体制与社会文明》通过对中华民族从远古至清代文明发展过程中制度建设的分析和研究,梳理出中华民族远古至清代文明进步的基本脉络,即中华文明的形成演进过程,是一个不断探索和完善的过程。而这个过程,既不是对既有传统的不加选择地全盘继承,也不是把前人的基础完全推倒重来,而是一种理性地不断探索、相互借鉴、继承和发展的过程。其中贯穿着两条主线:一是大一统体制从无到有再到逐步完善的探索,二是选人用人机制从随机性到制度化的探索。前者是从"王权+分封"到"皇权+郡县"的过程完整地反映出来的,后者则是通过察举到科举制度化的过程系统地体现出来的。文章以简御繁,从体制演变的切口管窥文明发展的路径,政治与历史、古代与现代融会贯通,清晰明了,给读者以莫大启迪。

中国的区域文化,以秦岭、五岭、长城等大的地理标志做标识,表现出明显的条、块结合的大格局。首先,以秦岭为界,表现出明显的南北差异。其次,秦岭至五岭和五岭至五岭之南,则表现出南与更南的区别,两者之间,不仅有条的区别,还表现为条里还存在着块的差别。同样,秦岭至长城和长城以北,也不仅表现出明显的大的条的区别,实际上在两个条里还存在着许多块的差异。这种多样性的区域文化的格局,为研究中国的区域文化,提供了广阔的空间。《闲话西北》《写在地名里的历史》《风过河西》《漫话道地甘肃文化和甘肃人》《六盘山上高峰》《风雨过草原,驻马望长安——鄂尔多斯盆地上的人文底色》《武威,威武》《天惠张掖》《醉里挑灯看酒泉》《文献里的敦煌》诸篇,即是在这一认识的前提下撰成的一组区域历史文化研究的文章,显示了陈泽奎对西北历史文化——特别是甘肃地方历史文化的情有独钟,同时也集中展现了他在这一领域多年深耕栽培的丰硕成果,精彩议论、创新见解时时可见。《写在地名里的历史》提出:地名不仅是地理范围的标识,同时也是当地历史的书页,研究地名也是了解当地历史的过程。《漫话道地甘肃文化和甘肃人》对甘肃区域文化及其人文特色进行了深入、细致的研究,指出:在中国区域文化的大版图上,甘肃处在秦岭以北至长城以南的大条上,地处青藏、黄土和内蒙古三大高原交会地,地域文化在南北差异及秦岭以北至长城以南这个大条的双重影响下,其区域文化认同呈现小块块、小坨坨式的分散特点,造就了甘肃境内区域文化的基本特征——内敛、自我欣赏。其优点在于因严酷的生存环境养成了坚韧、刚强和强烈的自我保护意识,其缺点在于容易画地为牢、保守固执。应该说,以上分析和观点是十分有见地的,没有清醒的文化反思意识是写不出来的。

　　一个地方的贫富强弱和人文薄厚与其地缘环境大有关联,因此,地缘环境是形成地域文化的物质基础。研究一地的文化,自然离不开对历史地理和自然环境的考量。河西四郡既是历史名城也是文化重镇。鄂尔多斯和关陇地区,都是历史文化富集之地。对于这些历史文化重镇或历史文化资源富集地区在历史上曾经出现过的社会活动或者曾经的历史地理文化进行深入研究，会让我们对先辈们曾经的作为有不一样的认识，也会让我们对一个地方因环境、生活方式沉淀而形成的文化及其影响有新的认识。而这些认识，对我们认识这些地方及其文化对于我们的现实生活会产生什么样的影响，也是很有参考价值的。《六盘山上高峰》《风雨过草原，驻马望长安——鄂尔多斯盆地上的人文底色》《武威，威武》《天惠张掖》《醉里挑灯看酒泉》《文献里的敦煌》等各篇，即是在这一认识的前提下，对特定区域的历史及人文底色进行了梳理研究，对各地方的特色及周边区域的相互关联和影响进行了深入探讨，将历史、地理的叙述、描写升华为对地域文化特性的认识，充满真知灼见。

《文化，就在人们的日常生活里》《乡愁，化不开的文化情结》两篇，是对文化和生活方式相互关系的深入分析。前一篇从历史故事讲起，分析了文化差异对思维方式、生活方式长久而深刻的影响。后一篇站在文化哲学的高度，广采古今诗词、历史故事、民俗风情，论说乡愁的种种表现，并对其背后的文化根源进行解读。作者认为，所谓的乡愁，在一定程度上是由人们熟悉的生活方式和环境的改变引起的心理不适，进而形成的对故乡的眷恋之情。这一看法，说透了乡愁产生的原因，可自成一说。

《资治通鉴》是历史名著，每个读它的人，都会有自己的看法和感受。《说说〈通鉴〉里的"臣光曰"》，是作者多年研读《资治通鉴》的心得之一，指出"臣光曰"的方式，应该是司马光在《资治通鉴》成书过程中的一种创新，并对这种创新的价值作出了自己的评价：编年体著作有其长也有其短，长在上下贯通，其短则是一个人或一件事往往分散在许多章节里，不易窥其全貌。如果要像纪传体著作一样，在文末进行一揽子评价有一定的困难。因此，因人因事因发生的时间有感而发的"臣光曰"是一种很好的方式，而且借鉴意义更为明显。首先，《通鉴》中的"臣光曰"是司马光作为一个优秀的史家对待史实科学严谨态度的体现,对发生在战国至五代间的重大历史事件,旗帜鲜明地表明自己的立场,亮出自己的态度,该说则说,该评则评,不拘泥,不固执,既可以自评也可以他评,也可以是自评与他评相结合。不论采用哪种方式,自评自不待说,自然是司马光自己想表达的意思,而借用他评,则是司马光毫无保留的认同。其次,《通鉴》中引用他人评说的那些"臣光曰",既是司马光对他人成果的尊重,也是一种审慎的选择。历史上发生的事情是纷繁复杂的,要理清头绪,对人对事进行评说需要对事精审、对人了解。一般来说,离事情发生的时间越近,离当事人越近,其对事和人的了解可信度越高,尽量用前人的话评价前人的事,更能增加说服力和可信度。第三,历史是复杂的,要把历史上发生的对后世产生影响的人和事有选择地记录下来,其实需要的东西很多,用力用心自不待言,而记什么样的事、留什么样的言、为什么样的人树碑立传,对人对事如何评说,其中的分寸是需要认真拿捏的。若要做到令人信服,眼界高远、胸怀宽广、不固执己见,都是应该有的基本素养。从后世史家给司马光的评价看,司马光是具有上述素养的人。"光孝友忠信,自少至老,语未尝妄。自言:'吾无过人者,但平生所为,未尝有不可对人言者耳。'于学无所不通,唯不喜释、老,曰:'其微言不能出吾书,其诞吾不信也。'苏轼尝论光所以感人心、动天地者而蔽以二言,曰诚,曰一,君子以为笃论。"(《续资治通鉴·宋纪八十》)这样一个讲诚守一之人写出来的东西,自然也是可以信赖的。

《岳阳楼记》是千古名篇,是北宋一代名相范仲淹的不朽之作。《再读〈岳阳楼记〉》通过对北宋庆历新政的提出到最终偃旗息鼓过程的细致分析,深度解说了《岳阳楼记》的创作背景,以史解文,文史互证,给人以耳目一新之感。

《公元 371 年的往事》《不一样赵匡胤》,是作者对历史人物的评介文章,其最可称道之处在于写作的独特视角。前一篇选取公元371年作为"舞台",让东晋十六国时期与此年份有关的重要人物在这方舞台上集中"表演"其悲欢成败,从一个时间剖面透视一段历史的演变,在历史事件的叙述中蕴含细节描写的温度,夹叙夹议,颇有黄仁宇《万历十五年》的妙处。至于后一篇,则聚焦赵匡胤的"领导艺术",通过8个故事表现北宋开国之主的雅量、智慧、仁政,读来饶有趣味。

除以上所述,陈泽奎还撰写了不少有分量且与出版有关的文章,本书只选取了一小部分。个中原因,用陈泽奎的话说,就是主要考虑到文章的写作风格,入选篇目都尽量体现作者随笔式的写作风格。篇目虽少,但成色很足。《出版,从不断创新中走来的产业》,通过对历史上出版物介质、书写工具及复制、装帧、发行方式的发展、演变的梳理,系统阐述了出版业从无到有到现代化的全过程。《穿越千年说版权》,通过对敦煌写经题记等文献的研究,对我国著作权的历史演变过程表达了自己的看法,为这一问题的深入研究打开了新思路。

作者办刊多年,用力至深,因此对期刊的认识多有独到之处。《为经典树碑,为经典立传——〈中国编辑〉访谈录》,是作者关于经典以及如何发现经典、弘扬经典以及如何引导阅读经典的完整表达。在此基础上,作者对出版业的管理以及媒体、出版融合发展的前景做了富有见地的判断。《杂志、编辑及其他》,对期刊的性质、编辑的作用以及二者之间的相互关系、应该承担的社会责任做了深入剖析和研究,有理论有实践,是作者理论和实践相结合的用心之作。

对于历史,我是门外汉,充其量不过是一个爱好者。对于本书收录的诸多文章,我只能以内容提要的方式做些简单介绍,对其中精要和价值的阐发,恐不及十之一二,尚待读者在阅读中品鉴发掘。大约在六七年前,泽奎告诉我,他想写点东西。看似随意的一句话,却言出即行,以读书人的难舍情怀和半生为学的深厚积累,一改数十年"为他人作嫁衣裳"职业的矜持,持续不断地创作出数量可观的随笔、杂谈,大有文思泉涌、一发不可止之势。内容涉及历史、地理、文化、出版、社会、人生,远追古代,近及身边,题材多与地方历史文化相关,内容很接地气,而又文气充沛,颇具可读性。一时间大家竞相在其微信公众号"谈文论化"上阅读,他也收获了不少"粉丝"。此种情势,延续至今。从这一点上来说,我以为本书的出版远不是他为学著述的终了,而仅仅画了一个逗号,是阶段性成果。以泽奎的学术积累、矫健笔力、出众才情,我们有理由相信他"宝刀未老",再接再厉,创作出更多更好的作品,为陇原学术研究百花园再添芬芳,为赓续弘扬优秀传统文化再立新功!

韩惠言

2024 年 3 月 6 日

体制与社会文明

一

文化是生活方式的积累和沉淀。衣食住行，婚丧嫁娶，迎来送往，待人接物，邻里之间如何相处、如何打交道，长期生活在一个地方的人会形成一种相互认同并会自觉维护的生活方式，这种日常生活方式的积累和沉淀，形成了约定俗成的乡俗民风，这就是文化最本质的底色。

什么叫文明？文明是在生活方式沉淀即文化基础上形成的共识、行事规则和公共约束。文明表现为对公共约束和行事方式的熟练掌握和娴熟的驾驭。人的文明程度，不在于掌握了多少知识和拥有了多少物质财富，更多表现为对社会共识、规矩、社会公约的自觉遵守和践行的能力。教育是帮助人们实现个人的社会化和自觉接受社会公约的过程，也就是文明化的过程。人的文明程度越高，社会接纳度越高。在公共场合自觉噤声，在公交车站自觉排队，在十字路口自觉遵守交通规则以及对各种社会公约的自觉践行等，这就是文明的基本标识。文明的实质，更多的时候实际上表达的是我们平常所说的教养、修养的内容，而宗教、哲学、艺术等形而上者是它的高级形态。因此我们说，文化解决人的低层次需求，解决生存相关的问题，文明则解决的是生存的方式和生存的秩序、质量问题。正常情况下，人的生存问题相对简单，只需要接受和适应现有的环境即可。因此，"文"和

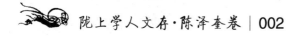

"化"的过程是一个在家庭生活中言传身教和潜移默化的过程,是从家庭开始启蒙的。而人如何在社会中和睦相处而避免经常性地相互抵牾,即解决好生存方式以及生存的秩序问题,特别是维护社会生活秩序的正常化却要复杂得多,需要家庭、社会及个人长期努力才能获得成效,而在维护社会秩序正常化的社会、家庭、个人三者之中,更重要的是社会有效的强制执行力。由此,我们可以说,文化是人们生活方式的积累和沉淀,文明则是人类文化的结晶;文化是文明的底色,文明则是诞生于文化底色之上的五彩锦绣;生活方式衍生文化,文化凝练成文明;文化以特色、个性鲜明为特征,而文明则以共性、共识为特征;文化犹如原始森林,远看一片葱郁,近看各种植物择地而生;文明犹如文化皇冠上的明珠,居于顶端,熠熠生辉,它促使人们改善生活方式,提高生活品质。文化与文明共同促进了社会的进步,哲学、文学、艺术都是人类文化与文明结晶的高级存在。

二

中国人何时叩开文明的大门?

研究表明,人类从"没文化"到"有文化"——从蒙昧时代到文明时代,经历了一个漫长的过程。由此而言,人类文化、文明的积累和升华,也是一个极其漫长和艰难的过程。而人类从初级文明到更高级的文明,也将会是逐渐演进的极其漫长的过程。从逻辑上看,应当是从人类诞生之日起,对文明的探索就开始了。中国人的文明历程,也应当是循着这样一条规律进行的。从原始文明到有传说,从传说到有文字记载,从有文字记载到逐渐清晰,从清晰到逐步完善,这是基本的逻辑。从这个逻辑出发,看中华文明史,可以说源远流长。中国人的文明自觉,从原始到清晰,至少从传说中的尧舜禹到夏商周就开始了。

从现有的资料看,在夏朝之前的尧舜禹时代,已经有了禅让制度的记载。禅让的具体细节不得而知,但其大略还是有说法的,基本原则是领导识别与群众推荐相结合的贤人政治模式:尧老了,根据尧的观察和舜在群众中的威信,尧传位给舜;舜老了,根据舜的观察和禹在群众中的威信,以及大禹治水三过家门而不入的突出表现,舜选中禹做了自己的接班人。如果尧舜禹的传说能够成立,那我们的文明,从制度建设的角度来说,从尧舜禹时期就开始了。因此,禅让制是中华民族文明建设的制度化的开始,它是中国人由原始的无序状态向有序状态发展的一次成功的实践,或者说代表了中国人最早把社会由无序向有序发展的一种理想。夏启破坏了贤人政治,开启了血统传授的先河,这既是对贤人政治的反叛,同时也隐含着对建立一种不同于以往的新秩序的探索。从夏开始,商、周时期都沿袭了夏形成的以血统关系来维持社会秩序的传统,是血统相授的忠实的实践者。而西周,它不仅承袭了夏、商血统相授的传统,而且把夏商时期不曾完善的新秩序进行了完全制度化的实践,逐步形成了一整套行之有效的制度,而且这套制度是以礼仪的形式确定下来的。从西周开始,文献记载中就有了文王制礼作乐的说法。现在看,古人所谓的"制礼""作乐"就是礼乐制度建设,实际上就是我们所说的文明建设。《中庸》第十九章,向我们描述了这套制度的一个轮廓:

　　子曰:武王、周公,其达孝矣乎。夫孝者,善继人之志,善述人之事者也。

　　春秋,修其祖庙,陈其宗器,设其裳衣,荐其时食。

　　宗庙之礼,所以序昭穆也。序爵,所以辨贵贱也。序事,所以辨贤也。旅酬下为上,所以逮贱也。燕毛,所以序齿也。

　　践其位,行其礼,奏其乐,敬其所尊,爱其所亲,事死如事生,事亡如事存,孝之至也。

　　郊社之礼,所以事上帝也。宗庙之礼,所以祀乎其先也。

明乎郊社之礼、禘尝之义,治国其如示诸掌乎。

这几段话的意思,是说孔子对周人的礼乐制度念念不忘,是要让人明白,孔子认为武王、周公是天下人都称赞的大孝的人。所谓孝,就是善于继承先祖的志向,善于遵循先祖的事业。

春、秋季节,整理祖庙、陈列祖先遗留的器物,摆设祖先遗留的衣服,贡献应时的食品。宗庙祭祀的礼,是为了明确"昭"和"穆"的长幼、亲疏次序。排列爵位的次序,是为了分别贵贱。排明执事人的等级,是为了辨别贤愚。晚辈给长辈敬酒,是为了把恩荣赐予幼年的。按头发的黑与白安排座次,是为了明确长幼的次序。然后,各站其位,举行先王的祭礼,演奏先王的乐章,尊敬先王所尊敬的祖先,亲近先王所爱护的子孙臣民。侍奉死者同他生时一样,尊奉亡者如同他在世一样。这就是最大的孝。而举行郊社的祭祀,是为了侍奉上帝,举行宗庙的祭祀,是为了祭祀祖先。明白"郊社"、"禘尝"祭祀的意义,治国大概就像看手掌上的东西一样吧!

对祖宗的怀念是文明传承和文化记忆的重要组成部分。上述材料所描述的虽然只是周人在举行祭祀时的礼仪及其严格的等级,而事实上,这种由祭祀表现出来的礼仪和等级,与现实生活当中更为实际的按等级进行权利和社会资源的分配是相一致的。在这井井有条的礼仪的背后,实际上是由一个历经了岁月而形成的完整的制度体系来支撑的。其中,最具周人特征的制度安排就是"封建",通过以血统为依据的"封"和"建",周人实现了在封畿之内的网格化管理。比如,诸侯、大夫、士,不同的层级,其拥有的土地、居住的城堡或者房屋的规制、出行的仪仗或车马(包括马匹璎珞的装饰)以及死后墓制的规格等,都有清晰明了的规定,超标或者不守规矩就是僭越,正常情况下是绝对不允许出现的。而周人的智慧,不仅在于把层级和血统等级化,更在于把它在现实生活中明确为更加实用和生活化的礼仪、名分来加以体现。而这些礼仪和名分，当然不是毫无实际意义的理想，事实上这些东西都是以看得见摸得着的实惠加以体现的，井田制就是礼仪、名分的最好体现。比如，王室的土地居于井田中最中心的位置，周边是围绕中心各按等次划分的其他社会成员的土地；耕作时则先由中心（公田）开始，然后及于周边（私田）。《诗经》当中的"雨及公田，遂及我私"，就是对这种状况的生动描绘。

以井田制为物质基础，以等级制为礼仪制度，周人建立了一套完整的社会治理体系。因此我们有理由说，周人是真正意义上引领中国人叩开文明大门的积极的设计者和实践者。周人对中华文明建设至少有两大贡献，其一，共享天下的分封制，最大限度地减少了对资源配置的阻力；其二，是家国同构的社会治理结构——等级制的创造，各司其职、各安其分的等级制，最大限度地减少了社会治理成本，最有效地实现了社会的正常运转。美国哲学家、《世界文明史》一书的作者威尔·杜兰特（Will Durant），曾给文明下过一个定义，他说："文明，是错综复杂又很不稳定的人际关系网络，建立起来特别辛苦，而摧毁它，则十分容易。"由此而言，周人的制度安排，实际上符合现代人关于文明的定义，而且既有文明的形式也有文明的内容。但是，诚如作者所言，要建立这种网络关系不易，而要维护这个系统成本更高，需要管理者有统驭这个系统的高超技艺，若统驭不当，则有意想不到的麻烦。事实表明，作者的判断是符合逻辑同时也与我们所经历的历史实践是相符合的。

三

公元前 403 年，也就是东周威烈王执政时期。这一年，周威烈王鬼使神差地承认晋国魏斯、赵籍、韩虔三家大夫为诸侯，也即史上著名的三家分晋。这件事在当时引起了什么样的舆情，我们不太清楚，但它却遭到了一千多年后的一位史家的强烈抨击,这个人叫司马光。他认为周烈王犯了不该犯的低级错误,要害是乱了名分、坏了等级,是无原则的纵容。他说:我知道天子的职责中最重要的是维护礼教,礼教中最重要的是区分地位,区分地位中最重要的是匡正名分。什么是礼教? 就是法纪。什么是区分地位? 就是君臣有别。什么是名分? 就是公、侯、卿、大夫等官爵。

司马光这样说是有根据的,他说:四海之广,亿民之众,都受制于天子一人。即使是才能超群、智慧绝伦的人,也不能不在天子足下为他奔走服务,这难道不是以礼作为礼纪朝纲的作用吗(而事实上,司马光所描述的场景,也只是在周秦汉唐的强盛时期,的确是这样)? 所以,天子统率三公,三公督率诸侯国君,诸侯国君节制卿、大夫官员,卿、大夫官员又统治士人百姓。权贵支配贱民,贱民服从权贵,上层指挥下层就好像人的大脑控制四肢行动,树木的根和干支配枝和叶;下层服侍上层就像人的四肢卫护躯干,树木的枝和叶遮护根和干,这样才能上下层互相保护,从而使国家得到长治久安。所以说,天子的职责没有比维护礼制更重要的了。

在司马光的言论中,我们可以看到很多信息。其一,至周代,中国维护社会和谐共处的制度建设取得了显著进步,以血统为核心的等级制度完全确立,而且形成了完整的体系;其二,等级制在维护周代社会的稳定运转中发挥了非常重要的作用,是维持周代八百年统治的政治保障。因此,周代的制度和礼仪是配套的,是相辅相成的,即血统和等级是有其严格的界线的。血统有嫡庶之分,有辈分之别,这是天然的等级差别。周的礼仪制度则将这种血统等级差别成功地嫁接在了社会管理体制上,形成了一个完整的社会管理体系。周礼的核心是以孝为先的等级制,实际上也是一套完整的社会制度,它要求从王到诸侯、大夫、士、民各安其分,由此而形成有秩序的社会运行机制,从而促成了周朝社会的有条不紊和繁荣发展。

所谓的各安其分，实际上就是王在畿内让渡一定的权利给诸侯，诸侯在自己的封土之内，让渡一定的权利给大夫，大夫则在自己的采邑之内让渡一定的权利给卿（士），这种按照各自的等级让渡权利给下一等级的方式，明确了各自的权利和义务。这种明确让渡权利而同时也明确义务的类似网格化管理的方式，保证了社会的和谐。等级制能够保持顺畅运转的关键在于各安其分，在于权利的合理让渡，权利的合理让渡也使得各安其分有了充分的发挥空间，在一定程度上缓解了相互之间可能出现的大的矛盾冲突。因此，周朝的礼乐制渡，也成了中华文明的典范，为其后历代文士津津乐道。儒家思想的奠基者孔子就十分推崇周代的社会规范，由衷地感叹"郁郁乎文哉，吾从周"。

西周是有文献记载的中国人探索社会和谐发展的第一个高峰期。之所以这么说，是因为它是明确有文献记载的开始对社会和谐发展进行制度性探索的朝代，也是被后世认为是有实践效果的制度性探索和实践的朝代。由此而言，司马光认为，周威烈王承认韩、赵、魏三家大夫为诸侯的做法，是一个重大错误。为什么这么说呢？司马光举例说：西周时期，尽管周幽王、周厉王丧失君德，周朝的气数每况愈下，礼纪朝纲土崩瓦解，下欺凌、上衰败，诸侯国君恣意征讨他人，士大夫擅自干预朝政，礼教从总体上已经有十之七八沦丧了。然而周文王、周武王开创的政权还能绵绵不断地延续下来，就是因为周王朝的子孙后裔尚能守定名位。当年晋文公为周朝建立了大功，于是向周襄王请求允许他死后享用王室的随葬礼制，周襄王没有准许，说："周没有改朝换代而有两个天子，这是作为叔父辈的晋文公您所反对的。不然的话，叔父您有地，愿意随葬，又何必请示我呢？"晋文公于是感到畏惧而没有违反礼制。因此，周王室的地盘并不比曹国、滕国大，管辖的臣民也不比邾国、莒国多,然而经过几百年,仍然是天下的宗主,即使是晋、楚、齐、秦那样的强国也还不敢凌驾于其上,这是为什么呢?只是由于周王还保有天子的名分。再看看鲁国的大夫季氏、齐国的田常、楚国的白公胜、晋国的智伯,他们的势力都大得足以驱逐国君而自立,然而他们到底没敢这样做,难道是他们力量不足或是于心不忍吗?只不过是害怕奸夺名位、僭犯身份而招致天下的讨伐罢了。现在晋国的三个大夫欺凌蔑视国君,瓜分了晋国,作为天子的周王不能派兵征讨,反而对他们加封赐爵,让他们列位于诸侯国君之中,这样做就将周王朝仅有的一点名分全部放弃了。周朝先王的礼教到此丧失干净!有人说三家分晋时周王室已经衰微,而晋国三家力量强盛,就算周王不想承认他们,又怎么能做得到呢!司马光说,这种说法是完全错误的。晋国三家虽然强悍,但他们如果打算不顾天下的指责而公然侵犯礼义的话,就不会来请求周天子的批准,而是去自立为君了。不向天子请封而自立为国君,那就是叛逆之臣,天下如果有像齐桓公、晋文公那样的贤德诸侯,一定会尊奉礼义对他们进行征讨。现在晋国三家向天子请封,天子又批准了,他们就是奉天子命令而成为诸侯的,谁又能对他们加以讨伐呢!所以晋国三家大夫成为诸侯,并不是晋国三家破坏了礼教,正是周天子自己破坏了周朝的礼教啊!"呜呼!君臣之礼既坏矣,则天下以智力相雄长,遂使圣贤之后为诸侯者,社稷无不泯绝,生民之类糜灭几尽,岂不哀哉!"在司马光看来,周王承认韩、赵、魏三家分晋,实际上是周王在自坏规矩、自破篱笆,给其后的弱肉强食开了方便之门。承认三家分晋,事实上破坏了西周"礼乐征伐从天子出"的维护社会管理体系的基本原则,周的先祖们精心设计的社会管理体系因为后人的不当处理遭到破坏。这也就是威尔·杜兰特所说的一种体系建起来十分不易,而破坏起来可能不经意间的一件小事就会使其轰然坍塌。通过司马光的议论,我们似乎也看到了，他的担心显然不是没有道理的，三家分晋之后到秦统一中国近二百年的诸侯纷争的历史，证明了破除原有的秩序的确容易，但新秩序的建立则要付出更加艰辛的努力，中国文明建设探索的进程也将随着时势的变化形成新的格局。

四

研究表明，人类社会在其发展过程中，文明有两条重要的发展轨迹，一是物质文明的积累与发展，它更多的是依靠我们对自然世界的认识和人类智慧的不断提升，形成具有鲜明的不同阶段、不同时期特征的有形的物质世界；另外一条明显的轨迹，则是随着人类对自然世界的认识而不断提高的自我认知、自我约束、带有明显生活环境特征的精神文明。两个文明，犹如支撑人类社会健康发展的两条永无止境的轨道，在地平线的尽头支撑着人类社会的健康发展，因而也是一个永无止境的不断探索与完善的过程。而在这个永无止境的探索过程中，不同文化或者不同文明之间所经历的过程和时间及其产生的效果，差异是非常大的。迄今为止，人类对文明的探索，都只是一个过程，而在这个漫长的过程中，能代表一种文化或者文明的，除了那些已经为世人所知或已经在人类发展过程中起过积极作用的物质和技术成就等有形的物质世界之外，那些由能够代表一种文化或文明的思想观念和政治制度组成的无形的精神世界，则既是文明成果的创造，也是文明成果的具体体现。因此，研究一种文明的发展过程，思想观念和政治制度是一个重要的切入点。中华文明有别于其他文明最显著的特征，是在其发展过程中文明得以延续的制度建设的源远流长与绵延不息。

西周的井田制，是以王室为中心的社会资源分配方式。在这个模式下，士是维护整个体系正常运转过程中最有活力的一个因素。坏井田意味着原有的分配体系的崩溃,而在这个过程中,士人的作用极其重要。春秋战国时期百家争鸣的主力应该是士,他们在推动井田制的瓦解和新的分配体系的建立方面发挥了前所未有的作用,而诸侯国的争霸也是从争夺士开始的一次旷日持久的社会变革。秦人从穆公开始,在对士人的争夺方面就表现出异乎寻常的热情。对此,《史记·秦本纪》有极为生动而翔实的记载,而那些被穆公青眼相加的士人们,则不负所望地为其带来了令人惊叹的回报。穆公之世,因为有了这些有为之士的大力襄助,秦人实现了"拓地千里,遂霸西戎"的宏图伟业,为其后秦国的崛起打下了坚实的基础。

春秋时期的五霸相争是坏井田之后的一种新的治理模式的探索。秦穆公的霸西戎是受周文化影响的草原文化(秦人的先祖是为周王牧马出身)和西北游牧民族的第一次融合。战国时期赵武灵王的胡服骑射和秦国的商鞅变法,是社会变革的重要例证,也是秦统一六国之前,最能体现中华民族文明自觉的经典例证。赵武灵王胡服骑射是具有深厚农耕文明传统的晋人后裔自觉向外学习的表现,是草原文明与农耕文明的一次融合。而商鞅变法,则是中原文化和边地文化的深度融合。商鞅变法实际上彻底打破了农耕文明原有的社会治理框架,以一种全新的治理方式给秦人带来了活力。奖励耕战和二十级爵位的分配方式,彻底打破了三代以来按血统分配社会资源的模式,为社会的全系统流动和社会资源的动态分配打开了大门,创造了一种按照对社会的贡献分配权利和资源的模式,这种模式完全打破了传统的游戏规则,极大地调动了士人和社会底层奋发向上的热情,促进了秦国人创造力的极大提升,实现了秦国社会和国力的快速提升,从原来七雄争霸的平衡状态下轰然崛起,使得秦人有了虎狼之师的称谓。秦人进行的制度建设是中华文明建设继周人之后的一次重大创新,为中国统一及统一之后的文明建设做了全面的探索。而秦人的制度建设,基本上是围绕着三个方面展开的,一是集权,二是用人,三是分配。而这三项制度改革的基础,又围绕着对周人的等级制的改革与创新。历史表明,秦人的三项制度改革的成效是非常明显的,尤其是选人用人制度的改革成就更为突出。秦国的国家养士——客卿制度,是职业经理人体制的早期实践,能者上,庸者下,为秦国行政效能的提升提供了制度性安排,让秦国的上下充满张力,为人才脱颖而出、才能发挥提供了广阔的舞台。

春秋战国时期,是中国历史上社会变革最为激烈,也是各种思想最为活跃的时期,各家学说精彩纷呈,后世影响中国人思考的各种学说,其源头大多都可以上溯到这个时期。梳理一下这一时期各种学说、各种思想,我们就会发现,这些学说、思想,其出发点和落脚点都是为了实现社会的和谐发展。为了实现社会的和谐发展,各学派创始人都拿出了自己的治世方案,而百家争鸣的终极目标就是希望在争论之中探索出实现社会和谐发展的最佳方式和最佳途径。秦灭六国从形式上为社会统一和谐发展提供了可能,秦人也从制度上做了设计,但秦王朝短命,设计方案的实施只开了个头。汉承秦制,西汉的执政者们在秦人的制度基础上修修补补,形成了更为完整的制度,因为有了完整的治理社会的制度,事实上保证了两汉社会在规则之下的正常运转,因此汉朝实现了前后近500年的长治久安。

秦汉以后,中国人对社会和谐的追求,基本上分成两条脉络运行,一是继续完善大一统的制度设计,另一条线则是在选人用人上的制度性设计。在后者的设计上,对中国社会影响最大的有两个制度性设计,一是曹魏时期在秦汉大一统的基础上设计的九品中正制下的选人用人机制,另一个则是在秦汉大一统、魏晋九品官人法制度基础上的开始的隋朝科举取士。大一统和选人用人的制度设计完整的框架,直至隋唐时期达到鼎盛,其后的历朝历代则只是修修补补,而在这众多的修补者当中,宋朝的成绩最为突出。因此,自北宋开始的制度改革也被史家认为是制度僵化的开始,而这种僵化,至明代则达到顶峰。而自秦汉开始的制度和人才建设的这种两条线的设计相辅相成,共同支撑起中国封建社会两千多年的运行,而对此起保驾护航作用的,则是周人发明的等级制。在这里我们有必要说,曹魏和隋朝国祚虽短,但在实现大一统的制度改革和选人用人的制度性探索方面,对后世的影响却远比它们的国运悠长。曹魏之所以有此荣幸,当是拜东汉末年到三国时期的战乱所赐,因长期的战乱,引发了人们对治乱之策的思考;而隋朝能在大一统制度和选人用人的制度性建设上有所建树,也自然是因为东晋十六国时期近 300 年战乱之后的痛定思痛;而北宋所以能在其后的各代统一王朝的制度性建设中脱颖而出,也得益于对唐末五代十国时期藩镇割据和频繁的朝代更替的深刻反省。

以上是我们对秦统一以后中国人在文明建设上取得的具有制度性意义的一些探索的梳理。总体来讲,这是文明建设从粗放型走向精细化的一个过程,而在不断完善与精致的过程中表现出渐趋僵化的情形。对此,明代思想家王夫之在论古代朝代更替与制度变迁的关系时就指出:"汉承秦之法而损益之,故不能师三代;唐承拓跋、宇文之法而损益之,故不能及两汉;宋承郭氏、柴氏之法而损益之,故不能踰盛唐。不善之法立,民之习之已久,亦弗获已,壹志以从之矣。损其恶,益之以善,而天下遂宁。唯夫天下方乱而未已,承先代末流之稗政以益趋于下,而尽丧其善者;浸淫相袭,使袴褶刀笔之夫播恶于高位,而无为之裁革者;于是虽有哲后,而难乎其顿改,害即可除,而利不可卒兴。此汤、武之继桀、纣与高皇帝之继胡元,所以难也。有法以立正,无患其疵,当极重难反之政令,移风俗而整救之,以康兆民,岂易言哉!"这段话,可谓一针见血,对于我们理解秦汉以来中国人文明建设的得失,大有裨益。

五

　　中国人对文明建设的思考是悠远而持久的，其方式也是多种多样的。

　　西周人的礼乐制度,春秋战国时期的百家争鸣,西汉时期的罢黜百家、独尊儒术,魏晋玄学,宋明理学,都是中华文明在思想领域的表现,是中华文明在不同历史条件下对前期文明建设的反思与思考,是在前人思考基础上的提高,是文明由外向内转化的探索,是从有意识的思考向无意识的行为自觉地迈进。比如,汉代独尊儒术,是对百家争鸣和战国诸侯纷争不断,以及坏井田至大一统,大一统之后废分封、立郡县的历史认真研究后形成的一种对文明建设的认识;魏晋玄学则是对大一统之后中国集权与分封、郡县制共同作用下,朝代更迭频繁而无所适从的一种反映;宋明理学则是在五代互替、元人入主中原以草原文化改造中原文化之后的一次重新思考。而革命,是推进文明建设最直接也最有效的途径。文献记载,"轩辕之时,神农氏世衰。诸侯相侵伐,暴虐百姓,而神农氏弗能征。于是轩辕乃习用干戈,以征不享,诸侯咸来宾从。而蚩尤最为暴,莫能伐。炎帝欲侵陵诸侯,诸侯咸归轩辕。轩辕乃修德振兵,治五气,艺五种,抚万民,度四方,教熊罴貔貅貙虎,以与炎帝战于阪泉之野。三战,然后得其志。蚩尤作乱,不用帝命。于是黄帝乃征师诸侯,与蚩尤战于涿鹿之野,遂禽杀蚩尤。而诸侯咸尊轩辕为天子,代神农氏,是为黄帝。天下有不顺者,黄帝从而征之,平者去之,披山通道,未尝宁居。"这是文献当中最直接的以武力制暴的记载,其效果也最为明显,诸侯宾服,万邦来朝。这也明白地告诉我们,在文明建设的道路上,武力制乱也是一种选择。从黄帝、颛顼、帝喾到尧的传承,基本上是血统传承,并非后世传说的禅让。尧是一个开明的君主，他觉得做君主者当是能病一人而利天下者，而非利一人而病天下，而他选人也是既听其言亦观其行，德以服人能以治邦者，凡可膺其任，故而有了让位给舜之举，开了中国历史上禅让的先河。舜继承了尧的传统，延续了禅位给贤者的薪火传承，选择了治水驭国有方的禹做了自己的继承人。中国历史上所谓禅让的美谈也仅限于他们之间，而其后的所谓"禅让"，与传说中的禅让差距巨大。后世朝代更迭过程中不断上演的禅让，几乎无一例外地是在武力取代之上披了一件华丽的外衣。所以如此，最直接的原因当然是借此告诉世人，已有的新桃换旧符是天命所归，新朝的主人是旧世的合法继承人。之所以采用这种形式大于内容的模式，是人类社会的历史进程，或者说文明进步的脚步，迫使新桃换旧符的规划者们不得不考虑用一些和缓的方式来消解改天换地可能带来的巨大危机。

需要说明的是，夏商周之间的朝代更迭，既不是禅让也不是血统相授，而是以革命的方式完成的，其朝代更替的理论基础是天下为公器，唯有德者居之。汤武革命为后世的朝代更替开创了新的模式。这里的德，在一定程度上说，就是当时的社会舆论和民心向背。周厉王的失德，引发了社会舆论的关注，也酿成了外敌入侵、本人被杀、西周失国的悲剧，也从根本上动摇了西周在镐京继续执政的基础。平王的东迁，事实上是西周统治力量削弱的表现，是无奈之举。因为平王东迁为各诸侯国打着尊王攘夷的旗帜以势相竞提供了很好的借口。为了让这种新出现的局面成为社会潮流，也为了让这种与传统相悖的局面成为合理存在，当时的人们展开了贤人政治与血统相授孰优孰劣的社会大讨论，出现了被后人津津乐道的学术上无限自由的百家争鸣的局面。终东周一朝，各派学说引发了诸侯列国不同的社会实践。春秋五霸的先后崛起，是不同学派学说的实际应用与实践。战国时期，经过一轮又一轮的淘汰赛，齐楚燕韩赵魏秦胜出。为了巩固来之不易的胜利成果，人们在春秋各学派治国理念的基础上继续进行实践，私人养士之风兴起，这实际上是一种血统相授与贤人政治相结合的社会实践。秦人最终统一六国，是血统相授与贤人治国的成功实践，其中的关键点是秦人把他国的贤人养士变为国家养士——客卿制度，最终依靠血统与贤人相结合的制度优势，从七雄中脱颖而出，笑到了最后。秦汉以后的集权与分封、九品制与三省六部制的探讨，实际上是在不断地探索血统与贤人相结合的制度如何更加有效，君权与相权如何划分才能在社会正常运转中相辅相成。

从汉武帝"罢黜百家，独尊儒术"开始，儒家思想得以发扬光大，儒家思想成为中国统治者的主导思想，而儒家思想的精髓就是等级制。君君、臣臣、父父、子子以及三纲五常，表达出来的都是严格的等级。等级制是中华文明的结晶，它在相当长的历史发展过程中发挥了维护社会正常运转的作用。由等级制衍生出的官本位和等级制犹如孪生兄弟，二者相辅相成，等级制是官本位的沃土，而官本位则是能够维持等级制长久不变的坚强保障。在维护等级制、官本位的过程中，魏晋时期建立的九品中正制发挥了极为重要的甚至可以说是建设性的作用。九品中正制官职序列的出现，使周代以来的等级制有了更加明晰的等级划分，而且其确立的官员的九品划分虽经隋唐元明清官职的多次变革与完善，其中的变化虽然很大，但官员的九品（官员的称谓因时而异）官职却相沿不改。这种制度性的建设，是文明延续的保证。中国人对文明的制度性建设并非一蹴而就的，而是经历众多朝代更迭，在实践中逐步探索、完善，形成了在世界民族之林中独特的气质。

在中国历史上反复演绎的改朝换代，并不是文化冲突，更不是文明冲突，更多的时候是以不同的政治主张为号召的，诸如为民请命、除暴安良、安定繁荣、天下大同等。实际上发生在辛亥革命以前的历次朝代更替,都只是家族权力的更迭。如果研究发生在历史上的改朝换代,其方式其实也大同小异,不外乎"禅让"或武力更张,而且朝代兴替的方式和过程,也基本上有迹可循、有范可依,故而被人称为朝代更替的周期律。这些周期性的改朝换代也好,社会变革也罢,实际上是在探索、完善社会制度,从而使中华文明能够健康传承和发展。

禅让方式的渊薮,发生在传说中的尧、舜、禹时期。除了尧舜禹的传说,见诸史籍记载的禅让,始于西汉末年的王莽以新代汉,但这次禅让,因为新莽政权存续时间较短而经常被我们忽略或者视为一场闹剧。历史记载当中影响深远的禅让,则发生在魏晋南北朝时期。

曹魏代汉(东汉)是一次影响较大的将传说中的禅让变成现实的成功实践,也是历史上第一次把朝代更迭由流血的革命变成不流血的禅让的成功实践。从效果上看,尽管这次禅让事实上也是武力胁迫和恫吓的结果,但它在中国古代文明建设方面的意义却十分重大,既是对传说中的禅让的真实实践,也的的确确避免了以往流血革命式的改朝换代。尽管当时的曹氏集团有"挟天子以令诸侯"这样过分的行为,也有衣带诏引发的人头落地的事件,但相对于过去的大规模杀伐,因禅让而完成朝代更迭的代价显然是极其微小的。所以说,曹魏代汉式的禅让,作为社会文明进程当中的一次实践,也是很值得研究的历史范例。

西晋代曹魏应该是曹魏代汉的翻版,基本无新意可言,更像是因果报应的范例。但作为把传说中的禅让变为现实的再次实践,有许多值得我们研究的价值。至少它向我们表明,中国人对社会文明建设的探索和实践,实际上是一个不断变化的过程。

相较于曹魏代汉、西晋代魏,刘宋代晋(东晋)虽然也是禅让的戏码,但其血腥味较前者为重,而且刘宋代东晋的禅让首次开了诛杀前朝先主的恶例,所以,此后南朝宋齐梁陈的更迭频繁且都很短命。

无论是新莽代汉、曹魏代汉还是西晋司马代魏，实际上都只是给历史上朝代更迭过程中的禅让开了一个头，其后南朝到隋唐，禅让的戏码一再上演，尽管主演的身份和舞台不尽相同，但其剧情基本上程式化了。这也表明，在中国古代历史上，禅让作为文明建设的制度探索，要走的路还很长，要做的事情还很多。

北宋赵匡胤黄袍加身的故事，使得魏晋以来的禅让剧情更加戏剧化也更具表演性，但北宋的南北统一却在中国古代文明建设过程中出现了新的方式，即除了用武力征伐，也有了通过谈判解决争端的例子，如对后蜀、马楚用兵，对南唐和吴越展开谈判（劝降）。这次南北统一的成功实践，让赵宋王朝有了用谈判解决争端的思路，这种技巧也曾熟练地用于解决与异族的争端，对辽和西夏就通过结盟的方式解决了争端，也因此让北宋有了一百多年相对安定的发展时期，只不过维持这种局面付出的代价要比南北统一时大很多。

研究一下发生在历史记载当中真实的禅让，我们不难发现一个基本事实，那就是这些禅让并不完全、不彻底，多的时候都只不过是为白刃加颈的武力相逼披上了一件温柔的外衣。频繁发生于中国历史上的朝代更迭，尽管每一次都是以"代天命"和精心导演的"禅让"为旗号，实际上都是以赤裸裸的实力抢夺完成的。但我们也应该看到禅让存在的意义，它让我们看到，朝代更迭的过程有了多种选择，即除了流血革命还有不流血的禅让，它也让我们看到了古人在文明建设过程中真实的探索，也让我们看到古人在推动文明发展过程中所作的不懈努力。中国两千多年历史上多次发生的朝代更迭，说到底反映的是权力的更迭，这种更迭实际上是利益分配引发冲突继而消弭冲突的过程，一定程度上推进了文明进程或者说文明制度的完善。古人在消弭冲突的过程中，已经进行过多种尝试。由此我们也知道，发生在世界范围内的所谓文明冲突，也并非完全意义上的文明冲突，实际上是文化冲突。导致这种冲突的原因，主要是不同的人对事物的理解不同，实际上是更大范围的利益冲突，是更大范围的话语权之争，是文化价值观的冲突，是各种文化想以自己的文化价值观统一世界的冲突。而我们消弭冲突的办法，也应当有适应时势的多样性选择。

六

辨析文化与文明的区别，让我们认识到，我们的现实生活方式，既不可能完全是传统的继续，也不可能推倒重建，我们只能选择因势利导，适应已经变化了的时代。汉代史学家司马迁在他的《史记·货殖列传》中向我们介绍了他对先秦到汉武帝之前的社会发展变化的认识，其中有两段文字，用白话文说是这样的：老子说："太平盛世到了极盛时期，虽然邻近国家的百姓互相望得见，鸡鸣狗吠之声互相听得到，各国人民却都认为自家的饮食最鲜美，自己的服装最漂亮，他们适应了本地的习俗，喜爱自己所从事的行业，以至于老死也不互相往来。"到了近代，如果还按这一套去办事，那就等于堵塞人民的耳目，几乎是无法行得通的。太史公说：神农氏以前的情况我不了解，至于像《诗》《书》所述，虞舜、夏朝以来的情况则是人们总希望自己的耳目听到最好听、看到最好看的，口胃尝遍各种美味，身体安于舒适快乐的环境，心里还要夸耀有权势、有才干的人。统治者让这种风气影响百姓已经很久了，但使用老子的这些妙论挨门逐户地劝说开导，终未能感化谁。所以，最好的办法是听其自然，其次是随势引导，其次是加以教诲，再次是制定规章制度加以约束，最坏的做法是与民争利。司马迁的这两段话为我们提供了一些重要的信息：首先，古人理想中的太平盛世，就是人们各安其分，各个地方的人都能甘其食、美其服、安其俗、乐其业。但在司马迁眼里，这只能是一种理想，即便人类社会早期曾经出现过老子说的那种状态，但那种状态早在老子生活的年代就已经一去不返了。其次，在司马迁看来，如果我们还沉浸在老子那种理想的状态，或者用那种思维来考察他那个年代的社会状况并希望它和老子说的一样，就有些不近世务，胶柱鼓瑟的味道了。事实上，人类社会从低级走向高级，人类的物质和精神需求由低层次向高层次发展，这是人类的理想也是历史规律，人们只能遵从规律，顺应时代发展。如果有人想改变规律，逆势而动，也是不可能的，因为人们追求物质享受和精神享受的诉求是无止境的，所以社会的发展也会是无止境的，故最好的办法是顺其自然、因势利导而不与其争，不与之对抗。再次，司马迁也很认真地告诉我们，人类的文明进步是一个不断积累、探索的过程，也是一个按照规律不断前行的过程。在这个过程当中，不同区域的人因其不同的自然、环境、生活方式等原因，其文明的进程也有其规律和特点，这就是文化的变革。文明的进步和提升只会是一个渐进的过程，不可能一蹴而就。先哲孔子说："克己复礼为仁。"仁在儒家思想中的内涵很丰富，但其本意就是要克制自己的欲望，让自己的言行能够符合社会公德的要求。人自觉地克制自己的欲望，自觉地用社会公德约束自己的言行，使自己的言行符合社会公约标准，是文明的自觉，也是文明的表现。一个放弃社会公德约束、肆意妄为、毫无顾忌地践踏社会公德的人，不管他生在什么地方、什么年代，都是真正意义上的野蛮人。真正意义上的文明社会，是人人自觉遵从社会公德的社会；一个尔虞我诈、钩心斗角、私欲膨胀的社会，是和文明格格不入的。很多情况下我们说的"没文化"实际上就是"没素质"，而"没素质"实际上就是修养不到位，而所谓的修养不到位，就是对社会公德、公共礼仪的不遵循或触犯。"夫君子、小人，类物之通称，蹈道则为君子，违之则为小人"。这是南朝人沈约的话。他认为，所谓君子与小人，不过是分别对一类人的通称。走正路，就是君子；不走正路，就是小人。归根结底，文明程度是表现一个人"有文化"还是"没文化"的突出标志。一个人"文"与"化"的过程,实际上是无法选择的,更多的时候是生于斯、长于斯而自然而然被"文"、被"化"的过程,而文明程度则是可以选择、可以修为的,是如出家人修道一般的过程。一个人接受本民族文化的过程在很大程度上是一个被动的过程,而一个人文明程度的提高,往往是一个自觉的过程,要把这种自觉变成一种习惯,则是一个更为艰苦、更加艰难的过程。"己所不欲,勿施于人",自我约束,换位思考,这是中国人文明自觉的最高境界。

七

农耕生活需要相对稳定、合理、边界清晰的空间,井田就是一种很好的选择:田块的大小、四至,田埂、道路井井有条,清晰明了。但它的问题是,井田虽然适合农耕生活,但如何分配才能防止邻里之间因占有资源多寡不均而发生矛盾呢? 当然最好的方式,就是按能力的大小、对社会的贡献等来综合考量。在这里,等级制为在农耕方式下的人们提供了一个既方便又实用的模式,即按现有的差别,形成严格的等级,再以严格的等级进行社会资源的分配。这样,等级与资源相互映照、相互配套,一目了然,便于操作,便于管理,正常情况下不会发生混淆也不会发生争议,也就不会发生矛盾或冲突,社会会在一种有序的状态下和谐运行。从春秋开始,井田制虽然从现实生活中消失了,但是源于井田制的思维方式和由此形成的等级制度,不仅保留了下来,而且在不断的发展过程中日益完善,更加深入人心。城头的大王旗可以不断地变幻,但等级观念却始终如一,而且随着时间的推移越来越清晰。有一种现象值得我们注意:不论是春秋坏井田,还是战国纷争,以及秦大一统之后的多次改朝换代,在竞争中胜出者,都无一例外地承袭了原有的分配方式,按等级分配社会资源。而草原民族,凡入主中原者,随着时间的推移,都会被农耕文明同化。为什么出

现会这种情况？我以为，这与等级制人们都能接受关系极大。从现实
生活来考察，不论是农耕方式还是游牧方式，其组织结构中都存在着
金字塔式的等级差别，而农耕方式下的等级和游牧方式下的等级差
别只有细和粗、严格与松散的区别，并不存在有和无的差别。因此，统
治者往往更喜欢严格的等级差别，以犒赏自己在爬上金字塔顶时的
付出。作为改朝换代的胜利者，一旦成为人主，也一定希望有人主的
形象，等级制就是送给他们最好的礼物。汉朝立国之初，先是萧何在
将相大臣坐不起马拉车只能坐牛车的情况下，为刘邦筹建与人主身
份相配的豪华宫殿，其后刘邦在叔孙通等人的撺掇下，主导制定符合
帝王制度的礼仪。当刘邦第一次按照儒家倡导的宫廷礼仪接受过去
的玩伴、现在的下属们朝贺时，才真正感受到了帝王的荣耀和威仪，
也真正有了做人主的快感。这是等级制被统治者创造并能够沿袭的
最直接例证，这样的场景、这样的故事在中国至少延续了两千多年。
因此，在我们熟知的那些历史故事里，新朝与旧政的区别，也只是在
旧的基础上废除已经被大众厌恶的苛政，再加上一些胜利者在艰苦
奋斗过程中的拥护者所希望的内容。随着时间的推移，新政逐渐步入
正轨，新政与旧制的差别越来越小，新一轮的改革也就势在必行，新
桃换旧符的过程开启了新的轮次，这个过程被史学家称为周期律。所
以，等级制的简便易行，与它所带有的天然弊端，如僵化、不利于层级
流动等，也如影随形，故而发生周期性异动是它自我调节的需要。对
人类社会而言，迄今为止，我们在人类共同的文明建设过程中取得的
一切成果，和人类不断发展进步以及追求美好生活的未来相比，可谓
沧海一粟。只要人类存在，只要人类追求美好生活的愿望存在，我们
对文明制度的探索就永远在路上。我们应该清醒地认识到，先辈们对
文明的建设和探索，跟我们认识其他事物的过程一样，是一个不断升
华、不断完善的过程，我们在享受前人为我们创造的美好生活的同

时，也该勇敢地承担他们在探索过程中留下的一些消极因素及其对我们造成的负面影响，积极承担起建设现代社会文明的历史责任；我们也应该清醒地认识到，我们在享受前人经过无数艰难困苦积累下来的文明成果的同时，也应该为我们的后代留下在人类文明探索征程中应该有的作为和贡献，这也应当成为人类不断探索、不断创新、不断提高人的文明程度和精神境界的原动力。

闲话西北

一

在中国的地理版图上，有一些有显著方位特征的行政区划或地理单元,比如西北。因为是西北人,所以我对西北不自觉地多了几分关注。查我们现有的工具书知道,西北是一个有确指的行政区划或地理单元。《辞海》"西北"条:1.自然地区名,包括天山、阿尔泰山、昆仑山、阿尔金山、祁连山、塔里木盆地、准噶尔盆地、阿拉善高地、河西走廊等地理单元。2.旧大行政区名,在中国西北部,1950年设置,辖陕西、甘肃、宁夏、青海、新疆五省区及西安市,行政委员会驻西安市。1954年撤销。3.旧经济协作区名,1961年设置,包括陕、甘、宁、青、新五省区。1978年后撤销,但仍做地区名。

由《辞海》的词条看,"西北"一词既是地理单元名,也是曾经的大行政区名、经济协作区名,现在仍旧作为地区名在使用,而且是被大家广泛认可并使用的。由《辞海》的描述,我们可以了解很多信息:其一,西北,地域辽阔。包括天山、阿尔泰山、昆仑山、阿尔金山、祁连山、塔里木盆地、准噶尔盆地、阿拉善高地、河西走廊等地理单元,涉及陕甘宁青新全部及内蒙古的部分区域, 这个范围的面积应该在300多万平方公里,约占中国陆地面积的三分之一。其二,西北,地理形胜。中国境内最具地理特征的高山、大河、沙漠、戈壁、盆地、高原、草原、绿洲,悉数在内;对外则与俄罗斯、印度、蒙古等国接壤。其三,西北,能源资源富集,传统的煤炭、石油、天然气,新型能源如风、光等可利用资源丰富。其四,西北,自古以来就是兵家必争之地。周秦汉唐宋明以及清朝道光以前,对中原王朝而言,其边患大多来自西北。从文献记载看,发生在历史上的战事,除了中原地区的内乱,绝大多数大规模战争都与争夺西北有关。这些发生在西北方向的战争的胜负,往往决定了一个王朝是强盛还是衰弱。所以,无论是对农耕民族还是游牧民族,西北都是其巨大的战略空间,拥有了西北,等于争得了更大的生存空间。

二

常识告诉我们,在日常生活中,因我们所处的方位不同,我们所说的东、西、南、北其实是不一样的。在岭南人眼里,五岭以北即是北方;在江南人眼里,长江以北都是北方;而生活在秦岭以南的人,无一例外地觉得秦岭以北全是北方。当然,假如你用现在的 GPS 定位系统或北斗导航系统,以你所处的位置来定位,则可以随时为你定位出新的东、南、西、北。这是我们所处的方位不同造成的。也就是说,一个地方是东是西是南是北,得有一个可以参考的坐标中心,先确定坐标中心,才能确定东西南北的方位。清代历史地理学家顾祖禹在他的《读史方舆纪·凡例》中就曾说:“正方位,辨里道,二者方舆之眉目也。而或则略之,尝谓言东,则东南、东北皆可谓之东。审求之,则方同而里道参差,里同而山川回互。图绘可凭也,而未可凭;记载可信也,而未可信。惟神明其中者,始能通其意耳。若并方隅里道而去之,与面墙何异乎?”顾祖禹的话,明白地告诉我们,正方位,辨里道,是方舆(确知一个地方地域疆界东西南北)的关键。也就是说,道里山川是划分疆域方位的重要标志,如果忽略了这些标志,东南西北就只能任人所言,无异于面对墙壁说方位,只有神仙才能弄明白。顾祖禹所说的方舆的关键,实际上就是我们说的要想确定一个地方的方位,首先需要一个准确的坐标。一旦有了地理坐标,我们辨别东西南北就容易了。

由此我们知道,在中国的版图上,划分南北应该相对容易,因为在我国的南北之间存在一些明显的地理标志,这些地理标志,为我们划分南北提供了良好的参照。在我国的南北之间,从南往北,存在着三大水系:珠江流域,长江流域,黄河流域。划分三大水系和流域的明显标志是:珠江和长江流域的分水岭,应该是五岭;长江流域和黄河流域的分水岭,应该是秦岭。也就是说,五岭以南的地方大致归于珠江流域,五岭以北至秦岭以南归于长江流域,秦岭以北至长城以南则归于黄河流域。在这里,西起甘肃、东达河南的秦岭和发源于安徽桐柏山区、最终经江苏省入海的淮河,也是我们划分南北最重要的参照物。秦岭以南可以统称为南方,只不过五岭之南是南方之中的更南,其最明显的特点就是长夏无冬,生活在这个区域里的人们能感知到的冬,只不过是来自遥远的北方的冷空气到此一游;五岭以北则是大南方之中的北方,在这里人们可以感知四季的变化。当然,两者之间不仅有物候的差异,事实上还存在文化的差异。秦岭以北可以统称为北方,只不过长城以北是大北方之中的更北,其显著的特点就是冬季漫长而夏季短促,生活在这个区域的人们能切身感受到滴水成冰的景观;长城至秦岭以北则为大北方之中的南方,在这里人们可以清晰地感受四季轮回。当然,两者之间的差别,也不仅是物候方面的,实际上文化方面的差异也是很大的。

相对于南北分界的清楚明了,划分东西相对复杂得多。这种复杂在于很难找到一个让大家异口同声认可的区别东、西的地理坐标。所以,历史上许多划分东、西的说法,大多让人觉得有些模糊,如关东出相、关西出将,闯关东、走西口,也只是以函谷关、张家口、山海关为坐标的模糊说法,很难说它是划分东西的地理特征;也曾有以黄河为坐标划分东、西的,如河东、河西,以山为坐标划分东、西的,如山东、山西。但这些说法一则相对范围较小,很难以此为界形成贯通南北的东西分界线,二则它们都是相对概念,没有什么可以说道的硬指标。

由南北划分的相对清晰和东西划分的相对模糊可以看出,一些我们通常使用的地理概念的范围和方位,如西北、西南、东北、东南事实上是随坐标的变化而变化的概念。

三

从历史上看,我们概念里东西南北方位的确定,并不是按照历代王朝版图的地理中心来划分的,大致都是以历代的立都之地为坐标中心来划分的。夏立都山西,商立都河南,周立都陕西,以各自都城为坐标中心,其西北的方位自然有别。东周时期,春秋诸侯林立,战国七雄争霸,以东周都城洛阳和诸侯国都及七雄都城为中心坐标的西北,自然各不相同。秦统一六国,都咸阳,在临洮至辽东一线修筑了长城,故以咸阳为中心,西起临洮北达阴山以南长城以里,当是秦朝疆域西北的边界。汉初以长安为中心,那时的西北与秦时的方位基本一致。汉武帝征战河西,斥逐匈奴于漠北,至汉宣帝时南匈奴归顺汉朝,汉朝实现了漠南无匈奴王庭的鼎盛局面。那时的西北疆界,应该西达新疆以远,北出巴丹吉林沙漠和腾格里沙漠以北,因而此时西北的范围比秦时大了很多。其后,以长安为都城的王朝,如隋、唐,其西北的范围大体是一致的,即以长安为中心,长安以西以北之间的夹角延伸出去的范围,就是理论上时人眼中的西北。只不过那时人们眼中的西和北只是地理方位上的西和北,并不是现在意义上的由完整地理单元组成的西北;以洛阳为都城的东汉、曹魏、西晋、北魏,其西北的范围较周、秦、西汉、隋、唐有所不同。他们眼中的西北,是以洛阳为中心坐标,洛阳以西以北形成的夹角延伸出去的范围;东晋、南朝人眼中的西北,西当然是首都建康以西,北显然是指长江以北的整个北方地区,东晋祖逖的北伐,显然也是指长江以北的地方;十六国时期,东晋、南朝以外的地方乱成了一锅粥,政权更迭如走马灯,你方唱罢我登场,位置不同,其人眼中的西北很难有统一的说法;而到北魏拓跋氏统一北方之后,北魏人眼中的西北,会以太原或洛阳为中心坐标来看。所以他们眼中的西北,从理论上说,和大一统时的汉唐应该不一样;北宋人眼中的西北,显然是以开封为中心坐标,开封以西以北为夹角形成的范围。汴梁(开封)被他们称为东京,而洛阳则已经被他们称为西京,当时有一部记录开封社会生活的名著,名字就叫《东京梦华录》。南宋人眼中的西北,边界在哪里呢?辛弃疾和陆游的诗,给我们提供了一些参考。辛弃疾《菩萨蛮·书江西造口壁》:"郁孤台下清江水,中间多少行人泪?西北望长安,可怜无数山。青山遮不住,毕竟东流去。江晚正愁余,山深闻鹧鸪。"在辛弃疾眼里,长安已是西北。陆游《示儿》诗:"死去原知万事空,但悲不见九州同。王师北定中原日,家祭无忘告乃翁。"在陆游眼里,中原已经是北了。读两位诗人的诗,我们可以知道,在南宋人眼里,长安、中原已成为西北和北了。而宋朝分为北宋和南宋,显然是因为二者定都有北南之别。元明清人眼中的西北,则与前述王朝所指更不同,定都北京使它们有了一致的坐标,尽管三朝的疆域不尽相同,但其西北的方位基本是一致的。有人研究指出,1241 年,蒙古大汗窝阔台的次子阔端镇守内蒙古西部、甘肃、青海、西藏、新疆、宁夏,因其封地在西夏故地,被册封为西凉王,建府治凉州(今甘肃武威),历史上首次有了西北行政区划的雏形。明朝建立之初,朱元璋定都南京,长城以北的大片区域,元朝的残余势力还十分强大。历朱元璋一朝,关于西北的概念,在明朝开国之主朱元璋和那时的明人眼里,应该和元代有些不同。公元 1421 年,朱棣迁都北京,随着明朝的势力到达漠北,在朱棣及朱棣以后的明朝人眼里,西北的范围应该和元朝有些差别,但其方位应该是一致的。清代早期,在大清朝的开国者努尔哈赤眼里,辽宁不是我们现在概念里东北的一部分,而是他实实在在的龙兴之地,盛京(沈阳)也只是他的龙庭所在地,他眼里的西和北至少也应该在大小兴安岭以西黑龙江以北甚至更为遥远的西伯利亚;清人入关之后,随着康熙朝平定噶尔丹叛乱和雍正朝平定青海的罗布藏丹增的叛乱,清人眼中的西北从此定格,与元人西北的概念一致起来,而且随着陕甘总督的设置以及陕甘总督所辖范围的划定,首次让西北的地理单元和行政区划清晰起来。民国时期,西北一词在时人的文献里出现的频率渐渐高起来,其范围也变得越来越清晰。新中国成立之初,行政大区和经济协作区的划分,则让陕甘宁青新成为西北的地理和行政区划的概念正式有了定论。现今工具书如《辞海》中关于西北的概念,则完全是学者们充分研究历史和现状,尤其是对现状的精细研究之后形成的定论。由此,我们可以说,我们现在所熟知的西北的概念,实际上应该是经元明清三代的实践和认识,逐渐形成了一个有确指的地理单元和行政区域的概念。

概括起来说,西、北与东、南,本都是指代方位的词语,把西和北与大一统国家的安危联系在一起,应该是秦汉以后的事情了;把西北连缀成一个整体的地理单元或行政区划,应当是唐宋以后的事情了。我们知道,从汉代开始经营西域至隋唐时期,时人对西和北的看法是西即是西,北即是北,并非像后世把二者联系在一起来定位的。所以在对待西和北的问题上,汉唐时期对二者所采用的是完全不同的方式。大体上说,对西,特别是河西以西地区,基本方略是进行大规模的经营。从汉代到唐代的西域都护府、安西都护府、北庭都护府等行政机构的设立,即是汉唐时期对西域实施经营的有力证明。而对北,则实行完全意义上的安全保障性防御为主,从汉代筑长城、设亭障至西域即是这一策略的具体体现。而其所防、所针对的,无一例外是来自北部游牧民族的威胁。元代之前，罕见中原王朝在阴山以北设立行政机构的记载，也从另一方面证明了这一点。汉唐时期对西域甚至西域以西的经营，实际上也是对北部防御的延伸。因此我们说，汉唐时期，中原王朝还没有把西和北当作完全意义上的地理单元进行表述，也没有把它作为一个完整的地理单元采用统一的管理方式，而是从维护中原王朝安全的角度采用完全不同的策略和方式。从元代开始，随着元上都、中都、大都的建立，元人的脚步也从漠北逐渐深入到农耕地区，先前农耕区和牧区之间完全隔离的状态被打破，两者之间生活方式亦即文化的隔膜也随着双方相互交融，开始破除了。在元朝的版图上，我们现在意义上的西北地理单元正式开始成形，为西北地理单元的最终形成创造了物质基础和条件。元朝之后，明清两个大一统王朝疆域稳固，最终成就了今天由相对固定的地理元素组成的西北行政区划和地理单元。

四

我们认为，西北的概念在一定程度上，是一个随朝代更迭有所变化的历史概念。也就是说，不同朝代或不同历史时期的西北，其范围实际上是不尽相同的。西北概念及范围的变化，大致是有其规律的，随着三国以后北方经济中心南移，中国政治中心东移或南北交替，西北的范围逐步清晰，至清代基本形成了现在我们眼中的西北区域概念。

东南西北虽然只是地理方位，但因其与划分其范围的坐标中心的距离不同，其所具有的影响力也有明显的差别。常识告诉我们，离坐标中心越近，其吸引力越强，凝聚力越大，支持力也越强。就像一棵大树一样，离主干越近的地方养分越足越粗壮，而离主干越远的地方，虽然看上去摇曳多姿，但实际上其柔弱是刻在骨子里的。由此，我们也就会明白,地理概念往往会变成带着文化因子的地理单元,而它的形成和被人们所接受、认可并留下印象,除了自然因素,经济、文化、历史,都是促使地理概念形成的重要因素。

通过对历史上立都和失去立都机会之后当地社会发展状况的对比,我们会看到一个不争的事实:立都之地的经济社会发展状况明显好于同时期的其他地方,而失去立都机会的地方,其经济社会发展状况与前相比,停滞不前或迅速衰落都是大概率事件。汉唐时期的长安和宋元明清时期的长安,北宋时期的开封和南宋及以后的开封,是不能同日而语的。这是非常典型的因为中心地位的变化带来的巨大变化。事实证明,一地的繁荣或衰落,与此地跟政治、经济、军事、文化、贸易与交通等中心区域的距离远近正相关。地当中心,此地的繁荣和兴盛只是时间问题;若远离中心,此地的衰落也只是时间问题。由此,我们可以说,一地社会经济的繁荣或衰落,事实上与其所处的地域,特别是距离政治、经济、文化、交通、贸易等区域中心的远近有直接关系。努力成为某个领域的中心,是促进区域社会发展和地位提升的必由之路,放弃这种追求,意味着被边缘化的开始。

历史告诉我们,每一次划分区域的坐标中心亦即都城所在地的变化,不但会影响到地理方位上西或北的变化,同时也会造成新旧坐标中心所在地凝聚力的巨大变化。这种变化初时可能不明显,随着时间的推移,变化会更加明显,会直接引起所在地及周边区域实力的巨大变化。受此影响,随着与坐标中心距离的拉近或变远,两者之间的差距也会更加明显。西北地理单元的形成过程表明,随着我们划分东西南北的地理坐标中心的变化,也就是中国政治、经济中心的变化,带给坐标中心区及其周边的影响是巨大的。

现如今,在中国的地理版图上,一线城市是最具影响力的中心区域,新一线城市是紧随其后的次一级的区域中心,而二线城市(包括一些影响力超强的副中心城市）只能是更次一级的区域中心。这种格局将会长期影响当地的社会经济发展水平，如果没有特殊的机遇，这种状况很难在短时间内发生重大变化。如果想在全球化已经成为趋势的当下，让某地的发展跟上时代的步伐就要将自己打造成可以让人依赖的对象，确立自己在某些方面或领域的优势和特色，成为有一定聚合能力的与中心区域互补的次中心、小中心，以防止被边缘化。

"一带一路"倡议为改变西北地区改革开放、西部大开发之后仍远远落后于东南沿海地区的被动局面提供了重大契机，抓住"一带一路"建设的机遇，利用区位优势，形成有特色的产业、产品、服务，发挥好连接东部与欧亚大陆的桥梁作用，力争融入经济社会发展的大格局当中，是西北缩小与东部沿海地区社会经济发展差距的重要机遇，错过了这个机遇。西北与中东部地区之间的差距会越来越大，被边缘化的步伐会日渐加快。

漫话道地甘肃文化和甘肃人

一

中国的文化，以秦岭为界，形成了鲜明的南北差异，这是一个大的分界。在这个大的分界之中，南和北又有两个较为明显的分界：南以五岭为界，分为秦岭以南和五岭以南；北则以长城为界，分为秦岭以北和长城以北。由此，中国大的文化分界大致可分为条状和块状分布的格局。条，从岭南至南岭、南岭至秦岭、秦岭至长城、长城至漠北，分为四个大的条；各条内形成了鲜明的块，岭南有闽台桂粤琼以及更南之分，更南之处海疆无垠，令人遐想；岭南和秦岭之间有吴越、三楚和巴蜀之别；秦岭至长城一线有关中、关东、关西之分，也有河西、秦陇、三晋、燕赵、齐鲁之别；长城以北的广大地区统称为漠北，漠北之地草原万里，英雄如风。条的划分大致以纬度、气候、雨水、物产特征为依据，一般以自然地理景观为依据。块的划分，多以语言、习俗等人文因素为依据。其中的块，我们通常叫做地域文化或区域文化圈。严格意义上讲，区域文化圈的划分，并不完全受行政区划调整的约束，主要反映的是核心区域文化自身的影响力、渗透力和传播力。我们平常说的西域、河西、关中、燕赵、齐鲁、吴越、湖湘、闽粤、巴蜀、岭南文化，不仅仅是地理或纯粹的行政区划的概念，更多的是地域或者区域文化概念的通俗化，犹如北宋理学有濂、关、洛、闽之分一样。因此，区域文化圈一旦形成，其影响力也会相对持久且广泛，犹如巨石入深水形成的涟漪一样，中心区域影响强烈但范围较小，随着涟漪的荡漾，范围逐渐变大，波纹则相对平缓。在中心区域的涟漪消失之后，而远离中心区的涟漪仍在延续，只是看上去更不引人关注而已。

从史书记载看，最早做这种区域或地域文化划分并得到认可的，是汉代史学家司马迁。司马迁在他的《史记·货殖列传》当中对当时汉地内的物产、人文情况进行了系统的划分，两千多年以后我们读他的文章，仍然能够感觉到它的魅力。为了方便阅读，我们把司马迁的原文用白话翻译如下：

关中地区从汧、雍二县以东至黄河、华山，膏壤沃野方圆千里。从有虞氏、夏后氏实行贡赋时起就把这里作为上等田地，后来公刘迁居到邠，周太王、王季迁居岐山，文王兴建丰邑，武王治理镐京，因而这些地方的人民仍有先王的遗风，喜好农事，种植五谷，重视土地的价值，把做坏事看得很严重。直到秦文公、德公、穆公定都雍邑，这里地处陇、蜀货物交流的要道，商人很多。秦献公迁居栎邑，栎邑北御戎狄，东通三晋，也有许多大商人。秦孝公和秦昭襄王治理咸阳，秦朝将它作为都城；长安附近的诸陵，四方人、物辐辏集中于此，地方很小，人口又多，所以当地百姓越来越玩弄奇巧，从事商业。关中地区以南则有巴郡、蜀郡。巴蜀地区也是一片沃野，盛产栀子、生姜、朱砂、石材、铜、铁和竹木之类的器具。南边抵御滇、僰，僰地多出僮仆。西边邻近邛、笮，笮地出产马和旄牛。然而巴蜀地区四周闭塞，有千里栈道，与关中无处不通，唯有褒斜通道控扼其口，勾连四方道路，用多余之物来交换短缺之物。天水、陇西、北地和上郡与关中风俗相同，而西面有羌中的地利，北面有戎狄的牲畜，畜牧业居天下首位。可是这里地势险要，只有京城长安要约其通道。

所以，整个关中之地占天下三分之一，人口也不过占天下十分之三；然而计算这里的财富，却占天下十分之六。

古时，唐尧定都河东晋阳，殷人定都河内殷墟，东周定都河南洛阳。河东、河内与河南这三地居于天下的中心，好像鼎的三个足，是帝王们更迭建都的地方，建国各有数百年乃至上千年，这里土地狭小，人口众多，是各国诸侯集中聚会之处，所以当地民俗为俭省，熟悉世故。杨与平阳两邑人民，向西可到秦和戎狄地区经商，向北可到种、代地区经商。种、代在石邑以北，地近匈奴，屡次遭受掠夺。人民崇尚强直、好胜，以扶弱抑强为己任，不愿从事农商诸业。但因邻近北方夷狄，军队经常往来，中原运输来的物资，时有剩余。当地人民强悍而不务耕耘，从三家尚未分晋之时就已经对其剽悍感到忧虑，而到赵武灵王时就更加助长了这种风气，当地习俗仍带有赵国的遗风。所以杨和平阳两地的人民经营驰逐于其间，能得到他们所想要的东西。温、轵地区的人民向西可到上党地区经商，向北可到赵、中山一带经商。中山地薄人多，在沙丘一带还有纣王留下的殷人后代，百姓性情急躁，仰仗投机取巧度日谋生。男子们常相聚游戏玩耍，慷慨悲声歌唱，白天纠合一起杀人抢劫，晚上挖坟盗墓、制作赝品、私铸钱币；多有美色男子，去当歌舞艺人。女子们常弹奏琴瑟，拖着鞋子，到处游走，向权贵富豪献媚讨好，有的被纳入后宫，遍及诸侯之家。

……

燕国故都蓟也是渤海、碣石山之间的一个都市。南面通齐、赵，东北面与胡人交界。从上谷到辽东一带，地方遥远，人口稀少，屡次遭侵扰，民俗大致与赵、代地区相似，而百姓迅速捷凶悍,不爱思考问题,当地盛产鱼、盐、枣、栗。北面邻近乌桓、夫余,东面处于控扼秽貊、朝鲜、真番的有利地位。洛阳东去可到齐、鲁经商,南去可到梁、楚经商。所以泰山南部是鲁国故地,北部是齐国故地。

齐地被山海环抱,方圆千里一片沃土,适宜种植桑麻,人民多有彩色丝绸、布帛和鱼盐。临淄也是东海与泰山之间的一个都市。当地民俗从容宽厚,通情达理,而又足智多谋,爱发议论,乡土观念很重,不易浮动外流,怯于聚众斗殴,而敢于暗中伤人,所以常有劫夺别人财物者,这是大国的风尚。这里士、农、工、商、贾五民俱有。

而邹、鲁两地靠近洙水、泗水,还保存着周公传留的风尚,民俗喜好儒术,讲究礼仪,所以当地百姓小心拘谨。颇多经营桑麻产业,而没有山林水泽的资源。土地少,人口多,人们节剑吝啬,害怕犯罪,远避邪恶。等到衰败之时,人们爱好经商追逐财利,比周地百姓还厉害。

……

越、楚地带有西楚、东楚和南楚三个地区的不同风俗。从淮北沛郡到陈郡、汝南、南郡,这是西楚地区。这里民风剽悍轻捷,容易发怒,土地贫瘠,少有蓄积。江陵原为楚国国都,西通巫县、巴郡,东有云梦,物产富饶。陈在楚、夏交接之处,流通鱼盐货物,居民多经商。徐、僮、取虑一带的居民清廉苛严,信守诺言。

彭城以东,包括东海、吴、广陵一带,这是东楚地区。这里风俗与徐、僮一带相似。朐、缯以北,风俗与齐地相同。浙江以南风俗与越地相同。吴地从吴王阖闾、楚春申君和汉初吴王刘濞招致天下喜好游说的子弟以来,东有丰富的海盐,以及章山的铜矿,三江五湖的资源,也是江东的一个都市。

衡山、九江、江南、豫章、长沙一带是南楚地区,这里的风俗与西楚地区大体相似。楚失郢都后,迁都寿春,寿春也是一个都市。而合肥南有长江,北有淮河,是皮革、鲍鱼、木材汇聚之地。因与闽中、于越习俗混杂,所以南楚居民善于辞令,说话乖巧,少有信用。江南地方地势低下,气候潮湿,男子寿命不长。竹木很多。豫章出产黄金,长沙出产铅、锡。但矿产蕴藏量极为有限,开采所得不足以抵偿支出费用。九嶷山、苍梧以南至儋耳,与江南风俗大体相同,其中混杂着许多杨越风俗。番禺也是当地的一个都市,是珠玑、犀角、玳瑁、水果、葛布之类的集中地。

……

天下物产各地不均,有少有多,民间习俗各有不同,山东地区吃海盐,山西地区吃池盐,岭南和大漠以北本来也有许多地方出产盐,这方面情况大体如此。(范君石译)

司马迁的描述,从西向东、从北到南,像是在我们面前展开了一幅汉代及汉代以前的人气韵生动的生活画卷。让我们穿越时空看到了一种似曾相识的生活状态。司马迁笔下区域人文的划分,表现了两千多年前我们这个幅员辽阔的国家,在统一的旗帜下不同区域里人的气质、性格、习俗、价值观及行事方式;他笔下的物流交通大都会以及在其中生活的人们,向我们展示了两千多年前生活在不同区域的人们不同的生活状态。我们看到,秦统一后,尽管已经实现了车同轨、书同文、行同伦和统一度量衡,但人们的生活习俗不仅有南北之差、东西之别,即使是在同一个条甚至相互毗邻的块之间,其行事风格和处事态度都有较为明显的差异。司马迁笔下的都会,是我们现在所说的区域文化的核心区,如关中,是西周、秦、西汉的立都之地(汉以后隋、唐及十六国时期多个朝代建都于此），洛阳是东周时期王室所在地（西汉以后东汉、曹魏、北魏等多个朝代也曾立都于此），巴蜀、邯郸、燕、临淄、南阳、彭城、寿春、豫章、长沙在秦汉以前都曾是诸侯的都城所在地，而最南端的番禺则是秦汉之际南越王赵佗的立都之地。这些都会的形成，自然是气候、环境、历史长期影响的结果。当其形成之后，对生活于其中的人的影响，也是深邃而幽远的，不会因朝代更迭、行政区划调整而变异，更多的时候是以它特有的底色展示自己的风采，所谓一方水土养一方人，橘生南国则为橘、橘生北国为枳，南人喜舟、北人爱马，关东出相、关西出将。除了环境的影响，文化也是其所以如此的本源。中国不同"条"和"块"之间既有联系又有差异的特征，又为中国文化的宏富博大创造了自然沃土。细读司马迁的《货殖列传》，不仅能让我们深刻认识汉及汉以前中国区域文化的格局，也会对我们认识汉至今我们国家东西南北的经济格局和区域文化的特征有所裨益，换句话说，透过两千多年厚重的历史帷幕，还能依稀感觉到司马迁笔下的一些区域文化特征对我们今天生活的影响。

二

甘肃地处我国三大高原交汇处，独特的地理区位，使得甘肃在中国的区域文化版图上有了自己独特的身份标识。从我国大的文化的"条"来看，甘肃属于秦岭以北、长城以南的区域；从"块"的角度看，甘肃则属于关西、陇右至西域之间，东接关中、巴蜀，南邻川藏，西与新疆相连，北依长城与内蒙古、宁夏毗邻，形成两头大中间长的条状地理特征，而其中尤以黄河、乌鞘岭以西的河西最为狭长，被称为走廊。而这个走廊，南依祁连山脉（汉代以前是乌孙、月氏、匈奴人安身立命之地，汉朝设置四郡控制河西之后，匈奴人哀叹"失我焉支山，使我妇女无颜色；失我祁连山，使我六畜不蕃息"），北抵腾格里和巴丹吉林

沙漠(漠北的南缘,其北草原万里,历来是北方游牧部落迁徙、驰骋的
天堂),作为沟通秦岭和长城的大条的一部分,从汉代起它就在发挥
沟通中原和西域的通道的作用,而河西之所以被称为走廊,就是它沟
通东、西的重要地位的形象写照。这条沟通东、西的条上的绿洲则成
了秦岭以北、长城以南东西之间交流的交汇点,同时也是把长城以南
和长城以北紧密相连的交汇点。因其独特的地理环境,从汉代张骞凿
空开始至明代陆路交通衰落之前,甘肃特别是有走廊之称的河西,一
直是东西方使节、商旅往来的通道,也曾是农耕文明、草原文明或者
东西方文明融合或武力相竞的广阔舞台。所以,从汉代起,河西走廊
就是拱卫中原的右臂和中原掌控西域及青藏高原和内蒙古高原上来
去如风的草原民族的有力支撑点,也是历代移民戍边和屯垦之地,这
种状况从汉代起持续到新中国成立前几十年。而从东汉、三国开始,
"得陇望蜀"不仅是以一个成语,而且是以一个具有实践价值的军事
经略常识而为历代所重视。这种特殊的区位和历史,还使甘肃成为中
原政局动荡之时中华文明薪火延续的所在。对此,西汉时期的有识之
士就有了清晰的认识:"河西殷富,带河为固,张掖属国精兵万骑,一
旦缓急,杜绝河津,足以自守,此遗种处也!"西汉末年窦融家族、唐代
安史之乱之后敦煌张议潮、曹议金家族以及十六国时期五凉政权对
河西的经营,在中原战乱频仍时能有保境安民、自成一格的局面,既
是对上述观点的具体实践,也是有力的注脚。如今,留存于甘肃大地
上的秦安大地湾、临洮马家窑、敦煌莫高窟、张掖马蹄寺、武威天梯
寺、天水麦积山、庆阳南北石窟,逶迤于河西走廊全境的长城、烽燧、
阳关、玉门关遗址以及现今仍旧保存完好的嘉峪关关城,散布于西部
嘉峪关黑山的岩画和东部六盘山的贺兰山岩画,保存于武威的西夏
碑、见于记载的元代阔端与萨班凉州会盟碑,无一不是甘肃多元文
化、文明交融的见证。

特殊的地理位置和复杂的历史，形成了甘肃有别于其他省份的区域文化，多民族共居的族群分布大体上表现了它所处条与块内部各文化因子的分布，与中国大的条、块文化因子的分布基本一致。境内除占人口绝大多数的汉族以外，成建制的少数民族蒙古族（酒泉市肃北蒙古族自治县）、哈萨克族（阿克塞哈萨克族自治县）居于北部长城一线，藏族（甘南藏族自治州）居于甘肃的西南部，回族（临夏回族自治州）、东乡族（临夏回族自治州东乡族自治县）、保安族撒拉族（临夏回族自治州积石山保安族东乡族撒拉族自治县）以古枹罕辖地为主，裕固族（张掖市肃南裕固族自治县）沿祁连山一线居住。这种多民族聚居的环境，为甘肃的文化多元化打下了深厚的基础。大致说来，东以子午岭、陇山为界，庆阳、平凉、天水深受关中风俗影响；东南部以秦岭余脉为界，陇南地区深受巴蜀文化影响；以临洮、陇西为核心的陇中，形成了有别于陇东和河西的带有自身特征的语言与生活习俗；各少数民族自治区域则以各自的民族生活方式为特征；兰州及兰州以西的区域，历史上为汉代金城、武威、张掖、酒泉、敦煌五郡所在地，居民多由深受中原文化浸润的戍边将士和政府征发的移民以及中原战乱之时避乱而来的人士及部分往来东西的商客的后裔组成。

如此丰富的人文历史因素，为道地的甘肃文化和道地的甘肃人披上了神秘的面纱。从文化研究的角度看，这不仅是一个非常值得研究的学术课题，也是一个让我们深入了解甘肃的有意思的话题。

三

据韩国学者赵一东的研究，人有道地和不道地的区别，主要表现在三个方面。他说，道地的韩国人必须具备三个条件——会说韩语，能品出泡菜的味道，会唱盘索里（韩国一种民间说唱艺术）。在赵氏看来，人的道地与不道地，也就是说一个人被一种文化所"文"所"化"的程度深浅，主要看他被当地的生活方式浸润的程度，而其中最典型的莫过于对语言、日常饮食、民间曲艺的熟悉与无条件接受。以此为标准盘点中国人，就发现要找一个道地的中国人很难以一城一地为标准——中国之大，非韩国人所能知也。与韩国的小国（国土面积不足30万平方公里）、寡民（单一民族）相比，中国的确幅员辽阔、地大物博。正如日本学者杉山正明在其著作《疾驰的草原征服者：辽、西夏、金、元》中所描述的那样："这是一个拥有13亿国民的国家，在人类历史上从未出现过这种情形。但是仔细观察其内部和现实，就会发现在这个'国民国家'中有太多人群和存在方式。"顺着韩国学者赵一东和日本学者杉山正明的研究逻辑，考虑到韩国、日本都是单一民族国家的情况，我们盘点中国人的道地和不道地，就不难发现，中国人文化因子的多元化，绝对当得起丰富二字的所有内涵。

广东人——粤语、粤菜、粤剧。

北京人——北京话、豆汁或涮羊肉、京剧或京韵大鼓。

东北人——东北话（自赵本山走红以来，东北话什么味儿，地球人都知道），酸菜（自雪村的一句"翠花，上酸菜"唱红以来，东北的酸菜跟着走红），二人转。

河南人——河南话，烩面、胡辣汤，河南梆子（豫剧）

陕西人——关中话（周秦汉唐的官话，影响及于陇右、关东），羊肉泡馍、肉夹馍、秦腔、眉户（道地的秦音、秦韵，所以古人把关中方言称为秦腔）。

内蒙古人——蒙古语，手把肉，长调。

四川人、湖南人、湖北人、福建人……研究每个地方的人，都会发现一些颇具个性的东西。

如果按照赵一东道地的当地人的三大要素来考察甘肃和甘肃人，我们会发现，甘肃更像一个多元文化自由竞争的文化集市。

省会兰州,有兰州话,有牛肉面,兰州鼓子(一种说唱艺术)。

陇东,典型的黄土高原特征,地貌则沟壑纵横,物产则麦菽黍薯;陇东人(包括庆阳、平凉),陇东话,其实就是陕西话;饮食与陕西关中同俗;地方戏,陇东道情亦即陇剧,一是好者少,二则怎么听都有些陕西眉户的味道。

陇南,食则川辣蜀麻,作物则水稻、茶叶、柑橘、橄榄;陇南话(川陕话的混合),南部受四川影响大,川味较重,西、北受天水、关中影响,带有关中、天水味道;饮食大致与语言分区吻合;民间戏曲则受秦文化影响,以秦腔为主。

陇中,被清人视为苦瘠甲天下之地,今定西市全境,包括今白银市的会宁县;语言与天水的秦安、甘谷似出一源,自有特色;饮食最具特色者为浆水面、浆水呱呱、浆水豆腐;民间戏曲则以秦腔最为流行。

再看河西五市。

武威人——武威话,有山西话的元素,自成一家;饮食以山药米拌面(武威人说的山药,非中药之山药,俗称洋芋,学名马铃薯;米则专指小米)为标识。当然,也有说三套车的,即茯茶、凉州酿皮、卤肉饧面。两者相比,我个人更倾向于山药米拌面,因为它历史更久远,也是只有道地的武威人才能说得出的家常饮食。三套车的说法,自然是借用了20世纪80年代以来流行的苏联歌曲《三套车》的名字而已。而所谓山药米拌面,通常有两种做法:一是将洋芋切块,待小米下锅米粒开花之后加入切好的洋芋,待洋芋将熟未熟之际加入少量面粉、食盐煮熟即可食用;加入自制酸菜是标配。二是将洋芋切成条或丁,将面擀薄切条,小米下锅煮至小米开花,将切好的洋芋条或丁和擀好的面条依次下锅加盐煮熟即成,加入酸菜则为标配。面食为主,亦有山西面食的元素;民间戏剧,大戏以秦腔、眉户为正宗,小戏流行凉州孝贤。

张掖人——说张掖话,张掖小饭(张掖人公认的当地饮食标识),

地方戏曲有张掖孝贤。

酒泉人——说酒泉话，酸汤饺子、糊锅为饮食标识，地方曲艺有酒泉宝卷。

嘉峪关人——酒泉钢铁集团职工和家属是该市的主要居民，可以说是东北人的飞地，语言、饮食带有明显的东北和酒泉相互影响的味道。

金昌市与嘉峪关市的情况大致相同，都是因工业成市，表现出五湖四海成一家的现象。

敦煌，按现在的行政区划，是酒泉市下辖的一个县级市，但是其影响力与河西其他五市难分伯仲，而其历史地位在一定意义上说比其他五市更加显赫：从汉代起，它与武威、张掖、酒泉并称河西四郡，地处中原与西域交通的咽喉之地，而其辖境内的阳关、玉门关则是中原与西域的通关口岸。自 1900 年敦煌藏经洞发现以来，敦煌学成为显学，文化影响力遍及海内外。而今每年一届的敦煌文博会，更是甘肃和世界交往的大舞台。敦煌居民有典型的移民特征，因其历史上地广人稀，不同时期和不同地方来的移民往往以乡或几个村落为单元居住，他们在融入当地的同时也保留了原籍的语言和习惯，是学界研究方言的理想之地。

此外，位于甘肃省会兰州以南的临夏、甘南两个民族自治州，受自身文化浸润，语言、饮食、音乐有其自身的特点。例如临夏回族自治州：语言——河州话；饮食，清真饮食；地方戏曲，河州花儿。

四

我们花费大量的笔墨辨析文化和人的道地与不道地，不是为辨析而辨析，也不像辨析药材的道地不道地是为了提升自身的价格、显示自身的价值，而是为了充分认识生活于特定环境下的人的文化底色,最大限度地凝聚共识,也最大限度地消除人与人相互交往的陌生感和隔膜,降低人际交往的成本。研究表明,一个深受某种文化浸润的人,他的行为方式会深深地打上那种文化的烙印,无论他走过千山万水,无论他身处何处,他的行为都会自觉不自觉地表现出那种文化的底色。"洋装虽然穿在身,我心依然是中国心,我的祖先早已把我的一切,烙上中国印。长江长城、黄山黄河,在我心中重千斤,无论何时、无论何地,心中一样亲……"这首至今给我们留下深刻印象的歌,不仅因为它旋律优美,实际上是对文化认同的准确表达,因而深深地打动了我们。而文化的单一性,因其单一,更具相近性,而更具有吸引力和凝聚力。"有时候,在原子相遇时,经化学反应而结合成分子,这些分子具有程度不同的稳定性,它们可能很大。一颗钻石那样的结晶体,可以视为一个单一分子,其稳定程度是众所周知的,但同时又是一个十分简单的分子,因为它内部的原子结构是无穷无尽地重复的。"

甘肃的居民,其文化特征,大致可以用水系来划分。白龙江流域,因毗邻四川,历史上更长时间里它们实际上是难分彼此的,不论语言、饮食及生活习惯,都带有浓厚的川味;渭河及泾河流域,则是典型的黄土高原农耕区,其语言以秦音秦声为主,饮食及生活习惯深深打上了农耕文明的烙印;洮河、夏河流域是汉、藏、回交融区域,也是农耕文化、草原文化和商业文化的交汇区,历史上也是丝绸之路的重要组成部分,民族文化特色自成一格;陇中,现如今的定西、白银、兰州,正如渭、泾、洮、夏最终汇入黄河一样,语言、饮食、生活习惯则有坐中望四方的文化特征;河西五市,正如绿洲处处,文化特征也呈块状、坨坨分布,大体来说,石羊河、黑河、疏勒河三条内陆河分割成三个大的方言区,而区内的语言、饮食、生活习惯大统一、小个性,细致区别则呈坨、块状,很难一言蔽之;而五地市中的金昌、嘉峪关,更是现代的文化飞地,其文化呈现出天南海北集于一身的局面。

所以，文化的多样性、丰富性是甘肃的文化特征，而单一性恰恰是它缺乏的。道地，讲究单一性，从这个意义上说，甘肃缺乏道地的先决条件。"甘肃人"实际上是个很模糊的概念，不像东北人、上海人、北京人、广东人、河南人、山东人、四川人、湖南人那样有显著的人群特征。"甘肃人"对自己身份的确认往往具有更小、更具体的地域性，如庆阳人、天水人、武都人、临夏人，就连河西走廊，人们的身份认同也有地方性，如武威人、张掖人、酒泉人，甚至有民乐人、民勤人、永昌人的区别，秦安人、甘谷人则是比天水人更有影响、更具地域特征的人群。

甘肃这种普遍存在的小块块、小坨坨式的地域文化，深刻影响着甘肃人的思维方式，造就了甘肃境内区域文化的基本特征——内敛、自我欣赏。这种文化的显著特点，就是有一种天然的自我封闭意识，但又因这种自我封闭的空间和体量过小，缺乏独立生存的强大能力，所以很容易像散沙一样被周边强势文化所吸引、所影响。其优点在于因严酷的生存环境养成了坚韧、刚强和强烈的自我保护意识及善于适应环境的能力，其缺点在于容易画地为牢、作茧自缚，保守、固执，容易满足，盲从，对外界环境的变化不敏感，缺乏敢为天下先的勇气和担当，难以有大作为。

有研究指出，受同一种文化浸润的人，生活态度、行为方式、价值观念更接近，更容易相互接近和相互接纳；而在不同文化背景下生活的人，其处事、待人、价值判断都会有明显的差异，古人所谓"非我族类，其心必异""物以类聚，人以群分"当指这种情况。与单一文化因子条件下生活的族群相比，在不同文化浸润下成长起来的人，相互交流时的成本会相对较高：首先要相互了解彼此对事物判断的异同，逐渐形成共识；其次需要求同存异，在大的格局下价值观趋于一致；第三，需要共同的规则来相互约束，以其为准做到相互认同。

　　块块、坨坨式的区域文化认同，容易增加和其他文化背景下生活的人的交往成本，容易形成自恋式的思维，容易囿于小坨坨的利益，一叶障目、不见泰山，容易只见树木、不见森林，容易形成有用则交、无用则忘，有用则聚、无用则散，有利则近、无利则远的江湖习气。历史上的西域诸国就是这种块块、坨坨模式的典型存在，从汉武帝通西域起，西域诸国与汉朝、匈奴的关系，基本上就是汉强则依汉，匈奴强则依匈奴，这种"墙头草"式的存在意识直到唐代彻底消除了北方草原霸主突厥之后才得到根本改观。

　　深刻理解文化差异以及文化差异对人的影响，有助于促进相互理解、相互包容，在理解、包容的基础上凝聚共识，更加有利于推动区域社会经济的繁荣与发展。区域经济的繁荣与发展有助于提升区域的影响力，区域影响力的提升有助于提升区域的文化自信。

　　其实，条条也罢，块块也好，只是大自然给予我们的立足之地。盘古开天地，生于斯、长于斯，是一个混沌的选择，并非完全由人自己做主。但生于斯、长于斯的地方就像一个大舞台，如何把握舞台的边界、如何表演，是生活在其上的人们自己的问题。无法选择出身，但可以选择自身的作为。因此我们说，条条与块块，单一与多元，发达与落后，都只是生活在其上的人留下的痕迹。不论是条条、块块还是坨坨，文化都是人们在此生活并对自身命运把握的结果。认识自我，应时而作、应机而动才是改变一切的关键。囿于条条、坨坨、块块的思维习惯，固然有其局限性，但是若能准确认识自身的不足与弱点，因势利导，变过去的封闭和自足的固执为改变自己的毅力，变坨坨、块块自身较强的聚合力为改变现状的动力，利用现在"一带一路"建设的战略机遇，变自己区域文化为"一带一路"重要节点上的特色区块，变传统为特色，在当下五光十色的海洋里独树一帜，不失为一种适时而变的策略。

如今的时代是一个创新的时代，创新的时代需要有担当和作为的时代精神。甘肃人需要适应这种变化，自觉适应时代变革，自觉参与社会变革，发挥自身条、块结合重要节点的独特优势，增强固有的坚韧与刚强，增强文化自信，激发血性，努力改变经济、社会发展远落后于他人的状况，为自己正名，给他人更多的期待。

写在地名里的历史

地名，就像一个人姓甚名谁一样，是一地有别于他地的标记。读清人梁份的《秦边纪略》（原名《西陲今略》）会发现一个有趣的现象，其书中记录的明清之际西北地区县级以下的地名当中，以"堡"命名的数量相当多，定边堡、宁塞堡、靖边堡、镇虏堡、怀远堡、镇羌堡、安远驿堡、土门堡、宁远堡、水泉堡、蔡旗堡、板桥堡、黑城堡、洪水堡、梨园堡、暖泉堡、红崖堡、九坝堡、金塔堡、地窝堡……这个名录可以列很长。它们当中的许多名字，至今仍然活跃在西北各地的地名名录里。而这种以堡为名的地名，在西北五省区中，又以甘宁陕三省区为多。

堡是多音字，根据《现代汉语词典》对它的释义，它用作地名时读pu，用在建筑物名时读bao。而用作地名的堡（pu），其本义当与军事防卫有关，也即是说，堡最初是用来命名军事防御据点的。

堡入地名起于何时，我们不好下结论，但根据甘肃河西及陕北榆林（明朝九边重镇延绥镇也称榆林镇）一带开发的历史线索，其上下限大致清楚。单就河西及陕北地区的情况看，其作为地名出现的时间，上不早于汉代，下不晚于宋代，其集中出现应该是宋以后的事。秦汉之际，河西和陕北，都是匈奴人进退自如的游牧地；自汉武帝北击匈奴、匈奴遁逃漠北之后，两地的农耕开发才有了可能。历史告诉我们，也只有当农耕民族的农耕生活开始后，堡入地名才会成为可能，这也是我们说带堡地名的出现，上限不早于汉代的理由。因此，汉以后,堡入地名,则有了丰富的空间。《读史方舆纪要》中关于延安府宁远砦(砦也即寨,本义是指守卫用的栅栏、营垒,也可用于地名)的说明,引用《宋史》的记载说,宋真宗咸平六年(公元1003年),延安府曾在府州西寨岭置寨,真宗赐名宁远。也就在同一时间,延安府又在府谷县西置宁边寨。《宋史·地理志》记载说:"县境又有安丰、宁府等寨,宁川、宁疆、靖安、西安等堡。"由此我们知道,至少在北宋时期,在陕北延安、绥德等边防要地,在砦(寨)的基础上已经有了以堡为名的军事防御据点。由此,我们也可知道,堡和寨一样,最初是具有军事防御功能的据点,尔后因为情况发生变化,具有军事防御功能的寨和堡,进而变成了驻民地,这些原来作为军事据点的寨或堡则变成了一般的驻民地的地名。在一地设堡还是设寨,是根据其地理条件和防卫需要,该堡则堡,该寨则寨。有人研究指出,其基本的遵循应该是平原筑堡,临壑附岩置寨。一般来说,不论是设寨还是设堡,其基本要素应该是可耕可牧可守,三项皆备最佳。

陕北的情况如此,宁夏、甘肃河西带堡地名的出现过程,应该和陕北的情况大体一致,即先为军事防御据点,以后逐步演化成了驻民地的地名。

一

考察一下有文献记载的以堡为名的地方,我们不难发现,其位置在周边区域内相对重要,各种条件也较周边为好,交通相对便利,影响力相对较高。在一定程度上说,是一个小的区域中心。如甘州的暖泉堡,"居民小堡,通红崖(红崖堡)之路而已。西邻顺德,村落相望,人皆足食。然今番夷(不同种族)交通,各隘纷如,则置戍以卫民,扼要途而通呼吸,所宜亟矣"。九坝堡,"甘(甘州,今张掖)、肃(肃州,今酒泉)于此分疆,西接胭脂,东连六坝,北近合黎,而限以边墙(长城);南通高台，而阻于黑水。其地引水平畴，桔槔不设，而穰穰满家，西戎觊觎，塞于庄道"。再如四坝堡，"地沃而米多，与九坝诸堡无异。而川原平旷，风起沙扬，尤为过之。东二十里为平川堡"；"平川堡，北枕合黎，南临黑水，土沃地平，墙（长城）低而沙壅，同于四坝"。由此我们知道，堡的设置地点大多是有条件的，尤其是自然条件，如水源、物产、交通等都有可取之处。这些选择设堡或置寨的条件，大致和历史上长城沿线的烽燧地点的选择一样，首先是从军事防御的角度来确定是否在此设堡（或设置防御据点），其次当然是考虑设点之后的后勤保障等事宜。因此，以堡为名的地方，尽管都是作为军事防卫据点开始出现的，但其自然条件都是相对较好的，而后因为时过境迁，原来的功能弱化，而新的时期又赋予了它们新的使命，因此当初设堡时的考察和建设过程，事实上完成了以后和平时期开发的先期考察和准备，只不过后来堡的功能比早期的烽燧的功能更加丰富也更具有变化的基础。而这些堡设置的原则大体上也应该和当初烽燧的设计一样，是先沿边防要塞布点，而后由边地逐渐向内辐射；而沿边沿山的堡则按交通、重要程度和对周边的影响程度逐步设置。大体上说就是先重后轻，即重要程度越高，设置年份越早，或自身环境条件越好，其设置的年份越早。另外，边地的设置早于内地，中心城区周边的设置早于偏远之处。大致可以这么说，其中的许多堡，原本是军事驻防之处，随后因形势的变化，逐渐由军事堡垒演变成了村镇住民之地。如甘州（张掖）之甘竣堡，《秦边纪略》有记载："甘峻堡，因甘竣山而得名。自黑河而西，黄番（指当时的游牧族）之在南山（祁连山）者，种落渐繁，昔之屯兵者，盖有为焉。今祁连之夷（指当时的游牧者），部落日多，而西洞、磁窑（皆当时地名）各为民堡。"由此我们知道，甘竣堡原为屯兵之所，尔后因为时过境迁，防卫之所的功能淡化，而随着驻民日益增多，原来的防卫据点变成了百姓居住地。由此，我们也知道，分布于河西的堡,最初的功能显然是为加强沿边地区的防御而设,其后因为边事缓和,原有的功能减退,而逐渐演化成了最早进行农耕开发的支撑点,随着开发的深入,原有军事据点变成居民点,原来军事据点的名称也就变成地名保留了下来。

二

西北的地名除了以堡为名者多,以城为名者亦不少。《读史方舆纪要》中就记载了许多过去存在、如今已经逐渐淡出人们视野的城的名字。大体上说,以城为名的军事据点变成驻民之地的时间应该早于以堡为名的军事据点变成驻民之地的时间,文献记载和出土的实物资料可以为我们佐证,如出土了大量汉代简牍的大方盘城、小方盘城、居延城以及今酒泉瓜州境内的锁阳城,就是很好的例子。当然,这种情况并非个例,因为西北的地名中以城为名的地名数量也不少。在以城命名的地名中,最有名的有三个:一是锁阳城,当为唐城,因为薛仁贵征西的故事家喻户晓。一是居延城,居延城所以有名,一则是汉城,历史悠久;二则现今虽属内蒙古自治区,但过去和现在,都与甘肃特别是和张掖有着千丝万缕的联系;三则是现今的旅游热门打卡地。居延城的设置有确切的纪年,始于汉代,之所以叫做居延,是因为当时的城建在一个叫居延海(蒙古语把湖称为海)的地方,城因海(湖)而名。居延海的存在是因为有源源不断的河水注入,而它的生命河在上游和下游却有着不同的称谓,其在甘肃张掖境内称黑河,在其出张掖入甘肃酒泉金塔县时称弱水,出甘肃入内蒙古境则称额济纳。额济纳是党项语"亦集乃"的音译,本义是黑水或黑河的意思。所以,居延海其实是张掖境内第一大河黑河(内蒙古额济纳河)的尾闾湖。因为黑河或额济纳河、居延海的存在,才有了汉代居延城、西夏黑水城。因为有水、有城、有人的活动,也就有了一千年不死、一千年不倒、一千年不朽的额济纳胡杨林。由此我们可以知道,居延城和居延海(或居延泽)的关系,应该是先有居延海后有居延城,而额济纳河和额济纳旗的关系,也应该是先有额济纳河后有额济纳旗。而居延城从其设置起,在很长的历史时期里是归张掖管辖的,在明末清初的著名历史地理学家顾祖禹的《读史方舆纪要》里,居延城依然在张掖的管辖范围内。所以我们知道,汉代所谓的"断匈奴右臂者",其断之深,可谓深入肘腋。

2021 年 10 月,额济纳因为染疫,一时成为万众瞩目的地方,这也是促使我追述额济纳历史的直接原因。

第三个声名远播的以城为地名的地方,当是陕北榆林的统万城。统万城所以成为名城,一是因为十六国时期匈奴人赫连勃勃的政权大夏立都于此,二是因为此城不但地处草原文化与农耕文化的分界地带,更因其城的建筑过程和建筑本身名扬天下。《资治通鉴》记载:"夏王刘勃勃(刘姓为汉朝给归服的匈奴人的赐姓,刘勃勃强大之后恢复了本姓赫连)下令实行大赦,改年号为凤翔。任命叱干阿利兼任将作大匠,征发岭北胡人、汉人共十万,在朔方水以北、黑水以南的地方建筑都城。刘勃勃说:"我正要统一天下,以君王的地位统辖所有地区,因此,新城的名字应该叫'统万'。"叱干阿利性情乖巧伶俐,但凶暴残忍。他用蒸过的土修筑城墙,验收时铁锥如果能插入一寸深,就要把泥工杀掉并把他的尸首筑进城中。有记载说统万城"高十仞(一仞约在 160 厘米至 184 厘米之间),其坚可以砺刀斧"。为了表达其一统天下的宏大志向,赫连勃勃还把统万城的城门分别叫做朝宋(南门,寓意让南朝的刘宋来朝觐)、服凉(西门,寓意让凉州西凉、北凉政权臣服)、平朔(北门,寓意平定朔方,也就是历史上的河套地区)、招魏(东门,寓意招徕北魏)。也因此,统万城在其建造和建成以后相当长的一段时间里,是北方由少数民族建造的名城之一。

三

西北以堡或城命名的地名,大体上有规律可循:甘肃境内以堡为地名者大多集中在河西嘉峪关以东及河东靖远连接宁夏、陕西北部的区域。我们粗略统计,甘肃带堡的地名仅酒泉、张掖、武威三地合计就有58个;宁夏境内以堡为名的地方集中在从甘肃靖远经固原到贺兰山以东、黄河以西以北到内蒙古巴彦淖尔以南的区域,带堡的地名有13个;陕西境内的以堡为名的地方大多集中在陕西北部榆林、延安、绥德一带,带堡的地名有17个。也就是说,甘宁陕三省区以堡为名的地名,实际上多集中在明长城内外。由此我们猜想,这三省区带堡的地名之所以多,大概跟明朝时期的西北边防有关系。

当然,上文所说甘宁陕三省区带堡地名的数量,如果按三省区近七十万平方公里的区域面积平均,看不出其密集程度。但是,当我们把这些带堡的地名沿甘宁陕三省区明长城一字排开,就会发现其密集程度是相当高的。所以我们有理由说,带堡地名的大量出现,实与宋明时期西北边防息息相关。

明代的西北边防以"土木堡之变"为界分成两个时期,事变之前为前期,事变之后为后期。前期,也就是太祖朱元璋、成祖朱棣和其孙子宣宗朱瞻基时期,明军实力强大,明朝的边界深入漠北。土木堡之变之后,也就是从英宗朱祁镇开始,明军实力削弱,明朝的西北边防也从漠北收缩至甘肃嘉峪关和陕北榆林明长城沿线。《读史方舆纪要》记载,"洪武五年,冯胜下河西,虽直抵玉门,而嘉峪以外皆为羁縻地。嘉靖中割弃哈密,嘉峪益为极边矣。夫弃敦煌而事酒泉,则玉门以外声势遥隔,此番戍所以生心,边备所以日棘也。有远驭之略者,其亦取鉴于汉、唐之成算哉?"所谓"羁縻",就是一方面要"羁",用军事手段和政治压力加以控制;另一方面用"縻",以经济和物质的利益给予抚慰。这是汉、唐、宋、元、明、清诸朝对边远地区那些承认朝廷管辖的当地土著头目,封以王侯或许以厚禄,纳入朝廷管理的一种适应当时情况的制度。也就是说,明代初年,对嘉峪关以西的区域,事实上就是在进行一种松散的管理方式;而从嘉靖朝开始,嘉峪关已是明朝的最西边,关外已经是边外,元朝的残余势力及其他可能威胁明朝政治的游牧民族的势力事实上已经侵入到了哈密、敦煌一带,明初原为防止元朝残余势力南下东进的嘉峪关和明长城,事实上成了实实在在的边防要地。古人有"欲固秦陇必固河西,欲固河西必斥西域"之说,这是从战略高度对河西、西域、中原以及西域与河西、中原关系的高度概括。而到了明朝中后期,嘉峪关之外已为边外,古人眼里河西的西部大屏障已不复存在,加强河西防务进而拱卫中原成为朝廷的当务之急,而加强河西边防最有效、实用的办法,就是以嘉峪关和长城为依托建立完备的逐次设防的体系,而这种较为完备的逐次设防的结果,就使得河西长城沿线堡的大量增加成为强化边境防务的迫切需要。

四

从现有的资料来看,明代在河西的边防体制,大致分为卫、所、城、堡四级。在四级构成的防御体系中,卫的管辖范围最大,其次是所,再次是城,堡是边防体系里最小的防御单位。一般来说,在这种四级防御体系里,卫辖若干所,所辖若干城,城辖若干堡,是一种基本情况,但实际情况是不是完全这样,不好一概而论。有一点应该是可以肯定的,那就是堡是最低一级的防御据点。而这种卫所城堡四级联防的体系,事实上也是为了巩固边防不得不采取的措施。因为级别不同,管辖的范围自然不同,参与防卫的人数及其物资配备也会有区别。一般来说,防御范围越大,参与防卫的人数就会越多,物资配备也会相应增加;反之,若级别越低,防卫的范围会越小,参与防卫的人数

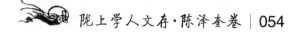

及物资配备也会相应减少，附属性增加而独立承担任务的能力也会相应降低，其后职能发生变化的可能性却大大提高。随着边防形势和社会大环境的变化，这些军事防御功能较弱的堡，很有可能被改造成具有屯成功能的据点或者完全驻民化了的村镇，但其因为本就相对有利的位置和环境，如交通、水土条件相对较好，很容易成为已经习惯了边地生活的人们最先选择长期居住的地方。四级防御体系可以根据防卫的实际需要和轻重缓急，形成合理的防御配制，可以使有限的资源发挥出最佳的效果。在这种四级防御体系当中，堡的数量是最多的，这也就是河西大量出现以堡为名的地方的原因。由此，我们可以知道，以堡为名的地名大量出现，应该始于宋代而集中出现于明代。明代出现这种情况，既与其边防体系有关，也是加强边防的实际需要。我们上文提到，至明朝嘉靖朝以后，嘉峪关及河西长城一线实际上就是当时的边防前线，嘉峪关、长城以及数量众多的分布在河西的大大小小的堡，实际上成了支撑其边防体系的基础。而河西以堡为名的地名从无到有、从有到多到集中出现的过程，说明河西开发从点线结合向由外到内逐步发展的过程，即河西的开发从汉代置郡、修筑长城、设置烽燧到在一些重要关隘设城驻防再到卫、所、城、堡四级体系的形成，完成了河西早期开发点线结合到后期点面结合、网格化的过程。堡的军事防御功能演化为地名的过程，实际上是一个军用转民用的过程，这个过程也是完成开发的过程。

河西如此，宁夏、陕北的情况也差不多，但其中也有一些不同于河西的故事。

五

河套是明代开始出现的地理名称。《秦边纪略》里说："河套本中国地，古未有河套之名也。自明筑河套、榆林之长城，弃其地于外，而河套以名。"这告诉我们,明代之前没有河套的叫法,明代才有了被时人和后世称作河套的地理名称。也就是说,从明朝开始,我们现在所熟知的河套才变成了有确指的地理单元。查现有的工具书会告诉我们,明代开始称河套的地方,其实是一个不小的地理单元,它是指贺兰山以东、吕梁山以西、阴山以南、明长城以北之地,包括银川平原(宁夏平原)和鄂尔多斯高原、黄土高原的部分地区,今分属宁夏、内蒙古、陕西。从地图上看,黄河在宁夏先沿着贺兰山向北,再由于阴山阻挡向东,后沿着吕梁山向南,形成"几"字形的一大片由黄河自然流动形成的冲积平原。至于明朝人为什么把这样一大片地方称为河套,历史记载和现有的工具书都语焉不详。我个人揣测,之所以称上述一大片区域之内的黄河冲积平原为河套,是因这块平原是随着黄河自上游奔腾至宁夏之后由急变缓,随着这条巨龙在宁夏、陕西、山西、内蒙古境内的数次由缓变急、由急变缓和左右摆动,在其流经之处形成了时而在河左、时而在河右的大小不一的冲积平原,而这些或左或右、大小不等的冲积平原,无一例外地夹河而行,整体看上去像一个巨型外套套在黄河上,所以人们把这些由黄河冲积形成的大大小小的平原形象地称为"河套"。当然,黄河自青藏高原一路东行至黄土高原,自宁夏经山西、陕西到内蒙古形成的大大小小的冲积平原是不是真如一个套子套在黄河上,这些由黄河流经区自然形成的大小不一的冲积平原该不该叫河套或者该怎么称呼,并不是我们现在要关心的问题。真正值得我们关注的,是从宁夏到内蒙古两个自治区之间因黄河而生成的大小不一的冲积平原,在历史发展过程中曾经产生过什么样的影响。历史研究告诉我们,自明代以来被我们称作河套的地方,事实上从战国开始就是农耕民族和游牧民族不断争夺、不断融合的交汇区。自秦汉开始,这里不仅是农耕民族和游牧民族展示实力的重要历史舞台,更是中原农耕民族和北方游牧民族强弱变化的晴雨

表:当中原王朝国力强盛时,河套即是内地;中原王朝国力衰弱时,河套即为群雄逐鹿的战场。有关这方面的情况,前人已经为我们做了系统的梳理:"其地战国属于赵,秦为河南、新秦中、上郡、九原地。始皇三十二年(前215年),使蒙恬发兵三十万,北击夷(匈奴),略取河南地。明年,以榆林并河北来,属之阴山,以为三十四县,城河上为塞。又使渡河取高阙、陶(阳)山、北假中,筑亭障。三十五年(前212年),沿河筑城,扶苏、蒙恬所经营,为县三十有奇。汉置五原郡。汉王既定雍地,遣将略定北地、上郡。汉高祖六年(前201年),置定襄郡。武帝元朔二年(前127年),卫青出云中,以西至高阙,遂略河南地,按榆溪旧塞,绝梓岭,梁河北。六年(前123年),卫青出定襄,斩首数千而还。四月后,复出定襄,捕斩万余。元狩四年(前119年),霍去病始出定襄,言单于东还,又令卫青出。定襄郡领县十。""晋因汉领县十,后属苻秦(苻坚的前秦),晋末始据于赫连氏(赫连勃勃的大夏国)。其后宇文泰(西魏)据有其地。隋置胜州、榆林郡,更筑长城。唐初破突厥,以处颉利之来降者,置六郡,而以唐人为刺史。武后并为二州。中宗置兰池都督府,分六州为县。玄宗改为宁朔郡,以六县为六州,又续增宥州。张仁愿北逾黄河,因赵武灵王故址,筑三受降城。及灵武中兴(唐肃宗李亨公元756年在灵武继位平定安史之乱),而武臣带甲之士多出于此。"上述这些见诸《秦边纪略》的文字,为我们理清了战国到隋唐时期河套的历史脉络。到了明代,因为朝廷对河套地区战略价值的误判或力有不逮,自洪武到嘉靖年间,河套地区经历了敦煌、哈密从羁縻到被迫放弃的过程。所以,明朝时期宁夏到陕北的边防也经历了从河套向内逐步收缩的过程。到嘉靖年间,其边防线彻底从背靠黄河变成了前依黄河筑长城以守的局面。自此每年的黄河封河期,西北方游牧势力就开始越河扰边,边无宁日几乎成了嘉靖以后明朝的常态。为了改变日益被动的边防局面,明代除了不断地修缮长城,还不断地移民

实边,而其做法则与在甘肃一样,在卫所城堡的体制下大量增加堡的设立,以充实边防基础。宁夏、陕北大量以堡为名的地名出现,也与这一历史过程相吻合。

六

洪武三年(公元 1370)和永乐十五年(公元 1417 年)间出现的从山西平阳、潞州、泽州、汾州等地向全国大规模移民的情况,其时间之长、规模之大、影响之深在历史上也是空前的。有研究指出,根据《明史》《明实录》《日知录之余》等正史及笔记史料的记载,洪洞大槐树移民分布在全国 30 个省市的 2217 个县市, 其中陕西、甘肃、宁夏有182 个县市是当时的移民安置点。山西移民在西北这样大范围的分布, 与当时边防地区的屯戍大有关联, 而大量以堡为名的地名的出现,应该与这个过程相一致。明代这种大规模向西北移民的现象,实际上也是汉朝开始的移民实边策略的继续。移民的落脚地点,是当时的防御要点或亟待开发充实之处。众多以堡为名的地名的存在,应该是明代大量移民于西北边地这个历史事实的证明。

清康熙朝削平噶尔丹和雍正朝制止了罗布藏丹增的叛乱之后,整个蒙古高原和帕米尔高原以东的区域都被纳入了大清朝的版图。明朝以甘肃嘉峪关宁夏贺兰山、陕北榆林明长城一线为边防前线的情况不复存在,原来的这些边防要地在清朝转而成了西北的内地,这一情况反映在地名上,就是带堡的地名除了原有的几无新增。另外一种情况却成了常态,即明代遍布西北边防地带那些带堡的地名,随着时间的推移,逐渐变成了省去了堡的地名。1949 年以后,原来带堡的地名中的堡在公社化过程中逐步为公社取代,尔后自 20 世纪 90 年代开始的乡镇化过程中,许多地名中的堡又为乡镇所取代,这些地名的变迁大致经历了"地名+堡"到"地名+公社"到"地名+乡或镇"的过程。

近代以来,甘肃最有名的堡当属河西堡和地窝堡,而陕北最有名的堡当属瓦窑堡。河西堡因为兰新铁路在此设站,镍都金昌的早期建设特别是金川公司的早期开发过程中的物资转运大都是通过这个车站进行的,而后又因一批现代化工厂的出现,如河西堡电厂、东大山铁厂等,先成为武威所属永昌县的名堡,而后又因为金昌市设立,永昌县划归金昌市,河西堡也因此成了金昌所属永昌县的名镇。

地窝堡则是酒泉卫星发射中心早期人员、物资进出的桥头堡。

陕北的瓦窑堡,则因中国工农红军长征胜利到达陕北后的一次重要会议——瓦窑堡会议而名垂青史。

七

西北地区星罗棋布的大大小小的堡及城,在一定程度上说,犹如留在西北大地上的历史书页,每个地名都是一页史书,先人的豪迈或悲壮,都沉淀在了这些并不起眼的地名里了。它们的存在,不仅从战略上保证了甘肃河西与西域、宁夏平原及陕北榆林连接鄂尔多斯高原与蒙古高原的交通的畅通与安全,而且随着这些堡由军事防御据点逐渐开发成边民宜居之地,事实上也完成了对明朝时为边地的甘肃河西和河套地区的开发和建设的准备工作,完成了行政管理从上到下的完全贯通,把这些地方从汉以前完全的游牧区变成了汉以后农耕与游牧并重的重要区域。这些区域和书写在这些区域地名里的历史,向我们表明了它们在历史上为拱卫内地所发挥的战略作用和堡垒作用,以及它们在巩固边防过程中发挥的巨大价值。这种局面的形成,应该是一个逐步推进的过程,从最早开始设郡到其后长城的修筑、烽燧的设置,再到沿着这些地带逐步延伸出来的城再到设在要隘之处的堡,一套完整的防御体系的形成过程,让我们看到了前人的坚韧与执着。随着防御体系的完成,开发的安全有了保障,而开发的有序展开则是其后的一个必然的局面。随着开发的深入,实事上也让军事防御的基础更加深厚。在其后漫长的岁月里,除了战乱时期,这些堡军事据点的功能日益退化,经济发展的作用越来越重要,堡由军事据点变成居民点也就成了极其自然的事情。

西北地区以堡命名的地名,告诉我们的不仅仅是一个地名,它告诉我们的是自汉初设郡开始,地名的形成和演变自有其原因,但期间发生的历史事件及社会变迁无疑是其变化的主要因素。在漫长的岁月里,许多无名之地有了各自的名分,而许多在历史上曾经名噪一时的地名也因历史的变迁而湮没在历史的尘埃之中了。但不论是从无名到有名有分,还是从有名变得籍籍无名,事实上都是其在社会变迁中曾经有过的岁月印记,它们都会因曾经有过或现实存在,或多或少地为我们昭示一个地方的过去或现在, 或许还因为千百年来不一样的历史沉淀留给我们它曾经有过的独特的乡土气息。

承载了历史的地名,有的成了令人仰慕的地望,而更多的却成了朴实无华的凡人的籍贯, 但不论是世族高门的地望还是寒门草根的籍贯,不变的却是曾经书写在这片土地上的历史印迹。

六盘山上高峰

　　1935年10月，对于横亘在陕甘宁之间的六盘山而言，就像亿万年前因造山运动而新生一样，是一段特殊的时间。如果不是那年10月的一次偶然，它也许跟它的左邻右舍一样，以自己本来的身姿矗立在陕甘宁交界处，像个心怀万千沟壑的隐者，安静地活在自己的世界里。这一点，我们可以从介绍它的文字里感受到，在1935年10月之前，它与其他所有能够充当界山的山一样，除了界山的角色，确实没有什么特别之处：

　　　　六盘山是中国最年轻的山脉之一。有广义和狭义之分，广义的六盘山在宁夏回族自治区西南部、甘肃省东部，南段称陇山，南延至陕西省西端宝鸡以北。横贯陕甘宁三省区，既是关中平原的天然屏障，又是北方重要的分水岭，黄河水系的泾河、清水河、葫芦河均发源于此。狭义的六盘山为六盘山脉的第二高峰，位于固原原州区境内，海拔2928米。

　　　　六盘山是近南北走向的狭长山地，山脊海拔超过2500米，最高峰米缸山达2942米。其北侧另一高峰亦称六盘山，海拔2928米，312国道由此经过。山路曲折险狭，须经六重盘道才能到达顶峰，因此得名。山地东坡陡峭，西坡和缓。

　　以上这段文字，是《百度百科》对六盘山简明扼要的介绍。从这段文字里，我们可以大致看出，六盘山和它的连体兄弟陇山是今天陕甘宁三省区泾渭分明的界山。当然，不管是陇山还是六盘山，论体量和海拔,在中国的名山大川里,都排不上号。

如果不是因为一支远征军在 1935 年 10 月从此地走过,如果不是因为这支远征军的领导者写了那阕闻名遐迩的词,也许六盘山也将和它的连体兄弟陇山一样,静静地留在文献或者为了生计而往来于陕、甘、宁之间的商旅之人的述说中。除此以外,估计知道它的人就不会太多了。

但事情总有意外。历史的偶然,不仅会改变个人的命运,有时也会改变一个地方、一座山的命运。

因为一支队伍、一个人、一阕词,使得曾经寂寞的六盘山有了诗情画意。此后,它成了我们学习长征精神时向往的地方,也因此翻开了它在历史上新的一页。

一

我第一次知道六盘山和《清平乐·六盘山》还是在上小学的时候,因为不知道老师为什么让我们一遍又一遍地背诵、默写,当时多多少少有点烦。第二次想到六盘山,它却与我们的个人命运有关:那一年,当我们怀揣梦想坐在“文革”后第一次高考的考场里时,发现决定我们命运的作文题目,居然是上小学时老师让我们再三背诵、默写过的《清平乐·六盘山》的名句“不到长城非好汉”。当我在考场上看到这个题目的一刹那,从心底里感谢老师当年让我们一遍又一遍地背诵、默写,才让我们这些从小就不曾认真读过几本书的人,至少知道了作文题目的出处。虽然那一年高考我名落孙山,但“不到长城非好汉”及其相关的事却深深地留在了我的记忆里。

把印象里的六盘山和现实中的六盘山连接在一起的机会,出现在 2014 年的夏天,我和我的几个同事一起去南梁革命根据地华池县扶贫,我才有了第一次和六盘山的亲密接触的机会(之后则多次往返，原先让人望而生畏的六盘山盘山路在我们扶贫之前就早已天堑变通途，原先需要蜿蜒而上的山路早已为隧道贯通东西的高速公路所取代。若想领略六盘山的风姿，则需沿原先的国道盘旋而上），也有了把印象和现实连起来的机会。

生活当中有许多事，因为相互之间的勾连，使我们的生活变得丰富起来，而丰富的生活，让我们的思维也变得活跃起来。也许是生活教会了我们理解，也许是岁月让我们学会了理解生活，再读《清平乐·六盘山》的时候，就有了"一阕《清平乐》好似半部革命史"的感觉。

二

明末清初的历史地理学家顾祖禹在其名著《读史方舆纪要》里曾经引用《史记·六国年表序》里的一段话，来论述西北地区在中国的区域军事战略中的地位。原话是这样的："东方物之所始生，西方物之成熟。夫作事者，必于东南，收功实者，常于西北。故禹兴于西羌，汤起于亳，周之王也，以丰、镐伐殷，秦之地用雍州兴，汉之兴兴自蜀汉。"这段话用白话文说就是：东方是万物开始萌生的地方，西方是万物最后成熟的地方。据此看来，开创事业的人必定出现在东南，获取胜利果实的人常常出现在西北。所以大禹在西羌勃兴，成汤在亳地崛起，周人建立王朝是因为有丰、镐做根据地去讨伐殷商，秦国因有雍州当大本营才日益强大，汉朝兴盛是从巴蜀汉中开始的。顾祖禹文中提到的几个地方，西羌、亳、丰镐、雍州，都在秦岭以北，在司马迁眼里都是西北方所属，禹、汤、周、秦的成功，考其根源，都收功实于西北。但司马迁只点明了几个朝代收功于此，却没有说为什么会如此，顾祖禹沿用了司马迁的说法，也没有解释为什么会这样。但是，有一点我们可以确定，这是他们理解发生在历史上的朝代更迭的逻辑，这个逻辑是他们从已经发生的朝代更迭的事实当中演绎出来的，这就是天下大势在西北。当然,这个逻辑能不能用来概括所有的朝代更迭,是值得探讨的。但如果司马迁生于当代,说不定他会在上文末加上一句:中国工农红军因南方而起,自延安而成;顾祖禹如果生在当下,也许他也会同意这个说法。因为,中国工农红军和第一块红色革命根据地都肇始于南方,但中国共产党领导中国人民取得胜利,是从秦岭以北的延安走向全国的。如果说中国工农红军在翻过六盘山之前的若干年,只是在革命道路上艰难探索,那么翻过六盘山之后,就意味着彻底摆脱了长征以来被围追堵截的局面,意味着中国工农红军脱出困厄,龙入大海,开始了从延安走向全国并最终取得胜利的伟大进程。由此说,红军长征成功翻越六盘山,顺利到达陕北革命根据地,应该是中国革命的重心由南向北成功转移的一个重要历史节点,是中国革命从艰难走向胜利、走向辉煌的开始。在这个过程中,六盘山既是红军长征以来翻越的最后一座大山,也是中国革命一个重要的历史节点。毛泽东充满自信和革命英雄主义豪情的《清平乐·六盘山》则更像是革命从胜利走向辉煌的胜利号角。而这次由南向北的伟大行军,尽管有这种那样的客观原因,但似乎也是命运的安排。因为,如果没有这次人类历史上罕见的伟大行军,也许中国革命的胜利需要更长的时间和更多的付出。这次由南向北的伟大转移,不仅成了中国革命的转折点,而且暗合了古人所说的历史规律,使得中国革命成功的进程契合了中国的地缘大势。这是历史的巧合,还是历史的必然? 个人认为既不是巧合,也不是必然,只能说是形势使然。因为红军自江西出发,进贵州、过四川、闯甘肃、到陕北艰难行军二万五千里,其间翻雪山、过草地,历经劫难、九死一生到达六盘山,都是形势使然,过六盘山自然也是形势使然。但自红军翻过六盘山那一刻起,红军的命运、中国革命的命运,就已经翻开了新的一页。六盘山是胜利者的中转站,不是出发地胜似出发地。登上六盘山的那一刻,中国革命已经胜券在握,

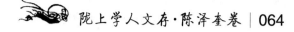

实现目标只是时间问题。熟谙历史的毛泽东,自然也熟谙"起于东南、收功实于西北"的古老说法,自然也熟谙六盘山和六盘山以北以东的陕甘宁对于中国革命的意义。所以,当红军越过六盘山的那一刻,毛泽东就已经看到了中国革命胜利的曙光,因而挥毫写下了充满革命乐观主义精神的一代名篇。当然,如果我们把《清平乐·六盘山》理解成带有革命乐观主义精神的杰作,也许更符合中国革命的实际。

三

回望六盘山,不仅可以让我们看到它在中国革命史上的意义,也让我这个生在甘肃的人,看到了过去不曾留意的许多过往,发现了自己的孤陋寡闻。事实上,六盘山并不是一座孤立的山,诚如前文所言,六盘山也就是古陇山,而且是古陇山的第二高峰。它与陇山你中有我、我中有你:从南往北看,陇山是头,六盘山为尾;从北往南数,则六盘山是头,陇山为尾,两者首尾呼应,形成了自己独有的气质。在红军长征之前的历史长河里,已经有了自己的历史。

其一,陇山古称陇坂、陇坻,实为连接中原与西域以及陇右与蜀中的交通要道。研究告诉我们,它是喜马拉雅运动中隆起的,沟谷深峻,平地极少,成了西安以西陆路交通的巨大阻碍。它和秦岭之间的渭河峡谷不易通行,所以古代由关中西行的交通线,大多是沿着发源于它的河流的河谷或山口开辟的。因此,至少在秦汉以后,它既是一条陇东与陇南的自然地理分界线,又是一条重要的人文地理分界线。历史上由中原、关中通往陇右、西域,或由西域进入中原,陇山均为必经之地。而陇山因山大谷深、群山逶迤,历来被视为畏途。"其坂九回,七日乃得越","西上陇坂,羊肠九回",就是对陇山交通异常艰险的真实反映。千百年来,从关中翻越古陇山西进的道路自北向南主要有瓦亭道、鸡头道、番须道和陇坻道。而其中的陇关道也称陇坻道、汧陇道,是关中平原穿越陇山通往陇南(甘肃南部)的交通要道,开辟时间可以上溯到西周时期。

其二,历史辉煌。史书记载,西周是得关陇之利而兴盛的第一个王朝。周人故地在豳,即现在甘肃的庆阳和陕西旬邑、彬县一带。西周的奠基人古公亶父因受戎狄之逼,从豳率族人南下到岐下周原(今陕西岐山)一带,从此周人得关陇之利而兴八百年基业。

自周宣王起,陇山及其周边成了秦人的龙兴之地。《史记·秦本纪》对这一过程有详细记载。西周早期,秦人先祖的职业应该是周王室的驭马手或马夫(用现在的话说,尽管身份卑微,但也应该是周王的身边人),随着其身份的不断变化,秦人的一支的封地也有了从其先祖封地赵城到新的封地犬丘的变化,这一变化拉开了秦人对陇山及其周边地区进行深耕与开拓的序幕。随后,秦人的家业、身份、社会地位也发生了翻天覆地的变化,完成了从周的附庸诸侯强国的蜕变,这个过程又是随着秦人先祖的脚步以陇南、天水为中心向宝鸡、关中、陇东一带迈进而完成的。所以说,秦人因占有陇山地利而完成了从附庸到诸侯强国的蝶变。

史书记载的秦穆公霸西戎以及近年在陇南礼县发现的秦公大墓,说明至少从穆公前后开始,秦人的势力范围已到达陇山左右,拥有了陇山以西以南的广大区域。特别是穆公霸西戎,给秦人带来了空前的发展机遇,其一因拓地千里,使秦人的生存空间大增;其二因戎人善战,霸西戎使秦人的军事能力大为改观;其三因霸西戎使得陇山东西尽为秦人所有,为其独擅周人养马之利创造了条件。因此成就了穆公的霸业,也为其后秦人的发展奠定了坚实的基础。

平王东迁再次给秦人的发展提供了历史机遇。《吕氏春秋》云,"平王东迁,赐秦以岐、丰之地,而周始弱"。周王室因失去了其先祖发家之地岐、丰而日渐衰弱,秦人因为拥有岐、丰而日益强大。秦得岐、丰,也就意味着秦人拥有了陇右及关中之利。

秦孝公商鞅变法、秦人迁都咸阳之后,真正实现了历史性跨越,一跃成了七雄当中的最强者。实现这一历史性跨越的原因,则是秦人据有陇山关中而能尽得其地利之便。"秦四塞以为固(东函谷,南武关,西散关,北萧关,故称四塞),北有甘泉、谷口(陕西泾阳至礼泉一带),南带泾、渭(泾水和渭水),右陇(陇坻也即陇山)蜀,左关(函谷关)、坂(崤坂),此霸王之业也"(战国时人范雎语)。凭借着区位优势,秦人实现了振长策而御宇内、履至尊而制六合的千古伟业。

秦末农民起义的疾风骤雨,打断了始皇帝把帝业传至万代的美梦。刘邦的汉朝代替秦朝立都关中,越陇山取河西经营西域,建立了中国历史上又一个大一统的强盛王朝。

研究一下李唐王朝的崛起,我们不难发现,它与陇山的关系也极其密切。李渊从太原起兵之后,并没有像其他割据者一样,汲汲然在其发家之地周围扩地充兵,而是千里跃进,迅速占领关中,这是其迅速崛起最终成就帝业的关键。而在此过程中,对陇山的争夺又是入主关中的关键。霍邑之战,是李唐从山西进入关中的关键一步,浅水源之战是李唐能否进入关中的胜负手,而其后的灭薛举平、李轨,是李唐巩固实力、逐鹿中原的基础。我们仔细观察就不难发现,李唐立国之前的所有作为,都是围绕着争陕北、陇东、陇右展开的。因为陇山左右的平定,李唐迅速取得了稳定关中的重要进展,为其后以关中为依托平定中原奠定了坚实的基础。自周、秦、汉以来,"得关中者得天下""欲固关中,必固陇右"已经成了有识之士的共识。李唐的崛起,为此说又添一例。

当然,陇山(亦即六盘山)值得我们回望的,是自秦人为周天子牧马开始,陇山周边地区都是畜牧业繁盛之地。如果我们利用现代的航拍技术搞一次历史穿越,你会发现,从位于陇山以东的陕西宝鸡陇县的关山牧场,先向南到甘肃陇南后折向西,经川西若尔盖、甘肃甘南藏族自治州,再向西沿青海门源祁连山北麓抵达甘肃酒泉的阿克塞,在这一片辽阔的区域里,最引人注目的是连绵不绝的草原,这一足以和漠北草原媲美的壮美空间,为我们理解史书记载的自西汉以来"陇右畜牧天下饶"的说法提供了最好的注脚。在这辽阔的草原上自由奔驰的骏马和牛羊,为形成强悍的军事集团提供了不可或缺的物质基础,也为我们理解东汉时羌人的强盛,十六国时期吐谷浑的崛起,唐宋时期吐蕃和西夏的强大提供了证据。我们可以想象,如果有一天有人控制了漠南漠北两大草原带,到底会发生什么事情呢?历史已经告诉我们,西汉(武帝至宣帝时实现了漠南无王庭)和安史之乱前的李唐王朝(太宗击败颉利可汗之后,李唐已经控制了漠北)之所以强盛,与其控驭陇右、河西进而控驭西域以及有效控制漠北草原不无关系。在中国历史上真正拥有漠北、漠南两大草原带者,非元人莫属。也因此,元人纵马驰骋的空间远远超出了汉唐的地界。"元人制路府州县之等,其户口之多,舆地之广,虽汉、唐极盛之际有不逮焉。何也?元起于沙漠,遂兼西域,其西北所至,未可以里数限也。要荒之甸不分,疆索之防不设,古今中外之势,至此一变焉"(《读史方舆纪要》)。元人因起于漠北而兼有漠南和西域,故其西北疆域已经不受里数限制,随着元朝大军西进,造就了地跨欧亚的强盛帝国。事实上,元人在成就地跨欧亚的辉煌业绩之初,和六盘山也多有勾连。据《读史方舆纪要》记载:"蒙古自和林有事陕、蜀,恒屯兵于此。"《宋史》:"绍定三年蒙古主铁木真殂于六盘山。宝祐六年蒙古主蒙哥侵宋,次于六盘。开庆元年,蒙哥入蜀,使浑都海守六盘。"更值得关注的是,根据日本学者的研究,在忽必烈政权建立之后,形成主力的左翼东方三王家、互投下、汪古部、阔端王家的封地,以忽必烈个人的驻牧地上都地区为中心,在东北的大兴安岭、热河至阴山、甘肃一路像珍珠一样连成一串。各个部分的首领家族,以忽必烈家族为中心相互通婚,以上都、大都之两京为样板,在领地内兴建小型的夏都和冬都,在其间随季节移动。拥有这样小型的"首都圈"的十多个集团,构成了忽必烈的最高统治层,他们的所有领地和属民发挥了连接游牧世界和农耕世界的骨干作用。在此基础上,忽必烈在建立政权后首先封嫡长子(排序为次子)真金为燕王,不久又封为皇太子,将"腹里"(由原本的"腹部"之义转指中心、中央部,为蒙古语的意译)即现在成为内地的中国北部的统治权交给了他,让他直接管理在大都的军事、行政两府(枢密院和中书省),这是农牧复合的中央地区。对成吉思汗以来一直作为"本土"的蒙古高原,封第四子那木罕为北平王(或北安王),统领传统的千户,守卫以哈剌和林为中心的"国家根本之地",这里是纯游牧民族的部分。封第三子忙哥剌为安西王,驻守忽必烈即位前的藩邸京兆——六盘山地区,忙哥剌以京兆为冬都,在六盘山修建了夏都开城,完全按照大都、上都的系统运作,以这个小型的"首都圈"为中心展开对陕西、甘肃、四川、吐蕃等地的统管,这里是牧农并存的地区。这"三大王国"各自拥有强大的军力。(《疾驰的草原征服者:辽、西夏、金、元》)由此我们知道,元人无论是在东征西讨时期还是在建成地跨欧亚的大帝国的时候,六盘山及其周边地区的分量都是很重的。

其三,地标价值明显。陇山(六盘山)不仅是甘陕交界处呈西北—东南走向的一座界山,也是渭河与千河(古称汧水)、泾河的分水岭。陇山以东的水溪尽入渭河,陇山以西的河流尽入泾河,待二者千回百转之后在陕西西安以北汇合时,泾渭分明就不仅是一个成语的源头,也表明了关陇之间不易言说的差别。二流交汇形成的渭河不仅是母亲河黄河进入黄土高原之后接纳的最大支流,也向世人表明了二河分水岭陇山有别于他山的特点。历史上的陇山是多个文化因子的交汇区,关中、巴蜀、陇右、朔方,不只是一些名词,事实上每个名词的背后都有着深厚的文化积淀,这些文化积淀的因子也因六盘山、陇山而连接在了一起,形成了独特的关陇文化圈,诞生了历史上深刻影响了西魏至隋唐帝国的关陇集团,从而造就了中国封建社会历史上最为人称道的大唐盛世。

四

如果说,以上所说六盘山的一切只是六盘山南部的情形,而从六盘山向北向东一路行去,固原、银川、榆林、平凉、庆阳,都是历史名镇,因"南阻秦岭,西收秦、陇"而称雄一时的十六国时期的大夏,和以固原、银川为中心,依托陇右、河西与两宋分庭抗礼的西夏国,也让我们印象深刻。大夏和西夏虽然立国时间长短不一,但都以强悍著称,二者所以能以强悍称雄,六盘山以西以北能农、牧并举的地理优势以及久经战争洗礼之后形成的强悍民风是重要因素。1935年红军长征到达陕北后成立的陕甘宁边区,更是让我们精神为之一振,因为它的存在,才有了其后红色政权波澜壮阔的抗日战争、解放战争,才有了1949年以后社会主义革命和建设的伟大工程,才有了进入新世纪特别是中共十八大以来"两个一百年"奋斗目标,才有了中华民族伟大复兴的中国梦。中国工农红军胜利翻越六盘山时就拉开了这一切的序幕。而今新丝绸之路的建设,给关陇地区的建设注入了新的活力和动能,也为我们展望未来提供了更大的空间。在此背景下,我们再读毛泽东的这首《清平乐·六盘山》,一种新的使命感油然而生。红军走过了六盘山,留下的不仅是足迹,还有那为达目的百折不挠的精神和对未来的无限憧憬。

天高云淡,
望断南飞雁。
不到长城非好汉,

屈指行程二万。

天高任鸟飞,海阔凭鱼跃。长城不管有多远,是好汉就一定要到达;行程不管多么艰难,我们一定会朝着目标奋力向前。

六盘山上高峰,

红旗漫卷西风。

今日长缨在手,

何时缚住苍龙?

目标已经明确,号角已经吹响。我们能不能像前辈一样,披荆斩棘,奋勇向前,实现中华民族的伟大复兴,这是历史赋予我们的责任,也是历史对我们的考验。

风过河西

一

河西原本只是一个地理概念，历史上的河西应该比现在行政区划的范围要广一些，应该是指黄河甘、宁段以西，腾格里及巴丹吉林沙漠以南，祁连山以北，新疆哈密、吐鲁番盆地以东的辽阔区域（当然，山西境内的黄河两岸，历史上也曾有过与河东相对应的河西的说法，但此说仅是一个相对概念，并不是一个有确指的地理概念）。生活在河西的人，对于河西的环境、物产，何者为用，何者为害，大概都是清楚的，但在当地人没有有意识地睁眼看世界的时候，是不会觉得它有什么特别之处的。就如在河西生活过的人，大概都会有一种体验，河西的风，一年四季就两种，西北风和东南风，秋冬季节西北风强劲，春夏时节东南风频繁。北风或南风，东风或西风，有，但不常见。这些现象，在当地人眼里，风调雨顺或物候不时，都是老天爷的安排。但正是这种当地人司空见惯、不以为意的自然现象，却在不经意间营造出了河西与众不同的自然景观、山川河流，也孕育出了它特有的物产与文化。

史书记载，河西的区位优势首次进入世人的视野，是从西汉张骞出使西域开始的，因此张骞的首次出使西域也被视为凿空之旅，而其凿空所经之地，河西是重要组成部分。而事实上，在张骞出使西域之前，河西早就存在，而河西在西域与中原，沙漠与天山（匈奴语指祁连山）之间的桥梁或者走廊的功能就存在，只因为在张骞之前，它与中原缺乏联系,不为人知而已。但自汉代设立河西四郡、连通中原和西域之后,它的身份就由纯粹的地理概念逐渐加进了东西交通安全通道的元素,而处在其中的汉置四郡武威、张掖、酒泉、敦煌,地位尤为特别。来往的人们发现,从中原到西域,或从西域到中原,过河西,从这头到那头,或从那头到这头,以太阳为指南,以星辰为路标,就像行走在一个广阔的走廊上一样,所以河西也被人形象地称之为河西走廊。自东汉以来,随着经过这个走廊的旅人身份的变化和数量的增加,原本只是一个地理概念的河西,慢慢被赋予了更多、更丰富的人文内涵,河西展现出了独特的文化魅力。

身为河西人,一直有说说河西的冲动,但又不知从何说起。有一天,我突然觉得,那些曾经生活、行走在河西的人,也许就像我们司空见惯了的风,承载了自然赋予它的一切禀赋,并以它特有的方式,为我们留下了自己的印迹。那些过去的人、过去的事,以及先辈们给我们留下的一切,会让我们肃然起敬。

二

作为河西在汉代以前的常住居民——乌孙和月氏,他们长什么模样,我们已经无法知道了。文献留给我们的,也只是一些含糊不清的描述:逐水草而居,随畜迁徙,随遇而安,对故乡似乎没有刻骨铭心的牵挂。而取代乌孙、月氏且曾经是河西统治者的匈奴人,他们和乌孙、月氏的血统应该相近,生活方式也更一致——以毡为庐、茹毛饮血,但他们的性格更加剽悍,对故地的眷恋较乌孙、月氏也更深切。"失我焉支山,使我妇女无颜色;失我焉支山,使我六畜不繁息"。一曲《匈奴歌》,让两千多年后的我们,仍然能感觉到他们失去故土之后的愁肠百结。

公元前138年,在大汉的朝堂上,发生了一件对中国历史有深远影响的大事,当朝皇帝刘彻公开招募能够出使西域的人,他希望有人能够把他想联合被匈奴逐出故地的乌孙和月氏,共同对抗强敌匈奴的信息传递出去,以便彻底清除来自西北边疆的匈奴的威胁,实现他强大王朝的目标。应募者当中,汉中城固人(今陕西汉中市城固)张骞最终被确定为出使西域的使者。那一年,张骞26岁。

张骞这次名义上是出使,实际上是偷渡。因为张骞出使的目的地在遥远的西域,沿途要经过敌国的地域。所以,他不可能享受国与国之间常有的那种带着"关照"的待遇,只是一名面临极高风险的偷渡客。事实证明,这次偷渡不仅风险极高、代价极大,也很不走运。说风险极高、代价极大,是因为一个一百多人的使团,13年之后回到长安的仅剩两人;说这次偷渡不走运,是因为使团出发不久,使团成员就无一例外地成了匈奴人的俘虏。我们说这次出使是偷渡,当然不是杜撰,而是匈奴人对张骞出使的认定。就在张骞由使者变成匈奴人的阶下囚之后,匈奴人曾不无幽默地告诉他:月氏在我的北方,你怎么能越过我的地盘出使到它那里去呢?假如我要到南越国去,汉朝能同意吗?所以,按现代国际交往的通例,没有"关照"而进入他国,就是偷渡。当然,张骞的这次出使虽然险象环生、代价极大,但张骞以过人的智慧和毅力,最终不辱使命,到达了出使目的地,见到了月氏人,完成了传达信息的任务。但因为那时的月氏人却早已没有了返回故地的愿望,因此汉朝想联合月氏抗击匈奴的愿望落空了。

张骞的这次出使足以名垂青史,他的伟大不在于是否凿空,而在于经过13年的艰难跋涉之后他带给汉武帝的关于河西、西域、大夏的信息,让胸怀大志的汉武帝有了一展雄才的目标。张骞的出使,也让汉朝的统治者首次清楚地看到了河西在保障中原安宁方面的战略价值。

三

公元前140年,在汉朝首善之地长安,深得汉武帝爱戴的姐姐平阳公主的府上传出了婴儿的啼哭声,这是公主府的女仆与一个小吏的私生子的啼哭声。但令孩子的亲生父母没想到的是,尽管这个孩子出身并不高贵,甚至有些暧昧,但架不住他鸿运当头。先是他的姨妈在平阳公主府为皇上服务而得到宠幸成为皇后,因为这层关系,他的舅舅成了名冠一时的将军,还娶了寡居的平阳公主,成了当朝皇帝名正言顺的姐夫。得益于此,这个名不正言不顺的私生子,一下子成了皇亲国戚。当然,对这个孩子而言,这只是他传奇一生的序幕,他的作为才是我们关注的大戏。这个孩子有一个响亮的名字——霍去病。

公元前122年,17岁的霍去病以校尉的职衔,和他的舅舅、大将军卫青首次出征,因战功卓著被封骠骑将军。此后,霍去病两次出征河西,牧马焉支山,过居延海,鏖战祁连山,扫清了汉王朝与西域交好的障碍,为汉武帝经营河西、经营西域以及在河西设郡置县创造了条件。他因此名冠诸军,被汉武帝御封为冠军侯。从那时起,霍去病的名字就和河西紧密地联系在了一起。

当然,霍去病留给我们的,不仅是他的不世之功。让我们永远铭记的,还有他那句让人回肠荡气的"匈奴未灭,何以家为"的千古名言,每每看到,都会让人精神为之一振。他在千里河西驰骋纵横的出色作为,向我们证明,"英雄不问出处"用在他身上才是最恰当的。

四

公元399年,65岁高龄的东晋高僧法显与他的几个释友从长安出发,经河西去佛教发祥地天竺寻求真经。他是佛教传入中国近三百年以来,第一个前往佛教发祥地天竺的高僧。他西行的过程,实际上也是和沿途同业相互交流、相互借鉴、相互诤鉴的过程。特别是他在河西与沿途各寺院僧众的功业交流，为河西带来了中原僧众弘扬佛法的体会与心得，对河西佛教的发展起了推动作用。因此，他的西行也得到了河西实力派人物北凉王段业和当时的敦煌太守、其后的西凉王李暠的大力支持。法显的贡献，不仅在于他是第一个赴外国学习的高僧，还在于他以中原士人或者高僧的身份，把中原社会精英对外来文化的疑惑，用中原士人的理解向世人宣讲，展示了中原士人不断完善自我、不断探索的进取精神。

西域高僧鸠摩罗什驻足河西，从文献记载看，似乎并非完全自愿，有被人绑架而来的嫌疑。但这没有影响他传道弘法的心情，还有一种蛟龙入海的感觉，河西到长安成了他弘法的沃土。

鸠摩罗什出身于天竺僧侣世家，后随父迁居龟兹，年轻时潜心佛法，名冠西域。公元382年，前秦苻坚派吕光（后来的后凉王）率大军灭了龟兹，将高僧鸠摩罗什带到了凉州。公元385年，后秦姚苌杀苻坚，吕光割据，鸠摩罗什随吕光在凉州滞留16年。公元401年，后秦姚兴攻伐后凉，亲迎鸠摩罗什入长安，待以国师，并在长安为他开设译经场，让他组织译经弘法，开设讲坛讲经说法。鸠摩罗什东行，带给河西的不仅是足迹遍布河西乃至长安，更重要的是他在凉州译经和开门授徒，这些活动让他在河西乃至中原有了深远影响。在他的影响之下，河西众多佛教场所（寺院）开建。留存于河西甚至长安以西的众多佛教石窟或寺院，很多都是在鸠摩罗什在这些地方的影响提升之后出现的。

法显和鸠摩罗什在河西的活动，为河西佛教东西交汇、交融留下了深深的印记。

五

五凉是十六国时期出现在河西的五个割据政权的简称。从公元301年张轨在姑臧（今武威）称帝时的前凉，到公元414年北魏灭南凉的一百多年间，前、后、西、北、南凉交替更迭，其中前、西两个小朝廷由中原士族和当地门阀联手所建，后、北、南三凉则由西进或南移的游牧民族借势而立。五凉时期，因为立国者的民族构成不同，他们的相互交替，事实上促进了不同文化的深度交融。五凉时期，尽管不同的小朝廷所辖区域有所不同，都城的位置也有所不同，但其都城都在河西。这种现象不仅表明河西有涵养民众的资源和条件，更重要的是，在他们先后交替的过程中为河西留下了至今让我们感到自豪的五凉文化。

六

裴矩是隋唐时期知名人物中一个很有特点的人，时人及后世的史家给他的一致评价是"佞于隋而净于唐"。他与河西的交集，是受命在张掖主持与西域四十四国的互市和主持互市期间撰写的《西域图记》。据《资治通鉴》记载，隋初，西域诸多胡人到张掖做买卖，炀帝就派吏部侍郎裴矩掌管这件事。裴矩知道炀帝喜好远征，做买卖的胡人来了，裴矩就探询各国的山川地理和风俗，百姓的生活起居、服饰仪表，写成《西域图记》三卷，将西域四十四国的情况奏报给了隋炀帝。他还制作了西域地图，详细标明了重要的地点，以及从敦煌出发到达西域的行走路线。裴矩向朝廷报告说："凭借着国家的威德、将士的骁勇渡过泹水、翻越昆仑山，易如反掌。但是突厥、吐谷浑分别统辖着羌人、胡人的国家，因为他们的阻挡和抑制，所以西域之国不能来朝贡。他们纷纷托商人秘密送来很多诚恳的书信，翘首盼望，愿成为大隋的臣属。倘若降服并占有他们,务必认真安抚管理。只需朝廷派出使者,不必动用干戈,诸藩国从属于我们以后,吐谷浑、突厥就可以灭掉了。戎狄、华夏融为一体,就在此一举了!"隋炀帝得到这份报告大为高兴,给裴矩赐帛五百段,每日让他侍坐在旁,亲自询问西域的情况。裴矩借机忽悠炀帝:"西域有很多珍宝,吐谷浑容易被吞并。"炀帝一向仰慕秦皇、汉武的功绩,一心要开通西域,并将筹划处理四夷的事务委托给了裴矩——任命他为黄门侍郎,又派他到张掖,招引西域各国的胡人,给他们利益,劝告他们入朝。因为一厢情愿,也因为粉饰太平,更因为炫富,结果丝绸之路上吃白食的西域胡人往来不断。史书记载说,在裴矩主持河西商务的那些日子里,凡是西域商人经过的郡县,都疲于招待迎送,耗费以万万计,终于使隋王朝疲乏凋敝至于灭亡,这都是裴矩诱导的。上述种种情形,明白无误地记录在文献中,这也就是裴矩被后世认为"佞于隋"的证据。但是,我们不得不说,裴矩的佞行固然可憎,但他潜心编成的《西域图记》,以及他在河西招商引资,盘活经济的办法,不仅是给隋唐王朝经营西域的指导和实践,实际上也是他给后世留下的宝贵财富。

七

历史上,天子御驾亲征东巡、北狩、南察,见诸记载的例子非常多,但西巡,尤其是以长安为地标中心的西行十分罕见。见诸文献中的天子西巡,在隋炀帝之前,只有《山海经》中的周穆王西巡,但在史家看来,这只是一个神话传说。公元 609 年隋炀帝西巡张掖,是见诸正史的唯一一例。所以,史家对炀帝的这次西巡,不惜笔墨进行了描述,且有一份类似于巡游日志的详细记录。《资治通鉴》:辛丑初六(即公元 609 年农历六月初六),炀帝对给事郎蔡徵说:"自古天子有巡狩之礼,但江东南朝的各位皇帝多爱敷脂粉,坐于深宫,不同百姓相见,这是什么道理呢?"蔡徵回答:"这就是他们王朝不能长久的原因。"当月十一日,炀帝到达张掖。炀帝西巡前,命裴矩去游说高昌王曲伯雅和伊吾的吐屯设,以厚利引诱他们,召他们派遣使者入朝。十七日,炀帝到达焉支山,曲伯雅、吐屯设和西域二十七国的国王、使者都在道路东侧拜见。他们均受命佩戴金玉,身着锦衣,焚香奏乐,歌舞欢腾。炀帝又命令武威、张掖的仕女盛装观看,衣服、车马不华丽整齐的,由郡县负责征收更换。车驾马匹充塞道路,周围绵延几十里,以显示隋朝的强盛。吐屯设进献西域方圆几千里的土地,炀帝非常高兴。十八日,设置西海、河源、鄯善、且末等郡,将天下的罪人流放到这里,作为戍卒守卫这些地方。炀帝命刘权镇守河源郡积石镇,大规模开发屯田,以抵御吐谷浑,保持通往西域的道路畅通。二十一日,炀帝到观风行殿,大规模陈列仪仗仪,带着高昌王曲伯雅和伊吾的吐屯设上殿宴饮,在殿下陪宴的蛮夷使臣来自二十多个国家。炀帝命人奏九部乐、演鱼龙戏来娱乐,对各国来使赏赐不断。二十三日,炀帝下诏大赦天下。

从描述看,史家对这次西巡评价不高,甚至暗指这次巡狩有炫富和耀武的嫌疑。事过十五个世纪之后,我们抛开炀帝炫富和耀武的夸张动作,他平定青海吐谷浑部、置郡设县和在张掖接待西域二十七国贸易使团的行为,既为我们提供了了解隋唐之际河西社会发展状况的重要线索,也为唐代经略西北做了前期探索。

八

从历史上来看,中国的诗歌,自《诗经》之后,数唐人格局最大、成就最高。唐诗当中的边塞诗更是独树一帜,在这些边塞诗中,吟诵河西的诗最脍炙人口。

> 渭城朝雨浥轻尘,
> 客舍青青柳色新。

劝君更尽一杯酒，
西出阳关无故人。（王维）

黄河远上白云间，
一片孤城万仞山。
羌笛何须怨杨柳，
春风不度玉门关。（王之涣）

葡萄美酒夜光杯，
欲饮琵琶马上催。
醉卧沙场君莫笑，
古来征战几人回？（王瀚）

弯弯月出挂城头，
城头月出照凉州。
凉州七里十万家，
胡人半解弹琵琶。
琵琶一曲肠堪断，
风萧萧兮夜漫漫。
河西幕中多故人，
故人别来三五春。
花门楼前见秋草，
岂能贫贱相看老。
一生大笑能几回，
斗酒相逢须醉倒。（岑参）

吾闻昔日西凉州，
人烟扑地桑柘稠。
葡萄酒熟恣行乐，
红艳青旗朱粉楼。
楼下当垆称卓女，
楼头伴客名莫愁。
乡人不识离别苦，
更卒多为沉滞游。
哥舒开府设高宴，
八珍九酝当前头。
前头百戏竞撩乱，
丸剑跳踯霜雪浮。
狮子摇光毛彩竖，
胡腾醉舞筋骨柔。
大宛来献赤汗马，
赞普亦奉翠茸裘。
一朝燕贼乱中国，
河湟没尽空遗丘。
开远门前万里堠，
今来蹙到行原州。
去京五百而近何其逼，
天子县内半没为荒陬，
西凉之道尔阻修。
连城边将但高会，
每听此曲能不羞。（元稹）

距离产生美。从长安到河西，现在看并不遥远。但在唐人眼里，河西便是边地的尽头。远在天际的黄河,随风摇曳杨柳,八月飞雪,吹折白草的风以及醉人的葡萄酿成的酒和能歌善舞的异族人,一切都是那么陌生而又充满诱惑,一切都是那么令人向往,可以入诗,可以入画,可以入梦。河西,在远在京城的诗人们想象中,是一个充满边地生活韵味的地方,一个足以激发创作灵感的地方。他们创作的边塞诗,充满了阅读的快意与豪情。从一定意义上说,河西别样的自然风光成就了诗人,而唐人的诗则赋予河西浓厚的文化底蕴,引发了无数的关注和热爱。因为唐诗,河西不仅成了河西人魂牵梦萦的地方,也成了喜欢唐诗的人们直抒胸臆、念念不忘的地方。

九

公元 1038 年,北宋仁宗景祐五年,在距离开封一千多公里的西北边陲,一个曾因有功于宋而被赐姓赵名元昊的人,因为和赵姓主人在核心利益问题上的纠缠不清,终于扯下面具,脱宋自立。赵元昊脱宋之后的第一个动作就是弃赵姓复李姓,此人的先辈曾在唐末平定黄巢起义的战争中有功于李唐王朝而被赐姓李。李元昊为了在与赵家翻脸之后不被他的北方强邻契丹吞并,主动向契丹示好,臣服于大辽。由此我们也知道,西夏开国之主原来是三姓家奴。

脱宋自立的党项政权,如果从李元昊的先祖拓跋思恭被唐朝赐姓为李并封为靖难军节度使算起,到西夏最终被元朝灭国,李氏集团在西北存了 346 年。李元昊家族的龙兴之地,除了核心区宁夏平原和陕北的部分地区,实际上河西是它能够与宋、辽以及辽以后的金三足鼎立、进退自如的战略大后方。凭借着宁夏平原的富庶以及河西广阔的牧场和丰富的物产以及控遏青海、西域的优越地理位置,西夏立国近 190 年。如今依然完好的张掖大佛寺以及遗留在张掖黑河下游的黑水城遗址,出土于武威的西夏碑和敦煌榆林窟大量的西夏壁画,

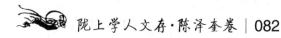

是这一事实最有力的佐证。

西夏的出现和长期存在,固然与北宋执政者的控驭失当有关,但从宁夏平原到西域之间的辽阔地带,特别是河西地区优越的区位环境,为其立国提供了坚强保障也是一个重要因素。而西夏人创造的西夏文字以及他们在河西的长期活动,为我们留下了深厚的西夏文化积淀。这是历史的赐予,也是河西的丰厚给予之后得到的回报。

十

千里河西走廊,从石窟的数量和影响力而言,可称之为千里石窟走廊,从西向东,数其大者有酒泉金塔寺石窟、敦煌莫高窟、安西(瓜州)榆林窟、张掖马蹄寺、武威天梯山石窟,它们像一颗颗璀璨的文化明珠镶嵌在河西走廊上。石窟所在之处,一片宁静祥和。河西乃至全国的石窟艺术,尤其是石窟中的造像和绘画相结合的艺术形式,应该是中西合璧的完美结合,其中的造像多源于犍陀罗艺术,而石窟中的壁画则是中国绘画艺术的体现。它们的存在,用看得见摸得着的实物告诉我们一个事实:石窟艺术自然是中西合璧的结晶,但这些令人惊叹的绝美艺术的创造者,我们除了知道个别洞窟的开凿者和开凿年代,对造像和绘画艺术的创作者,他们来自何方、什么出身、他们是如何将自己对佛教的理解与艺术的张力完美地融合在一起的等关键问题知之甚少,甚至可以说一无所知。这当然是一种遗憾,但只要石窟在,那些无名艺术家就一定会随着他们的作品被后人缅怀。我觉得,这就足够了。这也让我们明白了一个道理,留存在河西大地上的石窟及石窟艺术固然精美绝伦,固然令人神往,但凝结在这些艺术当中的那些无名艺术家的心血和为弘道而奉献的精神,更值得我们敬仰。这也让我们更加明白,在我们的生活中,为什么有那么多人呕心沥血、热心于创作,因为他们知道,人们不会忘记任何一个曾经为社会发展贡献才智的人。人们对奉献者、创造者们的敬仰和崇敬，是对创造者最好的回报，也能激发更多的人醉心于创造、醉心于奉献。

十一

长城，是农耕民族的心理防线。长城，顾名思义，应该就是城墙被延长成为更长的城墙，用更长的城墙来增加更多的安全感，这应该是长城的原意。当然，长城不单单是一道孤立的城墙，实际上是以城墙为主体，同大量的城、障、亭、燧相结合的防御体系的通俗表达。

甘肃境内的长城，从战国开始到明代，应该有三条。

其一是秦长城，也就是《史记》当中记载的秦统一中国之后修成的西起临洮东、到辽东的那一段在甘肃境内者。秦长城在甘肃境内者，当不包括河西之地，因为此时的秦长城只是在原有的战国长城的基础上继续向北向东延伸，而河西是秦人的边外之地，也是秦时的法外之地。而此时的河西，应该是匈奴人游牧的天堂。

其二当是汉朝自武帝时期开始修筑的长城。甘肃境内的汉长城，应该有修缮和新筑的区别。修缮部分，应该是以黄河以东，原秦筑长城为基础；新筑长城，当以黄河以西、在当时的河西，随着汉、匈势力的变化而分阶段连缀而成。汉代第一次大规模修筑长城，发生在武帝元朔二年。《史记·匈奴列传》载："其明年（元朔二年，公元前127年）卫青复出云中以西至陇西，击胡之楼烦、白羊王于河南，得胡首虏数千，牛羊百余万。于是汉遂取河南地，筑朔方，复缮故秦时蒙恬所为塞，因河为固。"汉代第二次筑长城，发生在武帝元狩二年（公元前121年），骠骑将军霍去病率一万骑兵，从陇西出发，过焉支山（今甘肃山丹县东南）一千多里击匈奴。同年夏，霍去病、公孙敖又领数万骑兵出北地郡，在祁连山麓与匈奴浑邪王、休屠王激战，斩获匈奴四万余人。同年秋，浑邪王率部降汉，河西一带遂全为汉朝所据。为保障河西走廊边陲的安全,修筑了由今兰州市永登县至酒泉的长城。《汉书·张骞传》载:"汉始筑令居(今甘肃永登)以西,初置酒泉郡,以通西北国。"汉武帝第三次较大规模地修筑长城,发生在元鼎六年(公元前111年)至元封元年(公元前110年),所筑长城由酒泉西至玉门关。《史记·大宛列传》载:"遣从骠侯破奴,将属国骑及郡兵数万,至匈河水,欲以击胡,胡皆去。其明年,击姑师,破奴与轻骑七百余先至,虏楼兰王,遂破姑师……于是酒泉列亭障至玉门。"汉朝第四次大规模地修筑长城,是从太初元年(公元前104年)至太初四年(公元前101年),修筑了由玉门至新疆罗布泊的长城。《汉书·西域传》载:"自贰师将军伐大宛之后,西域震惧,多遣使来贡献,汉使西域者益得职。于是自敦煌西至盐泽,往往起亭。"从上述汉代四次修筑长城的情况看,汉朝第一次筑长城,实际上是对秦长城的补充和完善,而真正在甘肃境内修筑长城则是其后的三次,这三次修筑的时间跨度达14年甚至更长,地点则从真正意义上的河西到达了西域。

其三当指明长城。甘肃境内明长城的修筑,西起嘉峪关,经酒泉、高台、临泽、张掖、山丹、永昌、民勤、武威、古浪、景泰等地,从五佛寺过黄河,在靖远县内沿黄河南岸延伸。

甘肃境内河西段明长城的修筑,应该是从明朝清除元代在河西的势力之后开始的。文献记载,公元1372年,朱元璋的把兄弟宋国公冯胜建议建嘉峪关城,由此我们可以知道,河西明长城的修筑,大概与嘉峪关城开建的时间一致。文献记载,嘉峪关"初有水而后置关,有关而后建楼,有楼而后筑长城,长城筑而后关可守也"。这个说法应该是可信的。

甘肃境内的三段长城,除秦长城外,汉、明长城在河西境内最长,可谓蜿蜒千里。二者走向一致,方位不离左右,构筑方式就地取材、因地制宜。从空中俯瞰河西地区,整个河西走廊背依山险,沙漠、长城、绿洲以长城为轴心,相辅相成,构成了一个完整的军事要塞。如此宏伟的工程,如果有人问是何人设计、何人所作,得到的十之八九是一个含混不清的答案。历史能告诉我们的,它的设计者们,当然是由皇帝委派的具有军事战略眼光的高级将领或干吏,如秦时的蒙恬,明时的冯胜、戚继光等;它真正的建设者或者说它的施工队伍,则不外乎戍卒、征发的民夫和从各地遣送来的各类囚徒。这些人当时也许是有名有姓的,但经过岁月的磨洗,我们已无从得知。值得欣慰的是,只要长城存在,它的建设者的灵魂将和它同在。20 世纪 90 年代曾经有一首广为传唱的歌曲,名字叫《梦驼铃》,歌词所表达的意韵,让我们依稀可以感受到那些曾经背井离乡、为他人的安宁而戍边的劳作者对故乡的眷恋:

　　攀登高峰望故乡,黄沙万里长
　　何处传来驼铃声,声声敲心坎
　　盼望踏上思念路,飞纵千里山
　　天边归雁披残霞,乡关在何方

　　风沙挥不去印在,历史的血痕
　　风沙挥不去苍白,海棠血泪
　　攀登高峰望故乡,黄沙万里长
　　何处传来驼铃声,声声敲心坎

　　盼望踏上思念路,飞纵千里山
　　天边归雁披残霞,乡关在何方
　　黄沙吹老了岁月,吹不老我的思念
　　曾经多少个今夜,梦回秦关……

如今,夏秋之际,当夕阳西下之时,站在敦煌阳关遗址上,举目四望,关内万物峥嵘,关外黄沙戈壁伸向天际,一种雄浑、辽阔、壮美,尽入眼帘。这时候,也只有"江山如此多娇,引无数英雄竞折腰"最能与眼前的一切相契合。我们也才能明白,古人为什么征战不已、寸土不让。长城屹立千年而不倒,是因为有无数英灵在护佑。

十二

公元1226年,成吉思汗和他的子孙们,不顾在欧洲征战的疲劳,率领蒙古铁骑,风卷河西,一路向东,最终完成了大汗的遗愿。1227年,他们血洗了西夏首府兴庆府,而西夏的战略大后方河西,则先一年成了蒙古人游牧的地方。蒙古帝国大汗窝阔台的次子阔端,受封凉王,奉命镇守西夏故地,治府凉州。凉州城外的垂柳、甘泉,皇城滩的茵茵绿草和祁连山的松涛,纾解了阔端半生的鞍马劳顿,也让他的内心灵光闪现,面对辽阔、遥远、神秘的西藏,他有了一个新的想法,他想给远在西藏的萨迦班智达写封信,想请他移尊到凉州一会,寻求蒙藏相处的办法。阔端写给萨迦班智达的信,究竟是用蒙文、藏文还是汉文所写,因为缺乏文献记载,我们不得而知。但我们知道的是,这封信的分量不亚于十万大军,而且我们说,智者就是智者,班智达读懂了阔端这封信,也洞悉了阔端一纸书信背后的良苦用心。为了西藏的安危,他决定不畏艰险,跋山涉水,远赴凉州与阔端相会。两人相会的细节已无从得知,但两人相会形成的共识,却给我们留下了确凿的印迹——凉州会盟碑。通过后人对会盟碑的研究,我们看到了如下事实:西藏正式接受蒙古人的管辖,为以后元朝在西藏正式设立行省扫清了障碍。阔端与萨班两位智者在凉州对话更大的意义,是在历史上首创了一种处理民族关系的方式。

十三

公元 1866 年,清廷重臣左宗棠被任命为陕甘总督。在他以钦差大臣的身份督办甘肃军务的过程中,对陇上情形有了切身感受。他那句"陇中苦瘠甲天下"的慨叹就是在这时发出的。也许就是这声慨叹,触发了他想把江南的绿引入荒凉陇原的念头。文献表明,随着左宗棠一路西行,一项被后世子孙称道的壮举也在他身后展开,这就是他所率领的准备平定新疆阿古柏叛乱的军队,在所经之处开始种柳。从此,甘肃大地上的柳树多了一个品种——左公柳。我们现在在甘肃看到的柳树,当然不尽是左公柳,但遍布河西的各种柳当中,一定有一部分承袭了左公柳的基因。因此,在河西看柳,会让我们不自觉地生出斯人虽逝,其业永光的感慨。

十四

古人不见今时月,古月依旧照今人。秦时月,汉时光,冬天雪,夏天雨。"一年一度秋风劲,不似春光,胜似春光,战地黄花分外香"。春风吹来时,万物复苏;秋风来临时,黄叶飘零。不管是春天的绿,还是秋天的黄,都是风过之后的印迹,是自然留给我们的念想。行走在大地上的人,不管是江南繁华处的常客,还是北方苦寒之地的游子,只要走过了、经过了,也许会毫无声息地湮没在历史的长河里,但那些为江南的繁华或塞北的安宁奋斗过的人,也一定会像风过大地一样,无声或有声地留下自己的印迹,这些印迹有可能出现在文献里,更多的可能在我们平日并不在意的自然里。

风过河西,知世事更替。

风雨过草原，驻马望长安

——鄂尔多斯盆地上的人文底色

一

高原和盆地的区别，不纯粹在于海拔，应该还有周边环境的原因。比如，柴达木盆地，作为青藏高原的一部分，平均海拔在 2600 到 3000 米，但它与周围的环境相比，实实在在是盆地。我们今天要说到的鄂尔多斯和柴达木盆地差不多。鄂尔多斯高原，作为内蒙古高原的一部分，最让人关注的特点，在于它既是高原又是周围高林簇拥之下的盆地。站在鄂尔多斯高原的中心地带向四面遥望，许多我们耳熟能详的地名就会纷至沓来。往北看，越过黄河、阴山，就是它的母系高原内蒙古高原；往东看，隔着红柳河，山西、陕北高原与它比邻而立；往南看，陇东高原与之相邻；往西看，隔着毛乌素沙漠，一马平川的宁夏平原和高大的贺兰山与之遥望。因此，人们也将鄂尔多斯盆地称作陕甘宁盆地。因为鄂尔多斯盆地及其周边地区独特的地理环境，为在其上生活的人们提供了多样性选择的生活空间，由此也形成了独特的人文环境，使这里成了历史上多民族交往频繁的热门打卡地。也因此，自有文献记载以来，这里就是草原民族和农耕民族苦心孤诣经营的地方，也是为数不多出现在文献里且从远古以来就不断上演历史活剧的地方。

研究表明，这里最早有记载的主人是河套人。河套人的文化，一般被定义为狩猎文化。河套人之后,有记载的这片土地的主人应该是和西周发生碰撞的鬼方或者猃狁,而这个多少有些蔑视的称谓,事实上是告诉我们,他们是周人眼里的驰骋在草原上的野蛮人。随着周人对鬼方或猃狁的讨伐力度加大,他们最终退出这片区域而远遁,与周朝关系较好的义渠戎和它的同伴们逐渐成了这里的主人。从西周末年到战国时期,义渠戎以及它北边的近邻林胡、楼烦等在这里顽强地生活了几百年。强大时的义渠戎国的国界,西至西海固草原,东达桥山(今子午岭),北控河套,南到泾水,面积约10万平方公里。

有记载以来第一批踏上这片土地的农耕文明的代表,应该是春秋时期的晋国人,即战国时期魏国人的先人。据《史记·魏世家》记载,晋悼公时魏绛主政,而这个魏绛,就是春秋战国之际三家分晋时魏斯的先祖。悼公使魏绛和戎、翟,"戎、翟亲附"。简单的几个字,信息量很大。悼公的和戎、翟,实际上就是让其周边的民族关系和睦,也就是让那些有着桀骜不羁个性的在晋国西北方游荡的游牧民族安静下来,这显然不是个轻松的差事,是对魏绛能力的检验。魏绛在此事上表现出了不凡的才华,不负君望,使"戎、翟亲附"。对晋国来说,这是一个了不起的成绩。这当然先是说明魏绛的行政能力出类拔萃,更重要的是表明悼公用人得当,能让戎、翟亲附,这意味着晋国西北部边境的安宁。这表明从魏绛和戎、翟开始,晋国人的脚步开始迈进了鄂尔多斯盆地,也开启了魏氏家族由大夫向诸侯迈进的步伐。

得和戎、翟之利的魏国人,国力迅速提升。公元前408年,魏文侯命吴起伐秦,一举攻下秦国洛水以东五座城池,在那里建立了西河郡,并在西河西界筑长城以界秦,史称右长城。魏武侯执政时,魏发兵5万,把秦国的军队打得落花流水,掠走了在上郡一带逗留的义渠戎,魏随即占据了上郡地,并越过桥山(今子午岭),在上郡西界修筑长城以界戎,史称左长城。我们看战国时期的地图,魏国的疆域,大致是在山西、河南与鄂尔多斯盆地相邻的区域,其中上郡已经在鄂尔多斯盆地的范围之内了。这表明,从魏绛和戎、翟开始,经过多年的经营,至少在战国初期,晋国的继承者之一,魏国人的脚步已经稳稳踏上了鄂尔多斯盆地。这也意味着,晋人的文化也开始慢慢影响这片土地上生活的人们。

第二个有计划、有规模地进入这片土地的,应该是经过商鞅变法之后耕战并举、国力日益强盛的秦国,是它取代魏国成了这片土地上的主人。

《史记·秦本纪》记载,秦惠文王五年(公元前333年)秦魏交战,秦人"虏其将龙贾,斩首八万"。秦惠文王八年(公元前330年),"魏纳河西地";秦惠文王十年(公元前328年),"张仪相秦。魏纳上郡十五县"。这也就是说,这次的秦、魏交战,魏人不仅把先前夺取秦人五城设立的西河郡尽数奉还,还把自己原有的河西之地及上郡尽数割给了秦人。割让给秦人的上郡,就是我们前文提及的戎、翟故地鄂尔多斯盆地的一部分。上郡易主,意味着悼公时魏绛和戎、翟的成果尽失。

得到了魏国割让的河西及上郡的秦国,自然欣喜若狂,但秦人在喜悦的同时也给自己惹上了麻烦,就是它不得不正面应对西周以来就生活在这里的草原强人义渠戎。《史记》记载,秦人自秦穆公起就与戎人和、战不停,摩擦不断,历时近350年。虽说秦人在穆公时期有过霸西戎、拓地千里的辉煌,但这并不是和戎人缠斗的终结,只是双方缠斗过程中的阶段性成果。其后的日子里,双方你来我往,实际上各有胜负、难分伯仲。直到公元前306年,秦昭襄王时宣太后诱杀义渠戎王后才彻底解决了这个大麻烦。

取代魏国、义渠国而拥有了这片土地的秦国人,自然得到了这片土地自然禀赋的滋养,比如辽阔的鄂尔多斯草原为秦人牧马提供了广阔的草场和善于作战的人口。马是冷兵器时代的重装备,骁勇善战的人口，自然是优质兵源。有了充足的战马，善于作战的士兵，秦人的战力自然得到了极大提升。因此，得到鄂尔多斯盆地之后，史书记载，秦人益强而魏则益弱，故秦国也在商鞅变法的基础上国力再次迅速提升，也有了进一步削弱韩、赵、魏的前沿基地，使秦国在七国之中的强国地位得到进一步巩固。

史书记载，公元前306年，也就是秦灭义渠戎国的时候，赵武灵王凭借推行胡服骑射后迅速提升的国力，灭掉了曾严重威胁赵国的盘踞在鄂尔多斯盆地东北部的林胡、楼烦等游牧民族，设立了云中和九原两个郡。但好景不长，在秦赵相争中，上述两郡尽归秦人所有。也就是说，到战国后期，鄂尔多斯盆地及其以南的地区，实际上已经成了秦人的属地。

秦人对鄂尔多斯盆地的大规模开发，则是秦统一六国之后的事情。秦始皇吞并六国、一统天下后，命大将蒙恬修筑了一条重要的军事通道——秦直道。作为与秦长城齐名的国家工程，秦直道南起秦都咸阳周边的军事要地云阳（今陕西淳化县），北至汉匈交战频繁的九原郡（今内蒙古包头市），长达1800里，穿过陕北与陇东，一直延伸到当时匈奴人的居住区——鄂尔多斯高原。这条道路修成后，大秦的虎狼之师三日便可驰抵阴山脚下。史书记载，"秦已并天下，乃使蒙恬将三十万众北逐戎狄，收河南，筑长城，因地形，用制险塞，起临洮，至辽东，延袤万余里。于是渡河，据阴山，逶蛇而北。暴师于外十余年，居上郡。"文中所说的河南，应该就是指阴山以南包括黄河南北的整个鄂尔多斯盆地。当时蒙恬的大本营设在上郡，当时的上郡实际上就是鄂尔多斯盆地的组成部分。这标志着秦人在与当时崛起于内蒙古高原的匈奴人的对峙中取得了战略优势。其强大的威慑力，使得匈奴人在其后的十余年里不敢南下牧马，由此拉开了中原统一王朝经营鄂尔多斯盆地的大幕，这也意味着秦人的典章制度和文化，切切实实地覆盖到了这片土地。

二

秦末天下大乱,鄂尔多斯盆地及其周边被崛起的匈奴人渗透,从此成了匈奴人后来与汉王朝争斗的大舞台。

先是匈奴人借秦末天下大乱、秦人无暇北顾的天赐良机,东进西拓,西至西域、东达辽东的草原成了匈奴人的牧马地,向南,则开始在原秦人置县设郡的鄂尔多斯盆地里外纵马驰骋,如入无人之境,对汉朝造成了巨大的威胁。这个情况,被汉代的史学家司马迁活灵活现地记录在了他写的《史记·匈奴列传》里:

> 汉朝刚刚平定中原,就调韩王信到代郡,在马邑创建都城。匈奴大举围攻马邑,韩王信投降了匈奴。匈奴得到了韩王信,顺势带兵向南越过勾注山攻打太原,来到晋阳城下。高帝亲自带兵前去讨伐匈奴,正赶上冬季天气寒冷,天降大雪,冻掉手指的士兵多达十分之二三,于是冒顿佯装战败逃跑,引诱汉朝的军队。汉军追击冒顿,冒顿就把他的精锐部队隐藏起来,只显示他的老弱残兵,于是汉军全员出动,大多数是步兵,总计三十二万人,向北追击。高帝率先赶到平城,步兵还没有完全抵达,冒顿派出四十万名精锐骑兵把高帝包围在白登山,七天时间里,汉军内外得不到救援和粮饷。匈奴的骑兵部队,西方全是白马,东方全是青马,北方全是黑马,南方全是红马。高帝于是派使者暗中送丰厚的礼物给匈奴阏氏,阏氏对冒顿说:"两个君主不应该相互围困。现在即使得到汉朝的土地,单于最终也不能居住在那里。况且汉王也有神灵保佑,请考虑一下这件事。"冒顿和韩王信的部将王黄、赵利约定了出兵时间,但王黄、赵利的军队并没

有按时赶来，冒顿怀疑他们和汉朝有阴谋，也就采纳了阏氏的建议，于是解除了包围圈的一角。这时高帝命令士兵拉满弓将箭头对外，从打开的一角直冲出去，终于和大军会合了，冒顿也带兵撤退了。高帝也领兵回朝，派刘敬去缔结和亲的盟约。

这是我们知道的汉与匈奴第一次交手的情况，双方大战的地方就在现在的大同一带。看地图我们知道，这一带是与鄂尔多斯盆地及山西黄土高原的交汇地带。也就是说，双方交战的地点实际是在鄂尔多斯盆地的周边，汉军显然是由关中通过秦直道快速到达这里的。这场战役的结果是汉军大败，不得已，与之结和亲盟约。

汉高祖刘邦与匈奴和亲初期，是匈奴人在汉匈对峙中优势明显、实力强盛的黄金时期，这一时期匈奴人恣意纵横、汉朝人委曲求全的故事，也被史家一一记载在史籍当中：

高祖逝世后，孝惠帝、吕太后执政时期，汉朝局势刚刚稳定，因此匈奴得以骄横。冒顿竟然写信给高后，言辞狂妄。高后想要攻打匈奴，众将领说："凭高帝的贤能勇武，尚且被围困在平城。"于是高后放弃了这个想法，重新与匈奴和亲。

到孝文帝即位时，重新实施和亲政策。文帝三年（前177年）五月，匈奴右贤王占据了河套以南地区，侵扰劫掠上郡边塞小城的蛮夷，杀害掠夺百姓。于是孝文帝下诏命令丞相灌婴派战车和骑兵八万五千，前往高奴县，攻打右贤王，右贤王逃出边塞，文帝亲自来到太原。当时济北王起兵反叛，文帝回到朝中，撤回了丞相带去进攻胡人的军队。

孝文帝前元六年（前174年），汉朝送信给匈奴说："皇帝恭敬地问候匈奴大单于身体健康。您派郎中系零浅送给我的信中说：'右贤王没有请示单于，听信后义卢侯难氏等人的计策,断绝了双方君主的盟约,离间兄弟的感情,汉朝因为这个缘故不愿意和解,邻国也不归附我们了。现在因为那些小官吏破坏盟约,所以惩罚右贤王,派他向西攻打月氏,全部平定了那里。希望停止战争、休整士兵、喂养马匹,消除以前的不快,恢复过去的盟约,来安定边疆的民心,使小孩得以健康成长,使老年人得以安度晚年,世代和平安乐。'我十分赞赏,这是古代圣明君主的看法。汉朝与匈奴结为兄弟之国,所以送给单于非常丰厚的礼物。违背盟约、离间兄弟感情的人,通常是匈奴一方。然而右贤王的事情此前已经赦免了,单于不要过于责备他。单于的做法如果与信中的意思相符,就明确告知众臣,让他们不要违背盟约,要有信用,我们也会恭敬地依照单于信中的意思来办。使者说单于亲自领兵征伐别国有功劳,却深为战争所苦恼。现在有绣袷绮衣、绣袷长襦、锦袷袍各一件,头饰比余一件,黄金装饰的衣带一条,黄金带钩一件,绣绸十匹,锦缎三十匹,赤绨、绿缯各四十匹,派名叫意的中大夫、名叫肩的谒者令去送给单于。"

单于已经订立盟约与汉朝和亲,于是孝文帝下诏命令御史:"匈奴大单于送信给我,说和亲的事情已经定了,流亡之人不足以成为劫掠人口和扩大土地的借口,匈奴不进犯关塞以内,汉朝也不出击关塞以外,违犯这一盟约的人处以死刑,可以长期维持友好关系,以后就不会再悔恨了,双方都有便利。我已经答应他了。向天下发布公告,使人们都能明确地知道此事。"

孝文帝后元四年(前160年),老上稽粥单于死了,他的儿子军臣即位。军臣单于即位之后,孝文皇帝再次与匈奴和亲。

此后又过了一年多，孝文帝去世，孝景帝即位，然而赵王刘遂竟然暗中派人联络匈奴。吴、楚等国反叛，匈奴想和赵国一起谋划进犯边界。汉朝军队围攻并攻破了赵国，匈奴也放弃入侵。从此以后，孝景帝再次与匈奴和亲，开通边关交易场所，送给匈奴礼物，送公主给单于做阏氏，就像以前盟约的那样。到孝景帝去世为止，匈奴不时对边境有小规模的骚扰，但是没有大举进犯。

当今皇帝（汉武帝）即位，明确了和亲的相关约定，优待匈奴，开通边关贸易，送给他们大量财物。匈奴从单于以下都与汉朝亲善，边境民众往来于长城脚下。

上述文字告诉我们，从高祖刘邦到武帝刘彻初年，汉、匈在鄂尔多斯盆地北部的争斗，在和亲的表象下一直进行着，双方的摩擦，只是在双方主政者注视下处在可控的范围内而已。但其间匈奴人的咄咄逼人和汉人的委曲求全也流露在字里行间。直到武帝元光三年，也就是公元前 132 年，血气方刚的刘彻决定改变这不平等的现状。史书记载：

（元光二年，公元前 133 年）春，下诏问公卿说："朕曾装饰美女以配匈奴单于，金币文绣赏赐甚厚，而单于承诏之后表现傲慢，侵掠不已。边境被害，朕深感不安。今想发兵攻讨，众卿以为如何？"大行王恢认为应该出击。夏六月，御史大夫韩安国为护军将军，卫尉李广为骁骑将军，大仆公孙贺为轻车将军，大行王恢为将屯将军，大中大夫李息为材官将军，将三十万众屯马邑谷中，想引诱单于进塞，出其不意地发起攻击。单于入塞后，发觉有异立即退出。六月，收兵。将军王恢犯了"首谋不进"之罪，下狱而死。

这条资料告诉我们，自汉高祖平城被围以来，这是汉朝第一次与匈奴动武,由此拉开了汉匈之间近二十年的大规模冲突。

元光六年(公元前 129 年),匈奴侵入上谷掠杀吏民,派车骑将军卫青兵出上谷,骑将军公孙敖兵出代,轻骑将军公孙贺出云中,骁骑将军李广出雁门。卫青至龙城,斩获敌首七百级。公孙敖与李广因指挥失误受挫而回。

(元朔三年,公元前 126 年)匈奴入上谷、渔阳,杀掠吏民千余人。朝廷派将军卫青、李息兵出云中,到高阙,接着兵到符离,斩获敌首数千级,收复河南地,设置朔方、五原郡。

(元朔四年,公元前 125 年)夏,匈奴入代、定襄、上郡,杀掠数千人。

(元朔)五年(公元前 124 年)春,发生大旱灾。大将军卫青率领六名将军及士兵十余万人在朔方、高阙出塞,斩获匈奴首级一万五千余。

秋,匈奴入代,杀都尉。

元朔六年(公元前 123 年)春二月,大将军卫青率领六名将军及士兵十余万骑出定襄,斩敌首三千余级。回师,兵马在定襄、云中、雁门等地休整。赦天下。

(公元前 123 年)夏六月,卫青再次率六名将军及士兵到达匈奴南界沙漠,大获全胜。前将军赵信军败,降匈奴。右将军苏建部队溃散,只身逃回,赎罪为平民。

(元狩二年,公元前 121 年)将军霍去病、公孙敖出北地二千余里,兵过居延,斩敌首三万余级。匈奴入雁门,杀掠数百人。遣卫尉张骞、郎中令李广都领兵出右北平。李广杀匈奴三千余人,而自己的军队四千人都溃亡,只身逃回,与公孙敖、张骞都不是按期到达,当斩,赎罪为平民。江都王刘建有罪,自杀。胶东王刘寄去世。

秋，匈奴浑邪王杀休屠王，并率其众四万余人来降，设五属国以进行安置。以其地为武威、酒泉郡。

元狩四年(公元前119年)夏，大将军卫青率领四将军兵出定襄，将军霍去病出代，各领五万骑兵。步兵随骑兵之后数十万人。卫青到漠北围困单于王，斩首一万九千级。到阗颜山回师。霍去病与匈奴左贤王战，斩敌首七万余级。在狼居胥山刻石纪功而回。两军战死者数万人。前将军李广、后将军食其都未能按期到达阵地，李广自杀，食其赎回死罪。①

这是史书记载的从汉武帝公元前132年到元狩四年间的多次大规模出击匈奴的情况，值得注意的是汉朝用兵的几个地点：高阙，塞名，在今内蒙古杭锦后旗北；河南地，河套以南地区，在今内蒙古鄂尔多斯；朔方，郡名，治朔方(在今内蒙古乌拉特前旗东南)；五原，郡名，治九原(在今内蒙古达拉特旗西北)；定襄，郡名，治成乐(在今内蒙古和林格尔西北)。由此我们知道，汉武帝年间汉匈之间的攻防之战，大多发生在鄂尔多斯盆地及其周边地区，汉朝军队出击匈奴的出发地，则无一例外地选择了鄂尔多斯盆地。

另一个值得我们特别关注的是汉匈双方攻防的地点和方向。由上述资料看，匈奴人攻击的方向和地点相对灵活，而汉军集结、出击的方向，尤其是集结地，大都选择了定襄和上郡，而这两个地方，恰恰是鄂尔多斯盆地的核心区。这除了向我们表明，鄂尔多斯盆地在汉匈抗争中的重要性而外，蒙恬修筑的秦直道，事实上为汉军便捷快速地到达前线创造了条件，这也就是汉军为什么把此地作为集结、出击首选地的原因。当然，另一个原因是河西走廊打通之前，这里也是汉军与漠北的匈奴人作战最直接、最方便的通道。

①以上几条资料均见《汉书·武帝纪》。

经过汉武帝时期近二十年的艰苦征战，汉朝终于在鄂尔多斯到河套至阴山建立了完整的防御体系，变得日益强大起来。因为有了北部安定的环境，才有了其后开发西域、征服西南夷的壮举，这也造就了中国历史上第二个大一统王朝，汉朝的文化成了这里的主流文化。

三

秦统一之后第二个大一统的中原农耕民族政权汉朝，草原民族的代表者匈奴，在鄂尔多斯盆地及其周边地区你来我往，或者说强者来、弱者走的故事，只是发生在这片土地上的无数故事当中的一段，这既不是开始也不是结束，只是这片土地上演绎的历史故事的一幕。其后的岁月里，发生在这片土地上的事情，就像在一个固定的舞台上不断上演的戏一样，不变的是舞台，变了的是剧本和演员，而剧本和演员变换最频繁的时期，莫过于十六国时期。十六国时期，这一区域事实上成了群雄逐鹿之地，北方诸雄你方唱罢我登场，将这里变成了人间斗兽场。前赵、后赵、前秦、后秦、夏都曾染指这一区域，并以此为依托与对手争斗。对此区域影响最大的，先有前秦，后有大夏。

前秦的苻坚在继承后赵遗产的基础上逐步扩张，曾凭借鄂尔多斯盆地及周边的地理优势，让前燕这个他曾经的前辈臣服于旗下，乘虎威灭了蕞尔小国仇池，迫使远在青海的吐谷浑俯首称臣，成了雄踞北方的霸主。若不是被一时的胜利冲昏了头脑，想饮马长江、兵吞东晋，在与东晋的淝水之战中马失前蹄，大有一统天下的气势。

研究一下前秦继承的后赵的版图，我们会发现，苻坚不仅占据了关中，还拥有了除河西、辽西、辽东之外的整个北方地区。在这辽阔的北方版图当中，最重要的是占据了曾经让匈奴及其后裔刘曜（前赵皇帝）、刘卫辰等借以横行天下的战略据点鄂尔多斯盆地及其周边地区。鄂尔多斯盆地及其周边地区的归属，事实上决定着在此游弋的草原民族的强弱。苻坚拥有了鄂尔多斯及其周边地区，不仅让他雄踞关中有了坚强的保障，也让他的东拓西跨南进有了广阔的战略空间。

前秦之后，借鄂尔多斯盆地及周边地区的优势称雄一时且影响较大的，当然要数具有匈奴人血统的刘卫辰和他的儿子刘勃勃，这个曾在前秦、后秦的大势下混日子的部族，野心比前者丝毫不差。这个部落和这个姓已经告诉我们，他们的姓氏当然是汉宣帝和元帝时归顺汉朝而被赐姓刘或者自愿姓刘，这也就是刘卫辰的儿子刘勃勃在强大之后改姓赫连的原因。

刘卫辰被前秦苻坚封为北单于，镇守代来城（在今陕西榆林）。淝水之战后，强盛一时的前秦分崩离析，刘卫辰镇守的代来城也陷入战乱。

公元391年，刘卫辰与新兴的北魏政权展开激战。史书记载，刘卫辰派遣他的儿子刘直力统率兵卒八九万人进攻魏的南部地区，魏王拓跋珪带兵五六千人迎战，在铁岐山以南大败刘直力，刘直力匹马逃走。北魏部队乘胜追击，从五原金津向南渡过黄河，径直进入刘卫辰的国界。刘卫辰部落惊骇异常，顿时大乱。其后，拓跋珪直接抵达刘卫辰居住的悦跋城，刘卫辰父子仓皇逃走。拓跋珪分别派遣将领率领轻装骑兵追击，将军伊谓在木根山生擒刘直力，刘卫辰则被他自己的部下杀死。十二月，拓跋珪在盐池驻扎，诛杀刘卫辰的家眷亲戚以及部属五千多人，把这些人的尸体全部扔进黄河。从此，黄河以南各部落全部投降，北魏缴获马三十多万匹，牛羊四百多万头。北魏的国力因此强大起来。

刘卫辰被杀死，其家人大都失散，只有年少的第三子刘勃勃逃出生天，在薛干部度过几年的寄居生活后，率领残兵败将投靠了后秦的姚兴。

史书记载，在北魏攻杀刘卫辰部落时逃出生天的刘勃勃长成一个英俊的青年，身材魁梧，多才善辩，深得姚兴的赏识。后秦命刘勃勃镇守朔方，协助其岳父莫奕干防御高平（今宁夏固原）。怀有野心的刘勃勃却不愿安分守己，公元406年，他带着三万部众，以到高平打猎为名，袭杀其岳父莫奕干，收服其部众十万余人，势力迅速壮大，遂于次年自称天王、大单于，在今陕西靖边一带建了国。

刘勃勃汉化程度很高，他根据匈奴人曾为夏后氏后裔的传说，定国号为"大夏"。大夏虽然只延续了25年，极盛之时却"南阻秦岭，东戍蒲津，西收秦陇，北薄于河"，以陕北为中心，占据了包括河套、陇东在内的地盘，刘勃勃还乘后秦衰落之机，挥师南下关中，一举拿下了长安。但工于心计、心思缜密的刘勃勃并没有被胜利冲昏头脑，没有定都长安，而是回到草原上的统万城，当他的大夏皇帝。史书记载，公元407年，夏王勃勃破鲜卑薛干等三部，降其众以万数，进攻秦三城以北诸戍，斩秦将杨丕、姚石生等。诸将皆曰："陛下欲经营关中，宜先固根本，使人心有所凭系。高平山川险固，土田肥沃，可以定都。"勃勃曰："卿知其一，未知其二。吾大业草创，士众未多。姚兴亦一时之雄，诸将用命，关中未可图也。我今专固一城彼必并力于我，众非其敌，亡可立待。不如以骁骑风驰，出其不意，救前则击后，救后则击前。使彼疲于奔命，我则游食自若。不及十年，岭北、河东尽为我有。待兴既死，嗣子暗弱，徐取长安，在吾计中矣。于是侵掠岭北，岭北诸城门不昼启。"这段话告诉我们，大夏的立国者刘勃勃不仅骁勇善战，而且不乏谋略。成大事者，不能拘泥于一城一地的得失，也不可为小利而坏大局。历史事实告诉我们，"骁骑风驰，出其不意"就是草原民族的优势，若能灵活运用，就会事半功倍，这也是草原强者能在与农耕民族的争斗中占优势的原因。若弃己所长而不顾己短，则会为顺其长者所制。其后，后秦姚兴在与刘勃勃的对抗中处处被动、落于后手，一切都在刘勃勃的预判之中，证明了刘勃勃过人的谋略。双方争夺的胜负手，则在于对岭北的控制。刘勃勃心心念念的岭北，经学者研究，应该是指陇山以东、子午岭以西、关中西北的黄土高原，是鄂尔多斯盆地的南部与陇东高原的交接处，这片区域也正是鄂尔多斯盆地进入关中的战略要地。大夏诸将所说的"山川险固，土田肥沃，可以定都"的高平，应该是指今宁夏回族自治区的固原一带，是宁夏平原和陇东黄土高原的重要组成部分，更是由鄂尔多斯南下通过宁夏平原进而威胁关中的重要节点。因此，史书上说，"赫连勃勃据高平，乘间以窥陇东，岭北得以病。姚兴(后秦主)、宇文泰(西魏主)军于高平，因而规定关、陇。诚要害之地也"。

得意后的刘勃勃野心膨胀，开始谋划实现自己的枭雄之路。

首先是大兴土木。史书记载，刘勃勃带领部众进入陕北黄土高原后，看到当地草丰水美，原野上遍布牧草，山头长满了乔木，不禁惊叹道："美哉斯阜，临广泽而带清流，吾行地多矣，未有若斯之美!"于是，刘勃勃下令改元，并在今陕西靖边县最北端的无定河岸边营建都城。公元413年，夏王勃勃大赦，改元凤翔。以叱干阿利领将作大匠，发岭北夷、夏十万人筑都城于朔方水北、黑水之南。阿利性巧而残忍，蒸土筑城，锥入一寸，即杀作者而并筑之。勃勃以为忠，委任之。凡造兵器成，呈之，工人必有死者，射甲不入则斩弓人，入则斩甲匠。又铸铜为一大鼓。飞廉、翁仲、铜驼、龙虎之属，饰以黄金，列于宫殿之前。凡杀工匠数千，由是器物皆精利。他自信地表示："朕方统一天下，君临万邦，可以统万为名。"为了表达其一统天下的宏大志向，刘勃勃还把统万城的城门分别叫做朝宋(南门，意为让南朝的刘宋来朝觐)、服凉(西门，意为让凉州西凉、北凉政权臣服)、平朔(北门，意为平定朔方，也就是历史上的河套地区)、招魏(东门，意为招徕北魏)。

其次在血统上做文章。"朕自北迁幽、朔，姓改姒氏，音殊中国，故从母氏为刘。子而从母之姓，非礼也。古人氏族无常，或以因生为氏，或以王父之名。朕将以义易之。帝王者,系天为子,是为徽赫实与天连,今改姓曰赫连氏,庶协皇天之意,永享无疆大庆。系天之尊,不可令支庶同之,其非正统,皆以铁伐为氏,庶朕宗族子孙刚锐如铁,皆堪伐人。"立其妻梁氏为王后,子瑰为太子,封子延阳平公、昌太原公、伦酒泉公、定平原公、满河南公、安中山公。

这段话告诉我们,刘勃勃自认为他的祖先沿用母姓刘不合礼法。鉴于古人用姓氏也没有常规,于是自己改姓"赫连",意思是帝王是天的儿子,他的伟大与天相连。那些不是直系亲属的旁支后裔,都用"铁伐"为姓,意思是他们钢强锐利如铁,都可以攻伐别人。

也就是说,他认为自己是夏后氏的苗裔,用母系姓氏有辱家族,于是改姓为赫连,意为天之子。

我们把他改姓这件事拿出来说,是因为这确实是一件很有意思的事情。匈奴人姓刘,大致有两种情况:一是汉宣帝和元帝时期南匈奴归顺汉朝,为表示自愿臣属,接受了汉朝皇帝家的姓,并被安置在张掖的五属国进行管理;另一种情况是与汉匈和亲有关。根据史书中说的匈奴人只知其母不知其父的文化习俗,刘勃勃部落或家族,很有可能是和亲者的后裔,所以随了母亲姓刘了。汉朝远嫁匈奴和亲的女子虽非皇帝亲生的公主,但也是宗亲女子被封为公主后远嫁的。所以,刘勃勃部落的身份本也不低,能得姓刘,至少也是得自汉朝宗亲之姓。刘勃勃部落或家族能得姓刘,本该是一种荣耀,并不会辱没家族。古人对宗姓十分重视,同宗一家亲。赐姓是宗主对被赐姓者的丰功伟绩的肯定和认可,是宗主向归附者表达诚意的方式。所以,赐姓或允许冒姓,是宗主对归顺者的最高礼遇,也是归附者莫大的荣耀。得赐姓或冒姓者,正常情况下自会与宗主共享荣辱、休戚与共。但看历史上赐姓的事实,我们发现,赐姓往往是赐者和受赐者做的政治游戏,就是宗主笼络归顺者的一种方式,仪式感强于实质受赐者复姓,意味着归顺者不再以宗主为意，是一种背叛宗主的宣示。刘勃勃改姓，实际上就是这个意思。唐至五代赐姓的情况非常常见，但赐归赐、用归用，赐姓也和丹书铁券一样，归根结底就是双方各取所需的权宜之计。唐代后期藩镇割据和五代时期朝代频繁更迭，表明被赐姓者背叛宗主的情况更加频繁，更让人觉得赐姓和复姓更像一场利益取舍的政治游戏。

刘勃勃改姓赫连，意味着他要和汉人彻底切割，借此向世人表达他要恢复祖先草原强者的荣誉和成为强者的野心。

大兴土木以及改姓这种自我膨胀的做法，引发了经济和政治双重危机，也为大夏招来了灭国之祸。

其后，强盛一时的大夏国被雄才大略的北魏拓跋焘所灭，赫连勃勃的万丈豪情就此烟消云散。

四

十六国时期，在鄂尔多斯盆地及其周边你争我夺过程中最终的胜者，当然是鲜卑拓跋氏建立的北魏。北魏鲜卑的故事很长，当他们从遥远的大兴安岭筚路蓝缕，一路征战到达代北的时候，已经有了开国的气象，历史好像已经准备好为他们书写新的一页了。有学者研究指出，北魏立国应该肇始于拓跋什翼犍，而正式称魏则始于拓跋珪。

史书记载，代王拓跋什翼犍建国三十九年（376年）后，他的代国被前秦所灭，苻坚并没有把代王拓跋什翼犍的家人赶尽杀绝，他将年幼的拓跋珪安置在他的家乡代北，随母亲贺兰氏寄居在匈奴独孤部首领刘库仁的部落里。北魏登国元年（386年），拓跋珪趁乱复立代国，即位于牛川，后改称魏王，此时的拓跋珪年仅十五岁。拓跋珪登上王位后，对内励精图治，实行了一系列改革，历史上也称拓跋珪改革或道武帝改革。其改革的重点是分内外展开的。对内，首先从改国号迁都开始,皇始三年(398年),拓跋珪确定国号为"魏",将国都从盛乐城(呼和浩特和林格尔县土城子一带)迁到平城(今山西省大同市),即皇帝位。

在这里,我们需要关注的是,鲜卑拓跋氏为什么选择代北作为自己的栖身之地呢?一方面是时局所迫,因为当时的北方草原民族不止他们一家,兴起于辽东的同是鲜卑的慕容氏似乎比他们更强大也更先引起关注,也比他们更先占据了有利于生存的幽燕及辽东地区,因而鲜卑拓跋氏在他的强邻压迫下不得不选择环境更加险恶的地方栖身。拓跋氏与慕容家的恩怨也就在争夺生存空间的战斗中拉开了帷幕。

代北,顾名思义,就是指代州以北的地区。代北地区大体上以陉山为南界,北到阴山,西至黄河,东达太行山。代北地形以山地、丘陵、河水冲刷的平原为主,西北高东南低,交通要道层峦叠嶂,行军线路险象环生。代北地区和河套平原一样,位于农牧分界线以南,是游牧民族威胁中原文明的前沿地带,但在数千年农耕游牧民族冲突与融合的过程中,战争破坏如影随形。北魏灭了大夏之后,实际上拥有了鄂尔多斯盆地及其以南的区域。这对北魏非同寻常,意味着代北和鄂尔多斯盆地连成了一片,意味着鄂尔多斯盆地和黄土高原的核心区都归了北魏,不仅为北魏西望河西提供了桥头堡,实际上也为它西进打开了通道。事实上,拓跋氏凭借着灭夏后的余威和拥有鄂尔多斯盆地及周边的优势资源后进一步增强了的国力,凭借着地理优势和雄厚的物质基础,在公元427年一举灭掉了雄踞河西的北凉沮渠蒙逊,拥有了统一北方的雄厚实力。由此我们知道,从北魏灭大夏之后到隋统一全国之前,鄂尔多斯盆地是北魏人驰骋疆场的战略物资基地。

北魏不仅是十六国时期的强者,也是北朝的创立者。北魏对北方地区一百多年的统治,对中华民族多元文化的形成留下了深远的影响。

五

隋朝应北周而兴，北周的版图是在继承了西魏遗产的基础上拓展出来的，西魏则由北魏脱胎而生。我们考察一下西魏的版图就可以发现，它与鄂尔多斯及其周边地区的关系非常密切。东西魏基本上是以山西境内的黄河为界的，黄河以东为东魏，黄河以西为西魏。看谭其骧先生绘制的《简明中国历史地图集》会发现，西魏宇文氏立国就是靠着鄂尔多斯盆地和陕北到关中的形胜之地，进而将自己的势力扩张到河西至西域的广阔区域。北周则在继承这份遗产的同时加入了自己的劳动成果。所以，隋朝的快速统一，在一定程度上说，得益于北周留下的厚实的家底。

随着隋朝统一，隋朝的文化开始影响这里人们的生活。

李唐王朝的崛起，并不完全是自力更生的结果，更真实的情况，是不能免俗地沿用了杨隋代周的套路。大业十三年(617 年)，李渊出任太原留守，同年趁隋末动乱之时起兵于太原，南下攻取长安，拥立隋炀帝之孙杨侑为帝，遥尊炀帝为太上皇，自领大丞相，加封唐王。义宁二年(618 年)，得知炀帝被弒后，逼杨侑禅位于己，建立唐朝，年号武德。

考察一下李唐发家的轨迹，我们可以看到，出任太原留守，使李渊有了起家的初始资本。太原是山西境内襟带山河的核心地带，又与其西边的鄂尔多斯盆地及其周边地区有千丝万缕的联系，而李唐王朝在与山东其他竞争者逐鹿中原时也有借助突厥之力的不良记录，这也就是唐朝初期突厥人理直气壮地饮马渭桥的重要原因。所以，鄂尔多斯及其周边地区实际上是李唐发家的根据地。李唐王朝的真正强大，是从李世民彻底打败突厥之后才开始的。突厥人的游牧之地当然也包括鄂尔多斯盆地，也就是说，李唐王朝的真正强大，也是从拥有了鄂尔多斯盆地及其周边地区，彻底解除了长安西北方的威胁之后开始的。

强盛大唐，将自己的典章制度和文化，以长安为中心，传播到了比隋朝更为广大的区域内，鄂尔多斯盆地自然也沐浴在盛唐的阳光下。

唐末，陕北及鄂尔多斯盆地成了党项人崛起的福地。史书记载，公元881年，党项人拓跋思恭因率部参与李唐王朝镇压黄巢起义，唐僖宗正式授拓跋思恭为夏绥节度使，尔后赐夏州，号为定难军节度使。这一封赏意义重大。根据史书记载，定难军的辖地在现在的内蒙古、陕西、宁夏交界地带，下辖五州：夏州（今内蒙古乌审旗白城子附近）、银州（陕西榆林南）、绥州（陕西绥德附近）、宥州（陕西靖边附近）、静州（陕西米脂附近）。也就是说，鄂尔多斯盆地和陕北的核心区都成了拓跋党项的领地。

自从有了夏绥之地，拓跋思恭的事业就开始蒸蒸日上。从中和元年到光启二年的6年中，先后受命为权知夏绥节度使、夏绥节度使、京城西面都统、京城四面都统、权知京兆尹等职，因功得兼太子太傅，封夏国公，赐姓李，死后配享僖宗庙廷。拓跋思恭的最大贡献，就是使党项拓跋部跻身于藩镇之列，建立了事实上的夏州政权。其势力虽不及关中、河东诸镇，但偏居一方，为党项族的发展和壮大创造了条件、奠定了基础。拓跋思恭得赐姓后，凭借着李姓这块金字招牌和鄂尔多斯及其周边这块风水宝地，拓跋思恭和他的弟弟及子孙们完成了蜕变，在唐末的藩镇割据过程中雄霸一方，也因此成了五代时期各方势力眼中的香饽饽而左右逢源，从容游走在后梁、后唐、后晋、后汉、后周的朝堂之上，最终在赵匡胤立宋时成了赵家的座上宾并改姓赵。

北宋初年，党项人成为北宋对抗大辽、巩固北宋西北边防的生力军。随着宋辽对抗的加剧和北宋实力的削弱，党项人凭借着这一区域的位置优势，开始在宋辽之间首鼠两端，逐渐坐大，最终脱宋独立，终于在1038年自主立国，国号西夏，成了与宋辽三足鼎立的强者。赵元昊在立国的同时复姓李，这个做法与我们前文提到的刘勃勃改姓赫连如出一辙，但令人奇怪的是，赵元昊只是改回到李唐王朝所赐的姓，并没有完全改回到自家的本姓拓跋，这是赵元昊的政治智慧。拓跋党项从唐末显世，历百余年而不衰，自然熟谙国情，深知国姓李的价值。李唐王朝虽然分崩离析，但李唐王朝的余威还有利用的价值，一则李唐王朝赐的姓的确成色十足，是拓跋家发家的源头，再则姓李也可表现出自己对李唐王朝的忠诚，借以消弭党项人与汉人之间的隔阂。当然，更实惠的是，拉大旗做虎皮，借李唐的余威收拾人心。自此，鄂尔多斯盆地和它西南部的宁夏平原及其周边地区，成了西夏立国的根本。

脱宋自立的党项政权，如果从元昊的先祖拓跋思恭于公元881年被唐朝赐姓并封为靖难军节度使算起，到西夏最终被元朝灭国，党项人在鄂尔多斯盆地及周边地区存在了346年，西夏文化给这片土地带来了深刻的影响。

从唐朝灭亡到公元960年赵匡胤建立北宋的五十余年，史称五代时期。把五代史拿出来晒一晒，我们会发现，从李唐王朝灭亡到北宋建立的这段时间里，借李唐余威和鄂尔多斯盆地及周边地利发家者，其实不止拓跋思恭一家，五代之一的后唐之主沙陀族人李克用家族，也在帮助李唐剿灭藩镇过程中成了尾大不掉的藩镇，是以李唐的继承者自居的最大藩镇。李克用家族堪称拓跋思恭家族的先师或样板。李克用出身沙陀豪族，本姓朱耶氏，其父本名赤心，唐懿宗李漼咸通年间因助唐平庞勋之乱，"入为金吾上将军，赐姓李氏，名国昌"。李克用是李国昌的三儿子。李克用的出生充满了传奇色彩："在妊十三月，在诞之际，母艰危者竟夕，族人忧骇，市药于雁门，遇神叟告曰：'非巫医所及，可驰归，尽率部人，被甲执旄，击钲鼓，跃马大噪，环所居三周而止。'族人如其教，果无恙而生。是时，红光满室，白气充庭，井水暴溢。"出生传奇,是为了说明其天赋异禀。"武皇(李克用)始言,喜军中语,龆龀(童年时代)善骑射,与侪类(同辈人)驰骋嬉戏,必出其右。年十三,见双凫翔于空,射之连中,众皆臣伏。"十五岁起随父从征,"催锋陷阵,出诸将之右,军中目为'飞虎子'"。李克用的传奇与天赋异禀,被详细记录在《旧五代史·唐书·武皇纪》中。当然,传奇归传奇,异禀归异禀,我们关心的是他后来的作为。事实证明,李克用不仅充分利用了他的天赋异禀,以他为首的沙陀人也很好地利用了李唐王朝的余威,不仅把赐姓的效果发挥到极致,还从形式上继承了李唐王朝的名称及其发家地太原,最终在与唐朝叛将朱温建立的后梁的决斗中胜出。看地图我们知道,沙陀人可以凭借的不止是李唐王朝的名称和它的国姓及其发祥地太原,作为游牧民族的沙陀人应该是充分利用了太原与鄂尔多斯盆地唇齿相依的关系并把它作为自己的牧马养兵之地,所以有了称霸北方的雄厚实力。

六

元朝统一全国的过程中,雄踞于鄂尔多斯、宁夏平原及其周边地区和河西走廊的西夏,曾经是一块难啃的骨头。为了征服西夏,蒙古人付出了沉重的代价,一代天骄不幸殒命于征伐西夏兴庆府的路途中。因此,蒙古人在攻下兴庆府时毫不手软地以屠城报复。当然,当蒙古人占有这块土地并让这片土地万众瞩目,是在元帝国的缔造者成吉思汗战死沙场之后,这里最终成了一代天骄的长眠之地。鄂尔多斯这个名字源于蒙古语,也就是说,在蒙古人踏上这片土地后才有了这个名字,这个名字的原意为众多的官帐。之所以这样叫,我个人推测,也许是因为成吉思汗长眠于此后聚集了很多族人在此居住、护卫才有了众多官帐。事实上,蒙古人在统一中原之前,对这里及六盘山左右的地方派重兵苦心经营了许多年。也就是说,从成吉思汗长眠于此地、蒙古人灭西夏之后,蒙古人统一全国的步伐迈出了坚实的一步。

统一后的元朝,也将自己的文化印迹留在了这片土地上。

明朝时期,鄂尔多斯盆地及河套地区成了元朝残余势力活跃的区域,明初到嘉靖之前的若干年,元朝残余势力和明朝的拉锯战未曾停歇。从嘉靖开始,明朝被迫收缩防卫于长城以里,事实上放弃了对鄂尔多斯盆地和河套的争夺, 这里也变成了蒙古人自由进出的区域,所以这里也成了明朝九边重镇的重点防御地区。

边地文化,如汉朝初年一样,成了这里最为突出的特色。

明末,鄂尔多斯盆地以东的陕北榆林(指明代榆林卫的范围)一带是农民起义的爆发地。因为明朝与元朝残余势力在这一区域的长期对峙,不仅造成了严重的经济凋敝,也养成了强悍的民风。在此背景下,一旦朝廷统驭失当,很容易发生民变。大明王朝后期,无论是对内还是对外的举措失当,史书均有记载。在内忧(农民起义)和外患(辽东后金崛起)的双重打击下,明朝的崩溃也就在情理之中了。压倒大明帝国的最后一根稻草,自然是爆发于陕北的农民起义。发动这场足以推翻明王朝统治的起义的带头大哥,是生于榆林一带的苗美、高迎祥、王左挂、神一元、神一魁、混天浪、李自成、张献忠、高一功、李过等人。他们能成为扭转乾坤的推手,是长期生活在战争氛围浓厚之地熏陶、锤炼的结果。

清朝统一全国之后,鄂尔多斯盆地及其周边的战乱平息了,走西口成了发生在这一带的重大事件。我们所说的走西口,实际上从明代中后期就开始了,最初只是陕北、山西、河北一带的无地农民或敢于冒险的商人们进入河套、鄂尔多斯一带垦荒或经商。历史上的走西口应该有广义和狭义的区别。广义的走西口,应该是指经由山西、河北沿长城关口进入河套、蒙古草原并西延到俄罗斯的路线;狭义的走西口,应该是指从山西出杀虎口到今天的包头、河套、鄂尔多斯广大地区的路线。由此,我们知道,不论是广义的走西口还是狭义的走西口,鄂尔多斯盆地都是重要的途经地或者目的地。后来的走西口,实际上逐渐演变成了不间断的移民潮,对鄂尔多斯盆地及河套平原的开发聚集了必要的人力资源。

移民文化,成了这一时期这一地区的文化特色。

1935年10月以后,中国工农红军经过艰苦卓绝的万里长征到达陕北。随着陕甘宁边区的建立,鄂尔多斯盆地及其周边地区的历史翻开了新的一页。根据现在的研究,陕甘宁边区的范围,有明确的界定:辖陕西省延安、延川、延长、清涧、绥德、米脂、葭县(今佳县)、吴堡、安定(今子长)、安塞、靖边、定边、保安(今志丹)、甘泉、鄜县(今富县)、淳化、栒邑(今旬邑),甘肃省宁县、正宁、庆阳、合水、镇原、环县,宁夏省(今宁夏回族自治区)盐池、豫旺(今属同心)等23个县以及神(木)府(谷)地区,面积12.9万余平方千米,人口150万。据其所辖范围,我们知道,陕甘宁边区,就是由陕西北部、甘肃陇东及宁夏北部组成的一个当时由中国共产党管辖的区域,这个区域实际上就是鄂尔多斯盆地(不包括河套平原)的核心区。它的出现,意味着在当时的中国大地上,事实上存在着两个执政理念完全不同的政府。就当时的情况而言,立都南京的国民党政府不仅占据着全国绝大部分的国土,而且沿边沿海最发达最富庶的地方尽归其所有,陕甘宁边区中华苏维埃政府则是在四面包围之中立足,且地处贫瘠穷困的西北内陆,两者之间可谓有霄壤之别。就是在这样的情况下,偏处西北的红色政权最终横空出世,完成了统一全国(除台湾省外)的大业。这无疑是奇迹,奇迹的背后,自然有许多因素,拥有一定的武装力量当然是必不可少的因素,而环境,也是一个不容忽视的因素。毛泽东在井冈山时期就写过一篇关于《中国的红色政权为什么能够存在?》的雄文,他在文章中主要讨论的是,相对封闭落后的赣南地区为什么能成为红色政权的立足之地，其中除了政治、经济、军事因素之外，地理环境的影响也是非常现实的原因，正是因为封闭、交通不便，经济落后、多省交界地带等诸多因素，造成了各种力量在赣南的控制力相对薄弱，对新生政权是有利的。而陕甘宁边区当时的情况，应该与赣南有许多相似之处。

考察一下陕甘宁边区的范围，我们不难发现，这块区域远离大城市且为多省交界地带，是国民党政府控制力比较薄弱的地方。从地理环境上看，东南西北都有利于防御的自然环境，比如在边区的西北方向，有毛乌素沙漠，再往西则有黄河，毛乌素沙漠和黄河，事实上构成了陕甘宁边区西北方向的天然防御体系，阻断了有可能来自西北方的不速之客的袭扰。所以，陕甘宁边区的防务，大可以只专注于东、南两个方向，这就大大减轻了边区的防务压力。而在东、南两个方向上，东面依然有黄河天险可以利用，所以边区的防御重点，事实上只有南面一个方向。陕北及陇东沟壑纵横的地理环境为藏兵用兵提供了方便，而易于农耕的黄土高原也为红色政权的自力更生提供了必要的条件。当然，能够在这块土地上立足，最重要的当然是有一支千锤百炼而且有坚定政治信仰的军队及其领导者。

陕甘宁边区的出现，成了中国革命成功的重大转折点。

20世纪50年代开始的社会主义建设，拉开了鄂尔多斯盆地农业、牧业和工业文明建设的大幕。改革开放的春风，化成了滋润古老盆地的春雨，使鄂尔多斯盆地焕发出新的活力，开启了鄂尔多斯盆地历史上的扬眉吐气(羊产业、煤炭产业、稀土工业、天然气开发)模式，成为新的历史时期它展现在人们面前的新面貌，富裕成了它历史上从未有过的令人羡慕、嫉妒的新名片。

<h2 style="text-align:center">七</h2>

一地的环境，养成一地的物产，形成一地的生活方式；一地的生

活方式,沉淀成带有地域特征的文化。鄂尔多斯盆地自古以来就是疾风过草原,驻马望长安的形胜之地,是强者纵横的战场,在农耕民族和游牧民族的南来北往、东西交通中扮演着重要角色。从有记载以来出现的河套人,到与周朝相抗衡的鬼方、猃狁,到春秋战国时期的戎、翟及其义渠国,再到与秦、汉对峙的匈奴到十六国时期的羯、氐、羌、鲜卑及其后的柔然、突厥、沙陀、党项、蒙古人,都曾在这片土地上留下了自己的印记,表现了自己的个性,在展示自己魅力的同时也交融形成了有别于他地的强悍的民风民俗,形成了独特的地缘文化,最终融入了中华文明的大家庭。从历史到现实,这片土地上的一切,都会让我们感受到不一样的气息。这一切告诉我们,无论我们怎么想、怎么看,鄂尔多斯盆地及其周边地区,从古至今都是一个充满活力且让我们想起来就热血偾张的地方。它的神韵在于,有波澜不惊的壮阔与辽远,也有荡气回肠的历史,低调时任凭风雨漫草原,激昂时可以扬鞭跃马望长安。

武威，威武

在中国历史上的众多王朝里，我觉得汉朝人大器。他们不但能开疆拓土，也会写皇皇大赋，文治武功自有可道处，更让后人叹为观止的，是他们把这种令人艳羡的大器与豪情，不经意地写在了地名里。比如，河西走廊四郡之名就是汉人的杰作。武威、张掖、酒泉、敦煌，个个都是响当当且富有想象力的名字。张掖，张国家之掖(腋)；敦煌，敦者，大也，煌者，盛也，即敦大煌盛、辽阔繁盛之意；酒泉，庆功之酒如涌泉不竭。如此充满张力、富有雄心壮志，同时也充满自信的名字，也只有西汉那些骨子里透着大器和豪情的英雄们才能想出来。

四郡当中最能体现汉朝人大器者，非武威莫属。

武威置郡，早于张掖和敦煌，彰显了它在四郡中突出的地位。作为一个地名，单看"武威"这两个字，就有一种雄健、威武的感觉，这种雄健、威武就好像是天生的，从一开始出现，就很自然地与雄健、威武联系在了一起。史书上虽然没有明确记载西汉人为何给一个曾经被游牧民族视作安身立命之本的地方(文献记载，匈奴歌谣曰：失我祁连山，使我妇女无颜色。失我祁连山，使我六蓄不蕃息)用这两个字命名，但"武威"二字，从左向右看是武威，从右向左看是威武；把武威二字分开看，有武自威，威自武来。不论你左看还是右看，上看还是下看，不论是连起来看还是拆开看，都透着阳刚之美。汉语中与此相关的几个词语，如耀武扬威、奋武扬威、宣威耀武、扬威耀武、威武不屈等，都尽显雄健、阳刚之气，让我们无论何时何地，看到这两个字都能感觉到它特有的魅力。

当然，如果说这些词语只是因为有了"武威"这个地名之后，人们才不断地把它们和威武联系起来，并不完全是它自有的含义，那么自设郡之日起，它在汉武帝之后的历史发展过程中所表现出来的作用，用事实书写了它的威武与霸气。

历史告诉我们，汉代人所以用如此威武霸气和富于自信的名字来命名武威和其他三郡，实际上是想表达拥有河西的不易和拥有之后的喜悦，也是想表达拥有河西走廊的汉王朝，终于从北方强邻长期压迫之下解脱出来的兴奋与快乐。

秦统一六国后，北方的匈奴就成了秦人的心头之患，始皇帝不惜举全国之力以三十万精锐戍边筑城以防匈奴。汉高祖曾想以统一天下之余威，毕其功于一役，为子孙消除北部边患，但白登之围让高祖深感力有不逮，故而心不甘情不愿地委曲求全，以和亲换取一时安宁。到他夫人和孩子时，匈奴人更加肆无忌惮，但无论是吕后还是众臣都只能忍一时之辱。文景之治奠定了汉朝人与匈奴人一较高下的基础，汉武帝的雄才大略得以尽情释放，终于有了一雪前耻的封狼居胥。四郡之名彰显了汉朝人一雪前耻的喜悦之情。自汉代设郡于此起，也即世人知道有此地之日起，武威就实实在在地与中原王朝的强弱兴衰联系在了一起。

综观历史，从武威设郡至宋元时期，凡拥有武威及河西者，则东西连通、国运昌盛；相反，若武威与河西有变，则中原不宁、兵连祸结。

西汉自武帝起，因河西而通西域，开创了中国历史上又一个大一统的王朝盛世。

到了东汉，因君臣的短视，他们对武威乃至河西的掌控力度减弱，使得河西以南、以东的羌人势力迅速扩大，在北方匈奴的怂恿下，羌人为祸关中进而演变成了旷日持久的羌乱，影响之大之广前所未有，羌乱和平羌，成了动摇东汉根基的重要因素。其一，羌乱导致关中及其周边地区的经济严重衰退；其二，平羌的过程耗费了大量人力物力，使王朝的实力迅速削弱，社会矛盾迅速激化；其三，平羌虽然培养了一些军事人才，如凉州三明张奂、皇甫规、段颎等，也为一干枭雄董卓、韩遂、马腾及为祸关中的奸邪之辈李傕、郭汜提供了成长沃土。

十六国时期因河西地区诸凉割据，东晋只能偏安一隅。

北魏因河西而统驭北方，有了与南朝对峙百余年的资本。

隋代因有河西而有了西域27国来朝觐、互市的盛况。

唐代安史之乱之前，因河西而统西域，疆域达中亚、西亚，成就了中国两千多年封建社会盛世的顶峰；安史之乱后痛失河西，吐蕃由此兴起，之后吐蕃凭借河西、陇西而成为中原的长期威胁。

北宋因无河西而西北不宁，西夏则因河西傲然崛起。故史书有载，"西夏得凉州，故能以其物力侵扰关中，大为宋患"。

元灭西夏，因河西而兵不血刃地控驭青藏高原。

事实于此，我们不得不说，西北宁则中原强，西北乱则中原弱。在关乎中原兴衰的大局中，河西不可缺位。在这不可缺中，武威尤为关键，因为武威撑起了西北的脊梁。

首先是其地处要冲。武威自古就有"通一线于广漠，控五郡之咽喉"之说，意思是武威与广袤无垠的草原只有一条道路相连，处于敦煌、酒泉、张掖、武威、金城五郡的咽喉地带，控制了它就等于扼住了五郡的咽喉。自设郡之日起，武威所辖范围比现如今的范围要大得多。大体上说，东起兰州黄河以西，北至沙漠以南，西至张掖以东，南至祁连山东段，都是它的辖区。如果我们以西汉时期凉州刺史部所辖（武威也称凉州，因西汉在全国设十三州刺史部，凉州刺史部设于武威，武威称凉州由此而来）或以三国至隋唐时期凉州的概念所指，其范围更大。即便是以新中国成立之初武威所辖来说，范围也比现今武威市的范围大很多。如现今兰州市所辖的永登县，白银市所辖的景泰县，划归青海祁连县的祁连、丹马两个乡，划归内蒙古自治区的阿拉善右旗，隶属金昌市（包括金昌市本身）的永昌县，都曾是武威辖地。从战略眼光看，景泰—条山一线，是河西走廊进出黄河靖远段的要冲，永登则扼住了沿湟水西进东出的咽喉，金昌峡雄踞漠南至焉支山的东部孔道，古浪因古浪峡成了阻断来自东南方向各方势力渗透的屏障。总的来说，武威是西控西域、南进青海、北达漠北、东进关中的锁钥之地。《资治通鉴》有记载说："初，平陵窦融累世仕宦河西，知其土俗，与更始右大司马赵萌善，私谓兄弟曰：'天下安危未可知。河西殷富，带河为固，张掖属国精兵万骑，一旦缓急，杜绝河津，足以自守，此遗种处也！'乃因萌求往河西。"窦氏家族数世经营河西而居武威，故能成其事。

其次是富甲河西，让威武有了底气。《资治通鉴》有记载说："上（东汉光武帝刘秀）诏窦融与五郡太守入朝。融等奉诏而行，官属宾客相随，驾乘千余辆，马牛羊被野。既至，诣城门，上印绶。诏遣使者还侯印绶，引见，赏赐恩宠，倾动京师。寻拜融冀州牧。又以梁统为太中大夫，姑臧长孔奋为武都郡丞。姑臧在河西最为富饶，天下未定，士多不修检操，居县者不盈数月，辄致丰积；奋在职四年，力行清洁，为众人所笑，以为身处脂膏不能自润。及从融入朝，诸守、令财货连毂，弥竟川泽；唯奋无资，单车就路，帝以是赏之。"这里的姑臧是东汉时期武威的别称。这段资料的意思是说，凡在武威为官者，不论时间长短，大多都能家资丰盈、富压同侪，颇有后人所说的"三年清知府，十万雪花银"的味道，也从侧面表明了东汉初年武威富甲河西的情况。

从三国到北魏时期，武威仍是令人艳羡的殷富之地。《资治通鉴》记载："初，世祖（北魏拓跋焘）平统万及秦、凉，以河西水草丰美，用为牧地，畜甚蕃息，马至二百余万匹，橐驼半之，牛羊无数。及高祖置牧场于河阳, 常畜戎马十万匹, 每岁自河西徙牧并州, 稍复南徙, 欲其渐习水土, 不至死伤, 而河西之牧愈更蕃滋。及正光以后, 皆为寇盗所掠, 无孑遗矣。"

当初, 北魏太武帝拓跋焘平定统万(赫连勃勃建立的大夏国)以及秦州(乞伏国仁建立的西秦政权, 治今天水、陇西及其周边)、凉州(沮渠蒙逊建立的北凉)等地, 由于河西之地水草丰美, 就开辟为牧地, 牲畜繁殖甚为兴旺, 马多至二百余万匹, 骆驼一百多万匹, 牛羊则多至无以计数, 其中军马有五十万之多, 这在古代是一个不可小觑的数字。司马迁在其名篇《史记·货殖列传》中说, 汉代时, 编户若有马五十匹, 或养牛一百六七十头, 或养羊二百五十只, 自可富比千户侯; 倘若能养二百匹马, 或二百五十头牛者, 这一类人都可与千乘之家相比了。当时的千户侯的年收入, 司马迁的记载是 20 万钱。牛羊多到无以计数, 这不论是在汉代还是其他任何时候, 都是一笔不小的财富! 秦汉至隋唐时期, 马匹是战略物资, 一匹马的价格正常情况下也在数千或数万钱。在交通工具相对单一的西北地区, 骆驼无疑是重型运输工具, 价值自然不菲, 一峰骆驼的价格当高于马。马二百多万匹, 骆驼一百多万峰, 即便在现代社会, 也是一笔令人惊叹的财富。这么多的财富, 说其富甲一方, 自然是当得起的。到北魏孝文帝时, 又设河阳场牧, 时常蓄养战马十万匹, 每年从河西把马匹转移到并州放牧一段时间, 再转到南边牧场放牧, 以便马匹能逐渐适应水土, 不至于因水土不服而死伤。这样一来, 河西的牲畜反而更加蕃滋兴盛。河西畜牧的进一步蕃滋兴盛, 也意味着河西财富的聚集和社会的进一步繁荣。这种状况一直持续到北魏孝明帝时期。北魏孝明帝正光以后, 随着北魏的分裂和东西魏之间的相互争斗, 凉州畜牧天下饶的盛况受到影响。直到隋统一, 战乱平息, 凉州经济得以恢复。

唐代, 凉州的富庶与繁荣达到一个历史高点。《读史方舆纪要》引

《五代史》的记载说:"唐之盛时,河西、陇右三十三州,凉州最大。土沃物繁,而人富乐。其地宜马,唐置八监,牧马三十万匹。汉班固所称凉州之畜为天下饶,是也。"《资治通鉴》也说,"是时(唐天宝十二年,癸巳,公元 753 年,安史之乱爆发前两年)中国盛强,自安远门西尽唐境凡万二千里,闾阎相望,桑麻翳野,天下称,富庶者无如陇右。翰每遣使入奏,常乘白橐驼,日驰五百里"。唐玄宗开元天宝年间,是唐朝的国力最为强盛的时期,从长安城西的安远门向西一万二千里都是唐朝的领土,村落相望,桑麻遍野,天下最富饶的地区都不如陇右。哥舒翰每次派使者入朝奏事,总是乘白骆驼,一天行五百里。唐朝是中国封建社会的鼎盛时期,开元天宝年间则是唐朝最鼎盛的时期。在鼎盛时期的天下,犹以陇右为上,我们可以想见,当时陇右的富庶自可傲视天下了。当时哥舒翰的官职是陇右节度使兼任河西节度使,一个节度使派人入朝奏事就可乘日行五百里的白骆驼,也可从侧面说明当时河西民间的富庶。

当然,我们要说,文献中的陇右是个大概念,应当是包括现今的甘肃陇东、陇山以西至新疆哈密以东以及内蒙古、宁夏部分地区的广大区域。一地的繁荣与富庶,当有三个基本特征:人口稠密(在古代人烟稀少,尤其是地广人稀的地方,人口数量是繁荣富庶的重要因素)、物产丰饶、文化繁荣。若将此三项作为衡量标准,当时的武威都是达标的。有唐诗为证:"弯弯月出挂城头,城头月出照凉州。凉州七里十万家,胡人半解弹琵琶。琵琶一曲肠堪断,风萧萧兮夜漫漫"。"吾闻昔日西凉州,人烟扑地桑柘稠。葡萄酒熟恣行乐,红艳青旗朱粉楼。"有人考证,在唐代前期,凉州是可以与扬州、益州等城市并列的大都市,两首诗中所说的"七里十万家","人烟扑地桑柘稠",可能是诗人为了酣畅淋漓地勾画凉州这座西北重镇的气派和风光而略有夸张,但即便只有一半的人口,当时的凉州城也称得上是人烟稠密的繁华之处。

而"人烟扑地桑柘稠，葡萄酒熟恣行乐。红艳青旗朱粉楼"等句则表达了凉州街市的繁荣以及与之相伴的文化生活。从这些脍炙人口唐人诗句中，我们多少可以感受到千年以前武威的富庶与繁荣。

再次，四凉都会，文化富集。武威所以威武，还因为它是东汉、三国以来文化根脉所在地，十六国时期的五凉中有四凉建都于武威，使得武威成了十六国动乱之际河西的首善之地和中原动荡之时文化的留存之地。关于这一点，明代著名大学问家王夫之曾给了很高的评价：

> 乃永嘉之乱，能守先王之训典者，皆全身以去，西依张氏与河西；若其随琅邪而东迁者，则固多得于玄虚之徒，灭裂君子之教者也。河西之儒，虽文行相辅，为天下后世所宗主者亦鲜；而矩矱不失，传习不废，自以为道崇，而不随其国以荣落。故张天锡降于苻秦，而人士未有随张氏而东求荣于羌、氐者。吕光叛，河西割为数国，秃发、沮渠、乞伏，蠢动喙息之酋长耳，杀人、生人、荣人、辱人唯其意，而无有敢施残害于诸儒者，且尊之也，非草窃一隅之夷能尊道也，儒者自立其纲维而莫能乱也。至于沮渠氏灭，河西无复孤立之势，拓跋焘礼聘殷勤，而诸如始东。阚骃、刘昞、索敞师表人伦，为北方所矜式，然而势穷时违，祇依之以自修其教，未尝有乘此以求荣于拓跋，取大官、执大政者。呜呼！亦伟矣哉！
>
> 江东为衣冠礼仪之区，而雷次宗、何胤出入佛、老以害道，北方之儒较醇正焉。流风所被，施于上下，拓跋氏乃革面而袭先王之文物；宇文氏承之，而隋以一天下；苏绰、李谔定隋之治具，关朗、王通开唐之文教，皆自此昉也。

永嘉是西晋怀帝的年号，八王之乱是西晋由治到乱的开始，也是导致西晋灭亡、司马氏政权最终由中原南渡江东的根本原因。永嘉之乱导致了中原士人的南北分流,随东晋南移者,号衣冠南渡;而留在北方者,则大多西依前凉张氏。王夫之的这段话,明确地表达了自西晋八王之乱之后,中原士人不仅有了南渡和西移的区别,而且他们在以后的生活中也出现了明显的差别。南渡士人因受东晋奢靡之风的影响,逐渐沉迷于清谈与玄学,丧失了士人本来的气质。西移的士人则保持了中原士人原有的纯正气质,在风雨变幻中保持了士人该有的良知和气节,最终成了中原文明的传承人和五凉文脉的奠基者。凉州文化与五凉对北朝的影响,宋人司马光在《资治通鉴》中曾用不少笔墨加以记述:

> 凉州自张氏以来,号为多士。沮渠牧犍尤喜文学,以敦煌阚驷为姑臧太守,张湛为兵部尚书,刘昞、索敞、阴兴为国师助教,金城宋钦为世子洗马,赵柔为金部郎,广平程骏、骏从弟弘为世子侍讲。魏主克凉州,皆礼而用之,以阚、刘为乐平王丕从事中郎。安定胡叟,少有俊才,往从牧犍,牧犍不甚重之,叟谓程弘曰:"贵主居僻陋之国而淫名僭礼,以小事大而心不纯壹,外慕仁义而实无道德,其亡可翘足待也。吾将择木,先集于魏;与子暂违,非久阔也。"遂适魏。岁馀而牧犍败。魏主以叟为先识,拜虎威将军,赐爵始复男。河内常爽,世寓凉州,不受礼命,魏主以为宣威将军。河西右相宋繇从魏主至平城而卒。

> 魏主(拓跋焘)以索敞为中书博士。时魏朝方尚武功,贵游子弟不以讲学为意。敞为博士十余年,勤于诱导,肃而有礼,贵游皆严惮之,多所成立,前后显达至尚书、牧守者数十人。常爽置馆于温水之右,教授七百余人;爽立赏罚之科,弟子事之如严君。由是魏之儒风始振。高允每称爽训厉有方,曰:"文翁柔胜,先生刚克,立教虽殊,成人一也"。

陈留江强，寓居凉州，献经、史、诸子千余卷及书法，亦拜中书博士。魏主命崔浩监秘书事，综理史职；以中书侍郎高允、散骑侍郎张伟参典著作。浩启称："阴仲达、段承根，凉土美才，请同修国史。"皆除著作郎。仲达，武威人；承根，晖之子也。

初，魏世祖克统万及姑臧，获雅乐器服工人，并存之。其后累朝无留意者，乐工浸尽，音制多亡。高祖始命有司访民间晓音律者议定雅乐，当时无能知者。然金、石、羽旄之饰，稍壮丽于往时矣。辛亥，诏简置乐官，使修其职；又命中书监高间参定。

这些记载明白地告诉我们，十六国时期，许多中原士人因避乱而移居凉州，使武威聚集了许多经世治国的有识之士、有用之才，这些人原本深受中原文化熏陶，又在凉州经历了边地文化的洗礼，所以成了中原文化和凉州文化的集成者。他们在凉州，不仅深刻影响了五凉时期的政治、经济、军事、文化，随着凉州并入北魏，聚集于凉州的士人及源于中原、保留于凉州的大量典章制度也随之输入北魏，从而深刻影响了北魏的治国与修政，使得北朝文化与南朝文化有了内在的联系和融合，也为其后隋朝的统一做了文化上的铺垫。一代史学大师陈寅恪在《隋唐制度渊源略论稿》就此问题曾做过精辟的阐述："秦凉诸州西北一隅之地，其文化上续汉、魏、西晋之学风，西开（北）魏、（北）齐、隋、唐之制度，承前启后，继绝扶衰，五百年间延绵一脉，然后始知北朝文化系统之中，其由江左发展变迁输入者之外，尚别有汉、魏、西晋之河西遗传。""河西遗传"，当指五凉时期保存于凉州的中原士人及由他们传承的中原文化因子。陈先生的观点，点出了凉州文化的特性和它在中原文化传承方面的重要地位，也表明了它对北魏及隋唐文化的影响。在这一点上，我觉得凉州音乐与北魏音乐之间的相互影响，是一个很好的例子。当初，北魏太武帝拓跋焘攻克了统万和姑臧，将得到的雅乐乐器、乐服、乐师，全部保留了下来。从这以后，经过了几朝却没有人留意他们，乐师慢慢死尽，很多乐谱都找不到了。到孝文帝时期，北魏开始重视宫廷礼乐的修订，命令有关部门到民间去寻访通晓音乐的人，商议制定皇家高雅音乐，可是，当时民间已经没有人懂了。不过，皇家仪仗上的金银、宝石、羽毛、旗帜等装饰物，却比以前各个时代都要齐备、华丽。能有齐备、华丽的仪仗，都得益于凉州器物的遗存。南北朝时期作为与南朝相对而立的北魏，其最高水准的雅乐及乐人、服饰都是因为武威而得以保存和传承。宫廷音乐及人才的保存只是武威作为河西首善之区的一个方面，作为河西首善之区传承的物质与精神的东西，让武威在河西文化史上具有重要地位。发家于北魏的后嗣者西魏的隋朝最终统一了南北，而幸存于武威尔后影响了北魏的凉州文化最终随着隋朝的统一而对隋以后的中国文化产生了重要影响。凉州文化夯实了武威威武的历史基础。

又次，河西门户。自汉代在河西置郡起，从长安通西域，有几种走法。从长安经天水过枹罕(今临夏回族自治州)渡黄河到西宁(古称西平)平原经扁都口(古称大斗拔谷)到张掖然后经敦煌到西域，或从西宁沿柴达木盆地北缘祁连山南麓经当金山口到敦煌到西域，此为长安到西域之一道；从长安经天水、陇西到兰州沿湟水到西宁，再从西宁分道走扁都口或当金山口入张掖或敦煌到西域，此为一道。此二道是以西宁为支点的走法，俗称羌中道也叫南山道(沿祁连山南麓西行的路线，因祁连山在河西走廊的南面，武威及河西当地居民习惯上把祁连山称作南山)。从长安到固原经鄂尔多斯一路向西经酒泉北部额济纳旗一线进入西域，此为一道，习惯上称之为草原道。而从长安经天水过陇西到兰州出河口经永登，过乌鞘岭出古浪峡沿河西走廊经武威、张掖、酒泉、敦煌到西域，此为一道；或从长安到固原，经靖远渡黄河，经景泰腾格里沙漠南缘进入河西再沿河西走廊到达西域，此也可为一道。此二道习惯上称之为河西道，现在大家所说的长安到西域的丝绸之路，即指此道。从先民凿空之日起，以上诸道应当是诸道并存、诸道并行的格局，并在不同的时期在中原与西域的交往方面发挥过不同的作用。但从地理环境或历史实践看，南山道、河西道、草原道，若用形象的比喻来说，它们之间的关系，就像现代交通当中主路和辅道的关系。南山道和草原道有其天然的劣势，如南山道所经之处山高路险，且沿途人烟稀少，补给困难且有游牧者侵扰；草原道所经之处虽无山川之险，但沙漠、戈壁、人烟稀少、补给困难及游牧者的袭扰等，其难度也不亚于南山道。河西道无上述两道的诸多不利，是五道中最便捷也相对安全的通道。一是河西走廊地势平坦，便于通行。二是河西四郡水源充足，物产丰富，便于交通补给。三是有长城或烽燧守望，相对安全。四是四郡之间的距离相对均衡，便于安排行程。从文献记载或从现实看，从汉代起，从长安到西域或从西域到长安，正常情况下，无论是商旅使团还是僧侣游历者，多取后两种走法，即多从河西道往来。所以，从武帝在河西置郡开始，河西四郡逐渐成了中原通西域的重镇，也因此成就了它丝绸之路黄金段的美誉，也成就了武威在历史上的重要地位。

武威自有名起，历经两千多年的风雨，以其地处中原进入河西走廊进而连接西域至中亚的门户，富甲一方，文化富集，汉风熏陶，民族融合，赋予了威武自立的厚重底色，在西北与中亚乃至欧洲的陆路交通衰落之前，承载了中西方沟通与衔接的重要节点的历史责任，展示了自己不凡的风采，铸就了自己的辉煌。在当今交通已不能阻隔信息传播的年代里，若要以威武的雄姿屹立于世人面前，需要我们承袭汉朝人大器豪迈的进取精神的同时，该有我们自己的作为。唯有自强不息，才能担得起武威这个名字该有的本色。

天惠张掖

在甘肃,张掖是个好地方,也是一个特点突出的地方。张掖的好和突出的特点,个人觉得,可以用一个典型的三句半来描述:

第一句,七彩映张掖,丹霞壮河山

第二句,半城芦苇半城塔,镇远楼下话桑麻

第三句,甘州不干水湖滩,凉州不凉米粮川

半句,焉支独秀

下面我们先来说说这第一句:七彩映张掖,丹霞壮山河。

七彩映张掖,是说张掖有世界上难得一见的七彩丹霞地貌;丹霞壮山河,则指张掖不仅有七彩丹霞,而且还有平山湖、冰沟等不同于七彩的丹霞,这些丹霞地貌都出现在祁连山下的黑河两岸。所以,让张掖这个河西走廊中段的绿洲从此有了七彩映照、山河壮美的别样魅力。黑河是张掖的生命之河,因为黑河,张掖成了沃野平畴;因为黑河,张掖成了膏腴之地;因为黑河,张掖这块土地上上演了无数精采的故事。在一定程度上说,张掖因黑河而生,也因黑河而繁荣昌盛。

再来说说这第二句:半城芦苇半城塔,镇远楼下话桑麻。

半城芦苇,是说张掖水资源丰富,才能有半城芦苇;半城塔,表明张掖人文荟萃;张掖大佛寺、马蹄寺千佛洞、文殊山石窟、西来寺、镇远楼(钟鼓楼)、木塔寺、山丹大佛寺、黑水国遗址、山西会馆,这些或壮丽或朴素或沧桑感十足的人文景观,都会让我们对张掖曾经的繁荣、富庶以及先民们的历史贡献心生敬意。我们现在看到的大佛寺等建筑,都是其人文荟萃的见证。

再来说第三句:甘州不干水湖滩,凉州不凉米粮川。

这句在河西广为流传的民谣,道出了河西四郡中张掖富水、水润张掖的真实情况。这句民谣用对仗的方式来说甘、凉二州,是要告诉大家,西北贫水,水在河西不仅是生命之源,也是财富的象征。实际情况是,张掖的水比武威多,武威都能成米粮川,张掖自然不在话下。

再来说说那半句:焉支独秀。

这里的焉支,是指在今张掖市山丹县境内的焉支山。焉支山的名字出现在我们的视野里,应该早于张掖。《读史方舆纪要》有载:"汉元狩二年,霍去病击匈奴,过焉支山千余里。匈奴既失此山,歌曰'失我焉支山,使我妇女无颜色'是也。隋大业五年,炀帝伐吐谷浑,还出张掖,至燕支山,高昌、伊吾及西域二十七国皆谒于道左。唐哥舒翰尝建神祠于山麓"。《西河旧事》云:"焉支山东西百余里,南北二十里,上有松柏五木,水草茂美,宜畜牧,与祁连山同。"另外,据《秦边纪略》记载,焉支山下即是大草滩,而这个大草滩,也就是我们知道的大马营、黑城、马营墩等史籍当中的牧马地。所以,焉支山无论是对匈奴还是汉朝都是很重要的,其重要性应该不亚于张掖。汉朝应该是先拥有了焉支山,尔后才有了在河西置郡的基础,也可以这么说,汉朝应该是先得了焉支山才拥有了张掖。说焉支独秀,除了我们已知的这些情况,焉支山下绵延到肃南裕固族自治县康乐的草原,虽不如内蒙古自治区呼伦贝尔和新疆维吾尔自治区天山脚下的巴音布鲁克草原雄宏辽阔,但它是霍去病入河西养马征战的地方,也是汉王朝拥有两大草原的基础。如今焉支山下依旧绿草如茵,山丹马场万马奔腾,可以想象焉支山当年的风姿。

由以上的"三句半",我们大致可以看出,张掖不论在过去还是现在,在甘肃境内,都是名副其实的好地方。

当然，如果我们想知道张掖更多的过往，可以读清代地理学家梁份《秦边纪略》里有关甘州卫的记载：

> 甘州，唐、虞、夏为雍州地，其后沦于羌夷。秦汉间为浑邪王地。汉武帝元狩二年（公元前121年）霍去病始过焉支山至祁连，浑邪王始杀休屠王来降。元鼎二年（公元前115年）始置张掖郡。历五凉、隋、唐，皆曰张掖，惟西魏更名甘州，后因革不一，为元昊所据。理庆宝庆元年（公元1225年）为蒙古所有。明洪武五年（公元1372年）命宋国公冯胜为右副将军，由金兰趋甘州。二十四年（公元1391年）置卫。内辖五卫，外辖七卫，兼辖千户所三，屹然重地矣。甘州之畸重于河西，惟明为然。

> 其地东有武威，西有酒泉，南有祁连之阻，北有合黎之环。南北相距，仅可百里，如筑甬道，中通一线，通饷道而接声援耳。何以畸重若此哉？盖其河黑水，其田上上，其民五方错杂，其俗朴而刚，此所以畸重也。

清朝人的这篇文章，告诉了我们许多有用的信息：现如今叫做张掖的地方，在秦汉以前应该是无名之地，即便有名字，也应该是在不同的拥有者中有不同的称谓。我们现在所熟知的张掖，应该是汉武帝元鼎六年由汉人起的名字。其二，如今我们熟知的叫张掖的地方，最早在此居住且有据可考的，是如今已经湮没在历史长河中的大小月氏和乌孙。在他们之后，应该是秦汉时期驰骋北方的匈奴人，在匈奴人之后，应该就是汉朝名将霍去病和他统帅的西征将士。此后，尽管朝代更替、风云变幻，张掖的名字虽然有过不同的叫法，但丝绸之路重镇的地位却始终如一。其三，明朝时张掖成了河西重镇，当时的甘州卫内辖五卫，即在洪武二十五年（公元1392年）在张掖分设左右前后中五卫，外辖七卫，即在洪武二十六（公元1393年）设陕西行都指挥使司于甘州,山丹、永昌、凉州、镇番、庄浪、西宁、肃州七卫都归其管辖;此外,甘州卫所属的高台千户所,肃州所属的镇夷千户所,凉州所属的古浪千户所,也归甘州卫管辖。可见当时张掖在河西的畸重之势。其四,张掖位于河西走廊中部,它东距武威 480 里,西到酒泉 540里,南距祁连山 150 里,北面有合黎山,只有中间一线联通东西南北;黑河流域的膏壤沃土和性格刚毅的五方之人,是可资利用的宝贵资源。明代的张掖之所以在河西地位畸重,是因明代的河西,特别是嘉靖以后,嘉峪关外已经是边外,而张掖事实上成了唯一能够为边防前线提供物资保障的通道和中转地,张掖一旦有事,边事不可预料,所以倚重自在情理之中。

相对于清人描述的简略,唐代人对张掖的描述就有了许多细节的东西。

武后时陈子昂言:"凉州岁食六万斛,甘州所积四十万斛。观其山川,诚河西咽喉。地广粟多,户止三千,胜兵都少,屯田广野,仓庾丰衍,瓜、肃以西,皆仰其馈,一旬不往,士已枵饥,是河西之命系于甘州矣。且其四十余屯(《唐六典》:甘州十九屯),水泉良沃,不待天时,岁取二十万斛,但人力寡乏,未尽垦发。"

唐人陈子昂的说法,让我们看到了唐代张掖仓廪殷实和当时张掖的地位以及后期可开发的潜力,也让我们感受到了张掖在河西的重要性。

清人和唐人的说法,只是告诉了我们汉唐至清代张掖的一般情况。西汉学者们有关张掖的论述,则从根儿上告诉我们,张掖的源起以及张掖对河西、中原和国家的意义。

西汉经学家刘歆告诉我们:"武帝西伐大宛,并三十六国,结乌孙,起敦煌、张掖以婼羌(婼羌,羌别种),裂匈奴之右臂。""孝武表河曲,列四郡,开玉门,通西域,以断匈奴右臂,隔绝南羌、月氏,单于失援,由是远遁,而幕南无王庭。"由此我们知道,张掖得名,源于汉代一项伟大的强国战略,即开河西通西域,断匈奴右臂,张国家之掖(腋)。裂或断别人的臂,张自己的腋,这是一种有豪气且充满自信的表达。同时让我们知道,这是一项足以彪炳史册的伟大工程。常识告诉我们,一件事情说说当然很容易,但要从愿望变成现实,并不是一件容易的事。历史告诉我们,汉代人从把他们的谋划变成实际行动,也就是从张骞出使西域到设立敦煌、张掖郡,经历了 27 年的风雨。单从花费的时间看,这确实不是一件容易的事。从与此相关的文献记载中我们知道,在张掖设郡这个历史伟绩,得益于汉代名将霍去病北逐匈奴的不世之功;因为霍去病的不世之功,才有了汉朝在河西设郡的物质基础,也使汉朝的断臂之策有了坚强的支撑点。

在这里,需要我们特别关注的是,张掖能成为汉朝向西开拓的支撑点,是由张掖的地理位置决定的。从现在的地图上看,张掖居于武威至酒泉一线的蜂腰之处,而历史上张掖的辖地远比现在张掖市的辖地广,它南依祁连山,北接内蒙古高原,宜耕宜牧、沃野平畴的黑河流域连通南北。若把如今的甘肃看成一柄如意,张掖、武威就是这柄如意的最佳把握处,握住了此处,也就让甘肃可以真正地如意把持。可以说,始于汉代的断臂和张腋,其实是一件事情的两个阶段,即先断臂后张腋。何为断臂?汉武帝逐匈奴于漠北之前,河西为匈奴所有,是其赖以生存的优良牧场,也是其与祁连山以南的青海地区及以东的羌人连通的通道。汉取河西,就折断了匈奴凭借河西与祁连山阻挡汉与西域联系的臂膀。称河西为匈奴的右臂,是根据汉代匈奴人的分布情况,即以阴山为中心,东达辽东,西通河西、西域而言的。何为张腋?汉自取河西,在此置四郡,张掖的位置居中且重要,张掖郡北达居延泽,在此设城置障,将汉朝的防御触角深入匈奴腹地;南接祁连山,通过对河西走廊南山扁都口(古时称大斗拔谷)等要隘的把控,彻底阻断了匈奴与羌人的联系,从而将南抵祁连北、达漠北的整个黑河流域有效控制。所以在张掖设郡既是断臂之举也是张腋之招。也因此,汉朝断臂、张腋的战略构想,只有在武威、酒泉、张掖和敦煌设郡之后,效果才真正开始显现出来了。敦煌郡的设置,不仅确保了酒泉西部的安全,也阻断了匈奴与游弋于柴达木盆地及其周边的羌人的联系;而张掖郡的设置,除了加强武威至酒泉一线的联系,也阻断了逐水草而居的匈奴人沿着水草丰美的黑河流域南下牧马于焉支山以及走廊南山的通道,也为汉朝连通西域,深入青海和漠北提供了强有力的支撑点。事实上,张掖郡的设置,更像是在汉代中原连通东西的纽带中间点加了个安全结,更是插入漠北草原和祁连山通道的楔子,在保证中原与西域东西畅通的同时,彻底切断了漠北与祁连山之间借黑河连通的天然通道。所以,从汉代开始,中原王朝对河西及张掖的经营,经历了从王朝安全屏障的建设到经济开发的过程。

当然,不管古人怎么说,也不管文献里面怎么记,有一点是我们应该知道的,只要你去了张掖,你一定会感受到,张掖是个好地方,张掖也会以它特有的身姿,展示最真实的自己,天惠张掖是我们能真实感受到的。

醉里挑灯看酒泉

一

　　写酒泉的这篇文字，是我想以自己的方式表达一下一直以来想写汉武帝设置的河西四郡的一个愿望，所以在写这些文字时，有意用了一个看起来豪气且有些文艺气息的题目，只因为酒泉有很多与酒相关的故事。

　　其实，酒泉是一个很实在也很有历史感的地名，它如今地处中国西北、甘肃省西北部、河西走廊西端，东接张掖市和内蒙古自治区，南接青海省，西接新疆维吾尔自治区，北接蒙古国，是甘肃省西部连接青海、新疆、内蒙古的关键所在。读顾祖禹的《读史方舆纪要》"肃州卫"条下的记载，我们可以知道，酒泉的历史沿革简单明了：汉朝武帝之前，它和河西的武威、张掖、敦煌一样，是草原游牧民族乌孙、月氏、匈奴的游牧地，除了在隋、唐和明、清几个时期被称为肃州。酒泉一直在使用这个名字，所以我们可以把肃州当作酒泉的曾用名。值得我们关注的是，虽然名字在历史上变化不大，但其属地的范围却有很大变化。比如现在，酒泉和肃州两个名字都在用，但已经有了身份的差别：酒泉是地级市的名字，肃州是酒泉下辖的一个区的名字，就像武威成了地级市的名字而凉州成了其下辖的区，张掖成了地级市的名字而甘州成了张掖下属的甘州区一样，将正名和曾用名一起用，一点也不浪费。酒泉这个名字，乍一听就会跟酒扯上关系。事实上，酒泉得名，从古至今的说法,似乎确实与酒有关系。有两说:一是根据五代时人刘昫之说,酒泉因"城下有金泉,其味如酒,因以为名"。人们看重刘昫的说法,是因为刘昫不仅是五代时期的政治家,还因为他是《旧唐书》的署名作者,也可能觉得刘昫这样身份的人的说法一定是有根据的。另一种说法是霍去病取得河西之战的胜利后与出征将士狂欢,激情之下将武帝赏赐给他的酒倒入泉水中与将士同饮,发现泉水都变成了酒,故将此地命名为酒泉。我喜欢"庆功之酒如泉不竭"的说法,喜庆,豪爽,鼓舞人心。"葡萄美酒夜光杯,欲饮琵琶马上催。醉卧沙场君莫笑,古来征战几人回。"用王翰的这首《凉州词》来说酒泉也许更有现场感,一则酒泉更接近古人征战之地,再则夜光杯就产于酒泉,事实上,现在的酒泉也有不错的葡萄酒,把古人的情怀与现实的佳酿,天衣无缝地交融在一起,也不失为一种境界:在苍茫无际的辽阔戈壁间,有一群还未来得及洗去满身征尘的铁血硬汉,即便是以水当酒,也丝毫不影响他们欢庆胜利时的豪气万丈。当然,把酒言欢之时,把酒泉说成大凉州的一部分也是有出处的,因为汉代的凉州刺史部也包括酒泉郡。当然,作为武威人,我更喜欢也更愿意,古人是用产于酒泉的夜光杯去品产于武威的葡萄酒,让人体会一把家乡的酒更容易让游子醉的快乐。

从以上我们讨论到的情况看,酒泉之所以被称作酒泉,不论是前说还是后说,传说或者揣测的可能很大。若都是传说或者揣测,我觉得后说更可信,因为它出现的时间比刘昫要早。若以刘昫的说法为准,汉代叫酒泉开始到刘昫的时代少说也有近 1200 年了。由此我们知道,刘昫的说法,显然只是揣测。若以霍去病征战河西后因欢庆而水变酒的说法,如果也算揣测的话,这个揣测比刘昫的说法更可爱。刘昫的说法,我们舀一瓢泉水尝一下即可验证。当然,这样的验证方法,有人会提出异议,因为沧海桑田,几千年的历史变迁,水质自然会有变化,汉代酒泉的泉水也许是有酒味的,五代以后酒泉的泉水已经没有酒味了。就自然界的变化而言,这是有可能的,这样的解释也有道理,但漏洞也很明显。因为刘昫的说法,只是限于他自己的记录,而这条记录,我们能看到的文献,则是顾祖禹的《读史方舆纪要》中的引用,但也只是引用,并没有进行必要的说明。从西汉武帝时期到五代一千多年的时间里,通过酒泉往来于长安与西域的商旅、使团及僧侣、文人墨客何止千万,却没有只言片语说酒泉之水如酒,其他文献也没有酒泉的水有酒味的记载。同样,五代之后,宋人的记载当中也没有酒泉城下有金泉,泉水若酒的说法。可见,刘昫的说法,显然只是传说,并无实证。

当然,如果我们把酒泉地名的由来都理解为传说,事情就好办多了。既然它源于传说,那不论酒泉之名因何而得,都不会影响我们对它所指方位和范围的认知。当然,如果弄明白了它名字的缘由,也许会增加一些故事性。如果有人较真,各执一词,其实也无伤大雅。假如我们洒脱一点,不管它因何而名,只需知道它在哪即可,就如人名,只不过是我们确定他是谁的一个符号,不一定要知道他为什么要叫这个名字。地名的作用,在很大程度上只是为了告诉大家它的地理位置或范围,所以,正常情况下,我们只要知道该地名是指哪里即可。

二

其实,我们不应该把眼睛盯在酒泉的名字上,而该花点精力研究一下酒泉能让我们眼前一亮的其他方面。比如,它从历史上到如今的地大物博。

先说地大。酒泉地大,从过去到现在,都是看得见的。如今我们耳熟能详的汉代的河西四郡,都曾经是它的管辖范围,当然,这也仅限于汉武帝在河西初置郡时的情形。这种绝无仅有的情况,从汉武帝分置武威郡时就已经远去了。当然,现在的酒泉,地依然很大,如今甘肃地域面积的近二分之一为酒泉所属,如今河西其他四市的面积加起来比它的一半还小。由此我们知道,它的面积,不仅在河西最大,是甘肃占地面积最大的市,即使放在全国,19.2万平方公里的区域面积,比全国许多省的面积都大。因为地大,酒泉从设郡开始,就是河西最大的移民屯戍区和屯垦区,这里有很多不为人关注的与屯垦有关的事情,如这里是河西最大的啤酒花生产基地,也曾经是国营农场密集之地,在一段时间里还是甘肃为数不多的移民安置地,当然,这里还有肃北蒙古族自治县和阿克塞哈萨克族自治县辽阔的草原和金塔县大片的胡杨林,它与内蒙古自治区的额济纳旗胡杨林比邻而居,让人不由得想起它们相互勾连的漫长岁月。再如,酒泉卫星发射中心,现在大家都知道是在内蒙古自治区额济纳旗境内,但为什么把它叫做酒泉卫星发射中心呢?没别的,这地方开始建卫星发射中心时,应该归酒泉管辖。西北最大的钢铁集团公司酒泉钢铁集团公司,如今是嘉峪关市所辖,但名字仍叫酒泉钢铁集团公司,为什么?没别的,酒泉钢铁集团公司在20世纪50年代成立时,其地方也是酒泉的。假如酒泉愿意拉大旗做虎皮,说敦煌、阳关、玉门关、嘉峪关甚至张掖、武威,甚至整个河西或者新疆哈密以东的地方,都曾经是"我"的,也还真说得过去,因为文献记载可以证明这是事实。因为,从酒泉设郡到武威设郡,酒泉辖武威的时间尽管很短,也许两个地方设郡的时间差很短。从酒泉设郡到张掖、敦煌设郡,其间也只不过十余年。虽然时间都不长,但两者之间确实有过隶属关系,所以说河西其他三郡曾为酒泉所辖地是历史事实。明代的时候,新疆哈密一带也曾归肃州羁縻,哈密的赋税由肃州代朝廷征收也是有记录的。但可惜的是,从古至今,因为服从不同时代、不同时期大局的需要,酒泉曾经的辖地因时而变,都慢慢变成了它的兄弟市县。有两个很生动也很现实的例子:敦煌,现在是酒泉下辖的县级市,历史上曾经与河西其他三郡一样,先是它的属地,后来成为河西四郡之一,与它分庭抗礼,如今虽然是它的属地,但其影响远超酒泉。现在与它为邻的嘉峪关市亦是如此,历史上只不过是它下辖的一个重要的关隘而已,如今成了和酒泉一样的地级市。

再说物博。祁连山是河西的生命之山,同时也是演绎过无数农耕和游牧民族相争或和谐相处历史故事的地方,在酒泉境内绵延数百公里;发源于祁连山的疏勒河,是河西三大河流之一;而牧场,有我们前文说到的肃北和阿克塞两大牧场;长城,嘉峪关、敦煌、肃州区、玉门、金塔境内的汉、明长城,蜿蜒数百公里,长城沿线数量可观的烽燧遗址,则像一个个不惧岁月寒暑的勇士,曾经巍然屹立在祖国的西北大地上,用热血捍卫国家的尊严,让我们每到一处都会看到古人的坚韧与坚守;石窟,数得着的有敦煌莫高窟,安西榆林窟,西千佛洞,金塔寺;关隘,嘉峪关、阳关、玉门关、锁阳城等都名贯古今;雅丹,敦煌雅丹国家地质公园,俗称魔鬼城,会让我们看到独具西北气质的大漠风光;岩画,一片记录河西早期游牧民族生活的珍贵遗迹,有位于嘉峪关境内的黑山岩画;画像砖,著名的有嘉峪关境内丁家闸魏晋墓画像砖。黑山岩画、魏晋墓画像砖等文化遗存如今都在嘉峪关境内,但它们也像嘉峪关一样,从酒泉分离出来只是近几十年的事情。从民国时期开始,闻名全国的玉门油田就在这里,新中国石油战线上的铁人王进喜也出生在这里。我们这样说,只是想告诉大家,酒泉曾经的大是实实在在的,而其物博也是实实在在的。

除了地大物博,我们应该关注的是酒泉的区域位置。酒泉和敦煌处在河西通西域、漠北通青海柴达木盆地的十字路口上。我们知道,汉朝对河西的经营是从通西域开始的,经营河西是从在居延置城、酒泉置郡开始的。这个过程大致是这样的:为了通西域,需要防止已退至漠北(巴丹吉林沙漠以北)但经常南下骚扰的匈奴,需要设置一个防御点,汉代人把这个点首先选在了居延,这是卡住了匈奴人沿着黑河南下到焉支山以及利用疏勒河绿洲南通敦煌沿当金山口进入柴达木盆地与羌人联络的要道。但仅靠居延仍无法完成阻挡匈奴人的任务,于是在居延的西南边置遮虏障并在酒泉置郡。在酒泉置郡之后,虽然切断了从河西西部南下祁连山的通道,但从河西东部顺腾格里沙漠南缘沿石羊河、金昌峡南下祁连山的通道依然开着,于是在酒泉以东、黄河以西、腾格里沙漠以南的武威设郡。武威设郡之后,切断了腾格里沙漠以北的游牧民族南下祁连山草原以及与祁连山之南的羌人的联系。其后为了进一步强化河西防卫,又在两郡的基础上增设张掖、敦煌二郡,后来在四郡的基础上在兰州一带设金城郡,最终完成了对河西的完全控制。

三

汉朝在河西设郡置障是基于断匈奴之右臂、拱卫京师的宏大战略。所谓断臂,就是阻断匈奴人与祁连山以南的羌人以及与西域诸国的联系,压缩其游动的空间,进而削弱其与汉朝对抗的能力。汉朝断臂之策的具体实施,应该是从河西之战取得胜利之后开始的。尽管史书当中关于河西四郡设置谁先谁后的文字记录有点差别,但酒泉郡设置最早,大致是可以确定的。从断匈奴右臂这个目标实现的可能性来看,酒泉的重要性就凸显了出来。从地图上看,酒泉是阻止匈奴南下青海、西进西域的最佳位置。从汉朝实施断臂之策的实践看,汉朝最早在河西设城置障的地方,就是酒泉以北最接近匈奴的居延海。为了加强对此处的支持,就在酒泉设郡;为了加强酒泉与京师的联系,又在武威设郡。后来,为了进一步巩固对河西的控御能力,又在武威和酒泉之间增置了张掖郡,在酒泉与西域之间增置了敦煌郡。从布局看,增设敦煌郡,加强了酒泉以西的战略防卫能力,增设张掖郡,控制黑河东岸的广阔空间,与西岸的酒泉郡一起,彻底阻断了游牧民族通过黑水南进祁连的通道。这种递进式的经营之策,既是汉人的智慧,也是实践中最为实用的办法。

我们知道,酒泉在河西西北,连接着内蒙古自治区额济纳旗和新疆维吾尔自治区哈密市,是内蒙古高原和青藏高原西部的连接点。历史上,酒泉依托北部的马鬃山,挡住了来自漠北的游牧民族沿黑河南下的西部通道,是敦煌通青海、出新疆的坚强后盾。明朝嘉峪关的设置,扼住了河西通西域或西域通中原的咽喉。中原、长安、河西四郡和西域,宛若一条美丽的珍珠项链,如果掐头去尾,项链就短了,如果缺少了一颗,项链就散了;丝绸之路是一条完整的链,所以古人才有欲固此必固彼的说法。在这条漂亮的珍珠项链上,武威占据连通陇右到中原的一极,理论上说,应该是敦煌占据了连通西域的另一极。而事实上,酒泉才是真正连通西域的重要一极。因为敦煌处在酒泉的南部,虽然处在连通西域的要道上,但在丝绸之路上,汉代以后最大的威胁一直来自西北方向(唐代后期的吐蕃例外)。在河西的链条上,张掖、武威挡住了来自河西东段和北方的威胁,而酒泉处在河西的西北,需要同时应对来自西和北两个方向的威胁,这也就是汉代在居延海(介于张掖和酒泉之间)以西建遮虏障的原因。因此我们有理由说,酒泉实际上是河西连接西域的重要一极,它事实上起着巩固河西走廊西北边防的重要作用。明嘉靖年间放弃敦煌、哈密等战略要点而退守嘉峪关及酒泉明长城一线,就是这种情况的最好说明。

强盛、富足、开放的中原,是形成强大凝聚力的核心,周边地区的安定是中原强盛的牢固支撑,两者相辅相成。有志于天下者,应知天下大势,因势利导。汉唐盛世时的八方来朝,完全是建立在汉唐的强大与富足之上的。

四

我们过去看河西,都是从中原或长安往西看,欲保陇右必固河西,欲固河西必开西域,这是典型的定式思维。如果从西域望长安会是什么样的情况呢? 会不会有欲固西域必固酒泉,欲固酒泉必通长安呢? 李轨、吐蕃、西夏都是从河西向东看的例子。当然,最典型的例子,当属后凉和西凉立国及成吉思汗灭西夏。后凉吕光凭借征讨西域并占据西域的优势,一路向东,平定前凉,建立后凉;西凉则以酒泉为中心,以西域为依托与南、北二凉相抗衡,成为河西的重要一极;蒙古大军在完成西征之后,为平定西夏,就从西域挥师向东,先取河西,后攻宁夏,最终灭了西夏。因此,我们说,以长安为中心,从攻的角度看,酒泉是河西的末梢;从守的角度看,酒泉则是西部防御东犯之敌的前沿。

其实,酒泉历史上最重要的,当然是以它为中心,曾经雄踞河西及西域二十余年的西凉,这才是让酒泉人文历史变得丰富、深厚的一页,这一页当然就是经常被人念叨的西凉文化。

西凉的开国之主,是西汉名将李广之后。《晋书·李暠传》记载:"武昭王讳暠,字玄盛,小字长生,陇西成纪人,姓李氏,汉前将军广之十六世孙也。广曾祖仲翔,汉初为将军,讨叛羌于素昌,素昌即狄道也,众寡不敌,死之。仲翔子伯考奔丧,因葬于狄道之东川,遂家焉,世为西州右姓。高祖雍,曾祖柔,仕晋并历位郡守。祖弇,仕张轨为武卫将军、安世亭侯。父昶,幼有令名,早卒,遗腹生玄盛。少而好学,性沈敏宽和,美器度,通涉经史,尤善文义。及长,颇习武艺,诵孙吴兵法。"本传的记载告诉我们,西凉开国之主李暠,称得上将门之后,少而好学,可谓文武双全,能立国既得祖荫,也是自己努力的结果。

君主的作为,总起来说就两个方面,一是文治,一是武功。西凉李暠的武功,因为北凉、南凉、后凉余孽的威胁,在此险恶的环境下,求生存是它的刚需。所以,南防南凉,北防北凉,东拒后凉及其后的西秦,都是它的硬任务。而在这方面,李暠交出了让人满意的答卷。"玄盛(李暠)乃修敦煌旧塞东西二围,以防北虏之患,筑敦煌旧塞西南二围,以威南虏。"这表明,在李暠僭位之后,曾经整饬酒泉西北和东南的边塞,为保酒泉一地的安宁,在军事防卫方面做了大量的工作。更值得称道的是,他继后凉之后继续保持了对西域的控制,这是西凉得以延续国祚二十多年的基础。文治方面,较之他的武功,更有可道之处。考察五凉时期的开国者,西凉主李暠是唯一出身文士而立国的。也因此,史书当中对西凉李暠的文治多有赞誉。

其一,充实酒泉的人口。史书记载,早在前秦苻坚建元之末,前秦曾经"徙江汉之人万余户于敦煌,中州之人有田畴不辟者,亦徙七千余户。郭黁之寇武威,武威、张掖已东人西奔敦煌、晋昌者数千户。及玄盛东迁。皆徙之于酒泉,分南人五千户置会稽郡,中州人五千户置广夏郡,余万三千户,分置武威、武兴、张掖三郡,筑城于敦煌南子亭,以威南虏"。这条资料告诉我们,西凉从敦煌迁都至酒泉的同时,将前秦时期由江汉和中原迁徙至敦煌的人口,以及后凉后期郭黁造反时由张掖、武威避难于敦煌的人口,全部迁至酒泉,以充实都城。这条资料当中的"分置武威、武兴、张掖三郡",应该是说在西凉的辖区内增置了三个郡,类似于东晋的侨郡、侨县,并不是西凉的势力扩张到了武威和张掖,其目的是安置从武威、张掖西入酒泉的避难者,也借以吸引更多的武威、张掖人迁往酒泉,进一步充实酒泉的人力资源。人是社会财富的创造者,也是社会长远发展的战略资源,人口的大量迁入,极大地充实了酒泉的实力,也为酒泉的发展奠定了基础。

其二,发展农业。前文所及,人口的大量增长,为酒泉的开发提供了充足的人力资源。"玄盛(李暠)既迁酒泉,乃敦劝稼穑。郡僚以年谷频登,百姓乐业,请勒铭酒泉,玄盛(李暠)许之。于是使儒林祭酒刘彦明为文,刻石颂德。"这段引文中反映的情况,除去自我表扬和歌功颂德的成分,李暠在开发农业方面取得了一定的成绩,也是事实。

其三,兴办学校。史书记载,在后凉时期,吕光曾经派人到于阗购买制印的六玺玉(也就是现在的和田玉),因为路途遥远,派去买玉的使者直到西凉时才带着和田玉回到敦煌,"纳之郡府"。李暠大喜过望,为了庆祝六玺玉的顺利到来,于是在郡府"南门外临水起堂,名曰靖恭之堂,以议朝政,阅武事。图赞自古圣帝明王、忠臣孝子、烈士贞女,玄盛亲为序颂,以明鉴戒之义,当时文武群僚亦皆图焉。有白雀翔于靖恭堂,玄盛观之大悦。又立泮宫,增高门学生五百人。起嘉纳堂于后园,以图赞所志。"史书当中的有关记载,如修建靖恭堂图赞自古圣帝明王、忠臣孝子、烈士贞女,都是为了"明鉴戒之义",也就是借古鉴今、教育时人。"立泮宫,增高门学生五百人"则是开办学校,扩大招生规模,以培养人才。凉州学者当中,出生于敦煌、酒泉的不少,如宋繇、刘昞、阚骃、张湛、索敞、阴兴等都是在五凉及后世有重要影响的学者,他们都得益于李暠重视文教、兴学育人。

其四,迁都酒泉。西凉从敦煌迁都酒泉的事,发生在公元405年,即李暠自称凉公的第五年。迁都,不论是对王朝还是当地的影响都是深远的。都城的选择,首先要做的事情就是选择地址,这种选择是极其严格也是极其慎重的,城防、交通、物产、人口、水源等都要能够应付立都之后的一切需要。酒泉能立都,说明上述条件是具备的。立都之后,给当地带来的变化也是巨大和深远的,上述条件都会迅速得以改善。西凉迁都酒泉,不仅是政治上的远见,因为偏处敦煌让西凉的东大门受到南北二凉的威胁。李暠把都城从敦煌迁往酒泉,就像明代朱棣把首都从南京迁往北京一样,有加强边防的重要意义。迁都遏制了其他割据者的觊觎之心,也表明了西凉有意作为的决心。定都酒泉除了政治、军事意义，也给酒泉的建设带来了巨大的改变。我们知道，一国之都的建设和郡治的建设是完全不同的。一国之都，各种衙门和官府的基础设施，和郡治的差别往往不是以道里计的。首先，官办机构的牌子会大量增加；其次，建筑数量规模也会随之扩大。这些楼堂馆所的建设，对于一地的繁荣是不言而喻的。

西凉的大规模城市建设，开始于李歆时期。史书记载，李歆上位之后，不顾一帮开国元勋的反对，开始大兴土木。从当时河西三分、西凉周边强邻环伺的情况看，李歆一意孤行、大兴土木，显然是不合时宜的。但从历史上看，一个王朝在立国之后的一段时间里都会大兴土木，除了社会经济恢复发展之后正常的生活设施改善，排除奢靡之风日益浸漫的因素，官僚机构膨胀，需要用更大规模的建筑来容纳也是重要因素。但这种穷奢极欲、不顾民力而大兴土木的现象，在那些行将灭亡的王朝更加多见。这也是导致历史上很多王朝覆灭的重要因素。

大兴土木的结果，自然是耗费民力。但一个无可辩驳的事实是，大兴土木之后，一个地方的基础设施也会因之大为改观。我们可以想象，经过李歆的一番折腾，在酒泉辽阔的大地上，一幢幢崭新的建筑拔地而起，这景象一定十分壮观。只可惜，这个让他耗尽国力的帝都，很快变成了他人安卧的豪宅。更可惜的是，那些曾经倾尽所有建造的恢宏建筑，还是经不起其后战火或岁月的洗礼，那时的壮丽只能在后世的文字里出现。当年巍峨壮丽的建筑物上的砖瓦木石，在经过了一千多年的岁月之后都踪迹难觅了。

其五，奉表东晋。东晋安帝义熙元年，也就是公元405年，自称大将军、大都督、领秦凉二州牧的李暠大赦，改元建初，接着派舍人黄始梁兴间行奉表到建康（现在的南京），向东晋安帝司马德表示纳诚归属。东晋安帝义熙四年，也就是公元408年，李暠因为前次奉表没得到东晋的回复,所以"复遣沙门法泉间行奉表诣建康"。两次奉表纳顺,体现出西凉主的政治素养。在西晋灭亡,东晋偏居东南,北方战乱不断的情况下,许多有见识的割据者仍以奉东晋为正统以取民心。西凉奉表建康,在五凉时期的割据者当中都可以说是有识之举。这件事情的意义在于,奉东晋为正统,在当时或许只是个形式,但这个形式却可以获得以中原文化为正统的西凉民众的高度认同奉东晋为正统,可以让李氏借此得民心,另外一层意思则是面对河西三分(西为西凉,南有南凉,东北有北凉)的局面,当然是要拉东晋为外援以壮声势,这也不失为明智之举,可使河西的其他割据者不敢一力西顾。更加重要的是,我们应该看到,它既占有西域又奉东晋为主,这表明东晋和西域之间的沟通有了桥梁和支撑点,尽管两者没有直接往来,但通过西凉与东晋之间的臣属关系,表明酒泉是中原王朝能够和西域融合的黏合剂。没有西凉和东晋的联络,东晋和西域连接的纽带也就失去了。看《晋书》会发现,五凉时期的后、南、北凉,都被作者视为僭主而列入载记,而前凉主张轨和西凉主李暠尽管跟后、南、北凉主一样,是实实在在的割据者,但就因为他们都奉表东晋而被视作东晋任命的王而列入列传。这也从侧面告诉我们,在史家的眼里,因为前凉、西凉奉表东晋,前凉、西凉与东晋的关系就是臣属关系,西凉拥有西域,就意味着西域和中原实事上保持着应有的联系。

在十六国时期的战乱岁月里,西凉保持了一地的安宁,保持了河西和西域的联系,这不仅让酒泉有了立都的荣耀,也让酒泉因西凉而有了自己的文化,让它跻身于五凉之中,成为五凉的一分子,为形成影响深远的五凉文化留下了自己的印记。

天高,地大,戈壁,绿洲,关隘,长城。酒泉的历史就写在这自然和人文交织的辽阔而壮美的大地上,如果有幸在这片土地上走一走,一定会给我们留下深刻印象。

文献里的敦煌

敦煌是一个寄托着命名者美好祝福和希望的名字:敦,大也;煌,盛也。这是古人对它的解释。命名者的初心,是希望它能盛大辉煌,繁荣昌盛。

汉武帝元鼎六年(公元前111年),我们应该称之为敦煌元年,因为从这一年开始,敦煌这个名字进入了中国正史的记录当中。

当然,敦煌之名的出现应该跟武威、张掖、酒泉等河西地名出现在汉代的情况一样,是遥远的汉朝强国战略的组成部分。读清人顾祖禹的《读史方舆纪要》中的有关记载,我们可以对敦煌自秦汉至清朝的有关历史有一个大致的了解:

秦及汉初为月支、匈奴地,武帝逐匈奴属酒泉郡,后元年(据考证,敦煌设郡的时间不是武帝后元元年,而是早于后元元年。武帝在敦煌设郡的时间应该是元鼎六年)分置敦煌郡,后汉(东汉)西域副校尉居敦煌。魏、晋时仍为敦煌郡。《十六国春秋》:"晋咸康元年张骏分敦煌等郡为沙州。永和十年祚置商州,仍置敦煌。西凉李暠都于此。北凉得其地,亦治沙州。"后魏(北魏)改为瓜州,并治敦煌郡,后周因之。隋初郡废,仍曰瓜州,炀帝复改州为敦煌郡。唐武德二年改曰沙州,五年又改为西沙州,贞观七年复曰沙州,天宝初曰敦煌郡,乾元初复故。后没于吐蕃,大中三年张义潮以州归朝,置归义军授之。其后曹议金、曹元德等相继有其地,终五代之季,瓜、沙二州皆附于中国。宋初亦羁属焉,祥符六年沙州曹贤顺入贡,授归义节度使。寻亦附于契丹,天禧三年契丹册贤顺为敦煌郡王。景祐初没于西夏。元初置沙州,寻为沙州路。明洪武二十四年无裔阿鲁哥失里遣使朝贡,永乐三年置卫以授其头领困即来。宣德七年上言诸夷侵掠,愿徙居察罕旧城,不许。正统十一年,其首领喃哥以困于瓦剌,率部属来归,因徙置内地,卫废。

以上文字看上去云淡风轻,但历史的真相却是波澜壮阔的。

从文献记载看,敦煌从汉朝设郡之日起,就与河西其他三郡一样,其命运就与中原王朝的盛衰兴亡紧密地联系在了一起。因此,敦煌随朝代更迭不仅有过名称和隶属的变化,事实上更多的是血与火的洗礼,因为边关的历史,实际上是血与火铸就的历史。历史告诉我们,敦煌郡的设置,事实上和河西其他三郡的设置一样,从其设置之日起,就与其他三郡一起承担起了向西开放、拱卫内地以及连通东西的历史责任。而地处边陲,又让它从设置开始,就有了浓重的边关色彩。

在汉朝的地图上,敦煌不仅是河西的最西端,事实上也是汉朝西部边关所在,汉时的阳关和玉门关是通西域入河西的国门,汉及汉以后通西域的丝绸之路,敦煌也是重要的支撑点。因其地处河西与西域的连接点,因而在汉朝开发西域或其后中原王朝经河西通西域、中亚、西亚到地中海的中西交通中的桥梁作用愈益重要,因此其设郡之日就有了浓重的边关气质。

一、两关通东西

根据史料记载,汉朝经营西域是加强边防拱卫京师的需要。河西之战的彻底胜利,使汉朝有了经营西域的前提条件。汉朝对经营西域的探索,在河西置郡之前就开始了。据《资治通鉴·汉纪》记载,匈奴的浑邪王归降汉朝以后,汉军将匈奴驱逐到大沙以北,盐泽(也就是现在的罗布泊)以东不见匈奴踪迹,前往西域的道路可以通行。于是第一次出使西域归来的张骞给汉武帝建议说:"乌孙王昆莫本来是匈奴的藩属,后来兵力渐强,不肯再归顺匈奴,匈奴派兵征服,未能取胜,于是远去。如今匈奴单于刚刚受到我朝的沉重打击,过去的浑邪王辖地又空旷无人,蛮夷之族依恋故地,又贪图我朝的财物,如果现在我们用丰厚的礼物拉拢乌孙,招他们东迁,到过去的浑邪王辖地居住,与我朝结为兄弟之国,他们势将听从我朝调遣,听从了就等于断了匈奴的右臂一般。与乌孙结盟之后,其西面的大夏等国也都能招来成为我朝的藩属。"汉武帝认为有理,便任命张骞为中郎将,率领三百人,每人马二匹,以及数以万计的牛羊和价值数千万钱的黄金缯帛,又任命多人为手持天子符节的副使,沿途如有通往别国的道路,既派一副使前往。

张骞到达乌孙之后,乌孙王昆莫接见了他,但态度十分傲慢,礼数不周。张骞转达汉武帝的谕旨说:"如果乌孙能够向东返回故土居住,大汉将把公主许配给国王为夫人,两国结为兄弟之邦,共同抗拒匈奴,则匈奴不能不破败。"但乌孙因距汉朝太远,不知汉朝大小,且长期以来一直是匈奴的藩属,与匈奴距离很近,朝中大臣都畏惧匈奴,不愿东迁。张骞在乌孙待了很久,一直得不到明确的答复,便向大宛、康居、大月氏、大夏、安息、身毒、于阗及附近各国分别派出副使进行联络。乌孙派翻译、向导送张骞回国,又派数十人、马数十匹随张骞到汉朝答谢,让他们顺便了解汉朝的大小强弱。这一年,张骞回到长安,汉武帝任命他为大行。一年多以后,出使大夏等国的副使大部分与该国使臣一同回来,西域各国开始与汉朝来往了。

这些记载表明,在河西置郡之前,汉与西域的交往已经开始了。期间发生的许多变化,让汉朝有了在河西置郡的想法。据史料记载,汉通西域的初衷,是想说服原居于敦煌一带的乌孙人返回故土,与汉朝一起对付自己的强邻匈奴。但已经习惯了西域生活的乌孙人已经没有返回故土的意愿,汉朝只能自己解决问题。史书记载,"乌孙王既不肯东还,汉乃于浑邪王故地置酒泉郡,稍发徙民以充实之;后又分置武威郡,以绝匈奴与羌通之道"。既然乌孙王不肯东还,汉朝便在浑邪王旧辖地设置酒泉郡,逐渐从内地迁徙百姓来充实这一地区。以后,又从酒泉分出部分地区设置武威郡,用以隔绝匈奴与羌人的联络通道。由此,我们知道了两个情况,一是汉通西域的活动早于汉朝在河西置郡,二是汉在河西置郡既是为了填充河西边防的空缺也是为了保证中原和富庶的西域交往的通畅。因此我们知道,为了达到占有河西、西通西域的目的,置郡设关就成了汉王朝的不二选择。

《汉书·西域传》记载,西域本三十六国,其后稍分至五十余,皆在匈奴之西,乌孙之南。南北有大山,中央有河,东西六千余里,南北千余里。东则接汉,厄以玉门、阳关,西则限以葱岭。从玉门、阳关前往西域有两条道路:从鄯善沿南山北麓前行,顺着河流向西到莎车,是南道;从南道向西越过葱岭,就到了大月氏、安息。从车师前王庭顺着北山沿河流西行到疏勒,是北道;从北道向西越过葱岭,就到了大宛、康居、奄蔡。以前,西域各国都受匈奴统治。匈奴西部的日逐王设置僮仆都尉统辖西域各国,常驻于焉耆、危须、尉黎一带,向西域各国征收赋税,掠取各国的财富。

由此,我们知道,阳关、玉门关的战略价值本身就是存在的,汉朝在此设关立卡,就扼住了中原通西域的咽喉,也扼住了南出联系羌人的咽喉。这不仅保证了汉朝战略目标的达成,也为中原从西域到达欧洲开辟了陆上通道,为丝绸之路的形成,发挥着决定性的作用。

当然,敦煌置郡和两关的设置,既使中西交通有了保障,也成了许多人建功立业的新通道。史书记载,自张骞两次出使西域取得成功之后,通西域成了许多人实现人生梦想的热途。史料记载,张骞因出使西域获得尊贵的地位之后,他的部下争相上书朝廷,陈说外国的奇异之事和利害关系并要求出使。汉武帝因西域道路极为遥远,一般人不愿前往,所以准其所请,赐给符节,准许招募官吏百姓,不问出身,为他们配备人员后派出,以拓宽出使的道路。这些人返回时,出现了偷盗礼品财物或违背朝廷旨意的现象。汉武帝因他们熟悉出使之事,所以治以重罪,以激怒他们,让他们立功赎罪,再次请求出使。这些人反复出使外国,却对犯法之事看得很轻。使臣的随从官吏和士卒也每每盛赞外国事物,会说的被赐予正使符节,不大会说的就封为副使。因此,很多浮夸而无品行的人都争相效仿。这些出使外国的人都是贫家子弟,他们将所带的国家财物据为己有,打算贱卖后私吞。西域各国也厌恶每个汉使所说之事轻重不一,估计汉朝军队路远难至,就拒绝为汉使提供食物,给他们制造困难。汉使在缺乏粮食供应的情况下,常常抱怨,甚至和各国相互攻击。楼兰、车师两个小国在汉朝通往西域的通道上,攻击汉使尤其厉害,匈奴军队也时常阻拦袭击汉使。使臣们争相报告朝廷,说西域各国都有城镇,兵力单薄,容易攻击。于是,汉武帝派浮沮将军公孙贺率骑兵一万五千人从九原出塞二千余里,至浮沮井而还;又派匈河将军赵破奴率骑兵一万余人从令居出塞数千里,至匈河水而还。目的是驱逐匈奴人,让汉使不受阻拦,但没有遇到一个匈奴人。于是分割武威、酒泉二郡土地,增设张掖、敦煌二郡,迁徙内地民众充实该地。

因为有了敦煌与两关的支撑，自然带来了交通的繁忙和两关的繁荣。史书记载，"天子得宛汗血马，爱之，名曰'天马'。使者相望于道以求之。诸使外国，一辈大者数百，少者百余人，从所赍操大放博望侯时，其后益习而衰少焉。汉率一岁中使多者十余，少者五六辈；远者八九岁，近者数岁而反"。汉武帝得到大宛出的汗血马，非常喜爱，命名为"天马"，去大宛搜求的使者在路上接连不断。汉朝出使外国的各个使团，大的一行数百人，小的一百多人，所带礼品等物与张骞出使时大致相当，以后随着对西域情况的日益熟悉，使团人员及携带之物也逐渐减少。大约在一年之中，汉朝派往西域各国的使者，多时十余批，少时五六批；其中路远的要八九年，较近的也要数年才能回来。由此我们知道，汉武帝时期，从汉朝的首都长安（今西安）前往西域的使团、商人或是西域到长安的使团、商人不绝于途，两地之间的交往是很频繁的，两关的出入接纳自然也很频繁。由此也可以看出，承担着保障东西交通畅达的敦煌和两关的重要性。

如今，时过境迁，阳关、玉门关曾经的繁忙与辉煌已经远去了，曾经威严的国门的雄姿也难见其真容。但这丝毫不影响它曾经的荣光和历史上扮演的角色，如今，当我们在阳光和玉门关的遗址上凭吊时，在辽阔的戈壁、黄沙的映衬下，我们还能依稀感受到它们当年凛然不可侵犯的威严。

二、人才显底蕴

敦煌值得我们关注的，不仅因为它是边关重地、交通要道、丝路隘口、国际都会，还有它的人文底蕴。

第一个系统研究敦煌的人当属刘昞。刘昞，字延明，敦煌人，《魏书》有传，是五凉时期重要儒学代表人物之一。据本传记载，刘昞早年师从河西大儒郭瑀学习，历仕西凉、北凉、北魏三朝，是五凉时期河西著名的学者，从政之余潜心学术，著述颇丰。其众多著述当中，与敦煌直接相关的著作，当属《敦煌实录》。《敦煌实录》既是刘昞传世的著作之一，也是我们现在能看到的最早系统研究敦煌历史和人文的重要著作和文献，只可惜在传世的过程中散佚严重，原本二十卷的著作，我们能看到的只有一卷，还不是完整的一卷。

第二个系统研究敦煌之人，当是清代著名文献学家、学术大师、凉州人张澍，由他辑录而成的《续敦煌实录》是他对散佚严重的《敦煌实录》的整理成果。《续敦煌实录》从表面上看只是对《敦煌实录》的续补，实际上是对《敦煌实录》中有关敦煌历史人物的重大拓展。这不仅从《敦煌实录》和《续敦煌实录》的篇目，而且从内容上都可以看出来，如现存的《敦煌实录》只有一卷，而《续敦煌实录》则多达五卷；时间上，《敦煌实录》仅限于北魏以前敦煌的情况，而《续敦煌实录》则拓展至张澍能看到的文献当中有关《敦煌实录》的文字和内容，《敦煌实录》收录的人物约 20 人，而《续敦煌实录》则有 120 人之多。也因此，《续敦煌实录》的点校者、甘肃著名学者、西北师范大学中文系教授李鼎文先生称《续敦煌实录》的辑录者张澍为今日之显学敦煌学研究第一人。

在这里，我们想说的是，不论是《敦煌实录》还是《续敦煌实录》，值得我们关注的是，它们给我们提供了活跃在敦煌历史上的那些人物可资依凭的历史记录。通过这些记录，我们不仅可以看到这些人物在不同时期的遭际和各自不同的人生历程，我们还看到了敦煌这片土地上本来该有的生活和当地的人文样貌。社会生活的主体是人，人的生活状态才是一个地方生活最真实的反映。敦煌历史上的风云际会，让这片土地上的人有了和他地不一样的生活样貌。

三、新学放异彩

这里我们说敦煌的"新学"，自然是指敦煌学。

光绪二十六年（公元1900年），对中国人来说是个极其悲催的年份，因为这一年，八国联军进了北京，第二年清政府被迫签订了丧权辱国的《辛丑条约》，中国进入了半殖民地半封建社会的黑暗时代。这一年，在遥远的河西走廊最西端的敦煌也发生了一件令世人瞩目的事情，道士王圆箓无意中发现了后来震惊中外的敦煌莫高窟藏经洞。敦煌莫高窟藏经洞文献的面世，一时成为学界的热点，一门显学——敦煌学由此产生。我们可以把这一年称为现代敦煌学元年，因为从这一年开始，对敦煌遗书、敦煌石窟艺术以及敦煌历史及相关问题的研究成了世界范围内学术界的课题。

敦煌学的诞生，首先源于敦煌莫高窟藏经洞遗书或文献的发现。敦煌学能够在世界范围内成为显学，一个很重要的原因是敦煌莫高窟藏经洞遗书或文献在世界范围内的快速流布。敦煌文献流布的过程，实际上也是学术研究发展的过程。这个过程，对我们中国人来说，是个伤心的过程。有关这方面的情况，甘肃人民出版社20世纪80年代初曾经出版过一本名为《丝绸之路上的外国魔鬼》的书，这本由英国人彼得·霍普科克撰写、我国学者杨汉章先生翻译、

著名敦煌学家段文杰作序的著作，真实地记录了 1949 年之前，俄国的柯兹洛夫、奥布鲁切夫、克里门茨，德国的德兰、范莱考克，英国的斯坦因，瑞典的斯文·赫定，法国的伯希和，日本的大谷光瑞、桔瑞超、吉川小一郎，美国的华尔纳等人，打着探险、考察、游历的幌子，在我国古丝绸之路的西域段（我国的新疆地区和敦煌），到处发掘、盗取地下文物，其中直接染指敦煌遗书及其他文物的，著名的有斯坦因、伯希和、桔瑞超、吉川小一郎、华尔纳等。由此，我们可知敦煌文献在世界范围内流布的情况。从敦煌莫高窟藏经洞文献开始流布至今，与敦煌学相关的研究广泛而深入，各种著作虽然不能说汗牛充栋，但用车载斗量来形容应该不算夸张。单是甘肃人民出版社出版的该类出版物，应该有二三百种，可见其研究盛况。

值得我们自豪的是，敦煌学的研究，从起初的敦煌文献研究，逐渐拓展到对石窟、艺术、历史、文学、考古的研究，让我们看到了"敦煌在甘肃，敦煌学在世界"的大好局面。

我们应该铭记的是，敦煌学的诞生，得益于文献，得益于石窟，得益于古人的创造；敦煌学的发扬光大，则得益于学人们持之以恒的潜心研究和弘扬，得益于中国的改革开放，得益于学术禁锢消除和国际及地区间学术交流的便捷。所以，敦煌和敦煌学如其名字一样敦大煌盛，过去有辉煌，未来仍可期。

文化,就在人们的日常生活里

引言

"文化"本来是一个很普通的词,日常生活中大家都在讲、都在用。但如果让我们给"文化"下个定义,事情就变得复杂多了。关于"文化"的定义,据说有三百说法。可见,"文化"一词,看似平常,实则内涵丰富。在兰州大学历史系读书的时候,著名历史学家赵俪生先生曾经给我们开过《中国文化史》专题讲座,共十讲,从《周易》开始,内容涉及两汉经学、魏晋风度、唐代的古文运动、宋明理学以及在古代有广泛影响的谶纬之学等。赵先生对文化的定义简洁好记:文化是生活方式的积累。从那时开始,我记住了这句话,也用这句话来理解文化。我发现日常生活中人与人之间价值判断发生分歧的原因,都可以用不同的生活方式亦即不同的文化背景来解释。这让我们对许多事情的理解会更容易一些。这也是以下我们要讨论的问题的一个支撑点。

俗话说,一方水土养一方人。环境影响人的生活方式,不同的生活方式会形成不同的文化。中国上下五千年的历史和纵横九万里的辽阔疆域,为我们讨论文化的多样性提供了广阔的空间。

中国文化以秦岭为界有南北之别。而以秦岭为界的南和北之间,还存在南与更南、北与更北的差异。以秦岭为界的南与更南和以秦岭为界的北与更北,就差异而言,较之秦岭南北,不仅毫不逊色,而且有过之而无不及。我们知道,秦岭南北之间的差别,在一定意义上说,只是农耕文化南北之间的差异；五岭南北的差异，实际上存在着农耕文明和海洋文明的区别；长城南北之间的差别，存在着农耕文明和游牧文明之间的差别。

历史发展过程告诉我们，生活方式亦即文化的形成需要时间，但它一旦形成，影响也会是长久而深远的。

一

秦汉之际的匈奴人，是北方草原上的强者，他们的生活方式，在一定程度上说，是北方草原游牧民族的一个缩影。

《汉书·匈奴传》中记录了一段汉朝与匈奴交往的往事，其文如下：

孝惠、高后时，冒顿浸骄，乃为书，使使遗高后曰："孤偾之君，生于沮泽之中，长于平野牛马之域，数至边境，愿游中国。陛下独立，孤偾独居。两主不乐，无以自虞，愿以所有，易其所无。"高后大怒，召丞相平及樊哙、季布等，议斩其使者，发兵而击之。樊哙曰："臣愿得十万众，横行匈奴中。"问季布，布曰："哙可斩也！前陈豨反于代，汉兵三十二万，哙为上将军，时匈奴围高帝于平城，哙不能解围。天下歌之曰：'平城之下亦诚苦，七日不食，不能彀弩。'今歌吟之声未绝，伤痍者甫起，而哙欲摇动天下，妄言以十万众横行，是面谩也。且夷狄譬如禽兽，得其善言不足喜，恶言不足怒也。"高后曰："善。"令大谒者张泽报书曰："单于不忘弊邑，赐之以书，弊邑恐惧。退而自图，年老气衰，发齿堕落，行步失度，单于过听，不足以自污。弊邑无罪，宜在见赦。窃有御车二乘，马二驷，以奉常驾。"

冒顿得书，复使使来谢曰："未尝闻中国礼义，陛下幸而赦之。"因献马，遂和亲。

我们把这条资料翻译成白话文就是这样的：

在汉孝惠帝、吕太后时，匈奴单于冒顿渐渐骄横起来，竟然写了书信，派使者送给吕后，说："我是孤独无依的君主，生在潮湿的沼泽地，长在平旷的放牛放马的地方，我多次到边境上来，希望能到中原游玩一番。陛下您独立为君，也是孤独无依，单独居住。我们两个做君主的很不快乐，没有什么可供娱乐的。希望我们俩能以各自所有的，交换到各自所没有的。"吕太后看信后十分愤怒，把丞相陈平、樊哙、季布招来，商议杀掉匈奴的使者，发兵攻打匈奴。樊哙说："我愿意率领十万大军，到匈奴境内去横行冲击。"吕后询问季布，季布说："可以杀了樊哙！以前陈豨在代地反叛，汉兵有三十二万，樊哙是上将军，当时匈奴把高帝围困在平城，樊哙未能冲破围困。天下百姓唱道：'平城之下也太艰苦了！七天没能吃到食物，士兵们连弓都拉不开。'现在人们吟唱的声音还在耳畔回响，受伤的人刚能站立起来，樊哙却要让天下震动，胡说什么要带十万大兵到匈奴去横行，这是当面欺诳君主。况且这些少数民族就好比禽兽一样，听到了他们的好话不值得高兴，听到恶语也不值得生气。"吕太后说："说得好！"于是命令大谒者张泽写信回报，说："单于没有忘掉我们这破败的国家，以书信赏赐我们，我们很害怕。退朝后自己思虑，我年老气衰，头发、牙齿脱落，走路也走不稳，单于别误听别人说的，也不值得单于污辱了自己。敝国没有什么罪过，应该被宽恕。我有两辆御车，拉车的马八匹，奉送给您平常坐。"

冒顿得到回信，又派使者来表示歉意说："我们没有听说过中原的礼节,幸好陛下宽恕了我们。"匈奴献上马匹,于是汉匈和亲了。

这件事情说大不大,说小不小。因为如果这件事发生在平常百姓的生活当中,当然是一件小事,即便此事最终不谐,也可当是双方之间的戏谑、调侃而一笑了之。但如果发生在两个不普通的人身上,或者上升到政治高度,即便是小事情,也会复杂得多,自然就会大起来。很显然,这件事的当事双方都不是普通人,事情也就变得不寻常;因为当事双方特殊的身份,注定了这是一件大事。这条记录,作为汉、匈之间相互交往和双方实力强弱对比的实证被经常引用。从表面上看,这是一个差点因为一封信函引发汉、匈之间外交冲突的事件,发生这样的事情,完全是因为匈奴冒顿单于一封不知深浅的书信。好在因为谋士季布审时度势,及时化解了一场有可能引发冲突的危机。但是,如果我们仔细考察这条资料,就会发现一些值得思考的东西。

从信函的内容看,冒顿这一封本该是正规国书的信函,却没有国书该有的庄重,信的内容也有违农耕社会的礼仪。但如果我们换一个角度,从匈奴人的生活方式来考察,却也不算失礼。

我们知道,春秋战国以来的文献中出现的戎、狄、胡等称谓,一般是指分布于中原诸侯国周边尤其是西北方的游牧民族。由于他们的生活方式都是以游牧为主,所以习俗上有许多共同之处。秦汉之际,匈奴人是我国北方游牧民族当中的强者,所以,他们的生活方式就是典型的游牧民族的生活方式。那匈奴人的生活方式到底是什么样子呢?史书当中有明确的记载:

匈奴的祖先是夏后氏的后代,叫淳维。在唐尧虞舜之前有山戎、猃狁、薰粥等分支,居住在中国北部边陲,随水草畜牧而转移。牧养的牲畜大多是马、牛、羊,奇异的牲畜有骆

驼、驴、骡、駃騠、驹騄、驿奚。他们逐水草而迁徙，没有经常
居住的城郭和农业，但也有各自的牧场。没有文字书籍，只
用言语进行约束管理。男子小的时候都能骑羊，拉弓射鸟鼠
学习射箭，稍稍长大后就射狐狸和兔子，多以肉为食。壮年
男子力气大，能弯弓射箭，都当铁甲骑兵。匈奴的生活风俗，
平时没有战事时，就一边放牧，一边猎获飞禽走兽，以此为
谋生之道；遇有紧急战事，人们就练习战阵攻杀，侵夺他人，
这是匈奴人的天性。他们的长兵器是弓箭，短兵器是刀矛。
战斗时，顺利就进攻，不利就后退，不以逃跑为羞耻。如果有
利可图，便会不顾礼义。匈奴人从君王以下都吃畜肉，穿牲
畜的皮革，披毡裘。健壮的年轻人吃肥美的食物，老年人吃
剩下的。以健壮的人为贵，而轻视老弱的人。父亲死了，儿子
便娶后母为妻；兄弟死了，活着的便娶他们的妻子。姓名方
面的习俗是有名字，不避讳，没有表字。

有关匈奴人的出身及生活方式的这些文字，《史记·匈奴列传》和
《汉书·匈奴传》的记载是相同的，由此我们知道，在汉代史家眼中匈
奴人生活方式，确如上述文字一样，是可信的。这段关于匈奴人风俗
习惯的描述，是汉代及其后史家们对游牧民族生活方式较为一致的
看法。

知道了匈奴人的生活方式，再来看冒顿单于给高后的书信，除了
写信者固有的傲慢，我们也会看到在不同文化熏陶之下的人对同一
件事的不同看法，因为在匈奴人的认知系统里，不存在中原汉人关于
婚姻的各种礼仪，在他们眼里，兄终弟及以及父死妻其后母是天经地
义的事，因此视之为正常。这一点，我们从冒顿单于此后写给吕后的
致歉信中也能看出来，他说之前所以写那样的信、说那样的话，是因
为不了解汉人的礼仪，并不是有意冒犯。当然，冒顿的话，很多时候被

认为是替自己狡辩，是明知故犯。但不论他是狡辩还是真心实意的道歉，都可以证明，在不同文化背景下生活的人，对事物的理解会有差异，而且差异会很大。

当然，游牧与农耕文化之间婚姻观念存在差异，我们在汉朝的史书里也可以找到其他的例证。据《资治通鉴·汉纪》的记载，汉通西域之后，乌孙使臣看到汉朝地域广大，回国后向其国王报告，乌孙于是更加重视与汉朝的关系。匈奴听说乌孙与汉朝建立联系，十分恼怒，准备出兵攻打乌孙；而其旁边的大宛、月氏等国也都归顺了汉朝。乌孙国王害怕匈奴对其发动攻击，派使臣向汉朝表示愿意娶汉朝公主为妻，与汉结为兄弟。汉武帝与群臣商议，决定同意乌孙王的请求。于是，乌孙王以一千匹马作为聘礼，派人去迎接汉朝公主。汉武帝封江都王刘建的女儿刘细君为公主，嫁给乌孙王，并赐以十分丰厚的陪嫁；乌孙王昆莫封汉公主为右夫人。匈奴也嫁给乌孙王一女，被封为左夫人。汉朝公主自建宫室居住，一年四季与乌孙王见面一两次，在一起饮酒吃饭。由于乌孙王年老，语言又不通，所以公主悲伤忧愁，思念家乡。汉武帝听说后很可怜她，每隔一年就派使臣给她送去锦帐、绸缎等物。乌孙王对汉公主说："我年纪已经很大了。"说这话是想让公主嫁给他的孙子军须靡。汉公主不肯依从，并上书汉武帝报告了此事。汉武帝回复她说："你应当遵从乌孙国的风俗，因为我国希望与乌孙共灭匈奴。"军须靡终于娶了汉公主。昆莫去世后，其孙军须靡即位，号为昆弥王。

乌孙是游牧民族，原居敦煌、祁连山一带，因为受到匈奴的侵夺，迁徙到了西域，却依然保持着游牧民族的生活方式，"穹庐为室兮毡为墙，以肉为食兮酪为浆"（细君公主诗）。当昆莫年老时，主动提出要让细君公主嫁给他的孙子。在他看来这是天经地义的，是符合他们的生活观念的事情。在这件事情当中，更值得我们关注的是汉武帝对这件事的态度，他要细君公主入乡随俗，表明和亲既是一种政治需要，也是一种相互了解文化差异的渠道。汉武帝的表态，事实上也是对乌孙文化的认同。

客观地说，如果我们抛开冒顿单于的信所含的政治或者外交意味，单看单于和高后的书信内容，从现代人写书信的角度讲，双方信函用语既含蓄又不影响意思的表达，字里行间的表情达意都是十分合宜的，分寸把握得显然也是得体的。另外，从阅读的角度来看，整段文字简洁流畅，实际上就是一篇结构紧凑的短小说，有跌宕起伏的情节。这段看上去充满了趣味和情节的文字，告诉我们的应该比字面上的意思多得多。在这里，需要我们关注的一个重点，是过去我们读这条记录时，只注意了文字的政治倾向和礼仪分寸，而忽略了交往双方因生活方式的不同造成的对同一件事情可能有不同理解的大背景。这个背景是我们准确把握双方关系时不能忽略的。它告诉我们，汉初汉匈之间的冲突，除了实力强弱，二者生活方式的差异也是不可忽略的因素。

二

汉朝选择和亲，事实上是在汉匈之间力量对比悬殊的情况下的权宜之计，尽管是不得已的选择，但为促进相互之间的了解和消弭二者之间因生活方式不同造成的理解偏差提供了更多机会。我们看一个史书当中的例子：

> 汉使或言匈奴俗贱老，中行说穷汉使曰："而汉俗屯戍从军当发者，其亲岂不自夺温厚肥美赍送饮食行者乎？"汉使曰："然。"说曰："匈奴明以攻战为事，老弱不能斗，故以其肥美饮食壮健以自卫，如此父子各得相保，何以言匈奴轻老也？"汉使曰："匈奴父子同穹庐卧。父死，妻其后母；兄弟死，

尽妻其妻。无冠带之节、阙庭之礼。"中行说曰:"匈奴之俗,食畜肉,饮其汁,衣其皮;畜食草饮水,随时转移。故其急则人习骑射,宽则人乐无事。约束径,易行;君臣简,可久。一国之政犹一体也。父兄死,则妻其妻,恶种姓之失也。故匈奴虽乱,必立宗种。今中国虽阳不取其父兄之妻,亲属益疏则相杀,至到易姓,皆从此类也。且礼义之弊,上下交怨,而室屋之极,生力屈焉。夫力耕桑以求衣食,筑城郭以自备,故其民急则不习战攻,缓则罢于作业,嗟土室之人,顾无喋喋占占,冠固何当!"自是之后,汉使欲辩论者,中行说辄曰:"汉使毋多言,顾汉所输匈奴缯絮米蘖,令其量中,必善美而已,何以言为乎?且所给备善则已,不备善而苦恶,则候秋孰,以骑驰蹂乃稼穑也。"

这段对话翻译成白话文是这样的:

汉朝使者说匈奴的风俗不好,轻视老年人。中行说就诘问汉朝使者:"你们汉朝的风俗,对那些要去守卫边防、从军作战的人,他们的父母亲难道不会让出暖衣美食给他们吗?"汉朝使者说:"是这样。"中行说说:"匈奴人以攻击作战为正事,这是很明确的,老弱的人不能参加战斗,所以把肥美的食物给壮健的人吃,以便保卫自己,这样父子都能安全无恙,怎么能说匈奴人轻视老年人呢?"汉朝使者说:"匈奴父亲与儿子住在一个帐篷里,父亲死了,儿子便娶后母为妻子;兄弟死了,活着的兄弟就娶死者的妻子做自己的妻子,而且没有帽子、腰带的讲究和朝廷的礼仪。"中行说说:"匈奴人的风俗是吃牲畜的肉、喝它的奶汁、穿它的皮革;牲畜吃草喝水,随着季节转移地点。所以在紧急情况下人们就练习骑马射箭,平时无事人们就安居乐业。匈奴人的约束简单，容易施行；君臣间的关系也很简单直率，所以能够长久维持。整个国家的政务就好像一个人的事务一样。父亲兄长死了，儿子、弟弟就娶他们的妻子做自己的妻子，是怕本族本姓没了后代。所以匈奴人虽然婚姻生活混乱，却一定要立本族的人传代。现在中原人虽然不娶自己父兄的妻子，亲属却逐渐疏远，以至于互相杀戮，以至于改姓改族，都是由这一类的事情引起的。况且由于礼仪的弊病很多，使得人们上下辈之间互相怨恨；而出于礼仪大肆营造宫殿，民力都要耗尽了。至于汉人努力耕田种桑以求衣食，修筑城郭以自我防卫，这就导致了在紧急情况下人民不会战斗，和平时就疲于生产。唉！你们这些住在土石房子里的人，就不要多说了，就不要显示你们的好衣服了，光是戴着高帽子显得高贵又有什么益处？"从此以后，汉朝使者有想要与之辩论的，中行说总是说："汉朝使者不要多说了，只要记着汉朝送给匈奴的绸绢丝棉、精米酒曲，使它们数量充足，并且保证质量好就行了，何必说三道四？况且汉朝送来的东西好就算了，如果不是很好，那就等到秋熟季节，我们派骑兵去践踏你们的庄稼好了。"

上述这条资料信息量很大，看上去好像在唠家常，其实把沉淀在日常生活中的那些生活观念都毫无保留地表达了出来，把生活于不同文化背景下的人们的观念差异通过对生活细节的描述表达了出来。它告诉我们，除了我们前面看到的冒顿单于给高后的信函中反映出来的婚姻观念的不同，农耕民族与游牧民族对其他事物的看法，也存在着巨大的差异。使者和中行说的对话，表明同样的事情在不同文化背景下的不同理解，表明在农耕文化背景下看似野蛮的行为，在游牧者眼中是适应生活的必然选择。这些不同的选择以及选择背后的文化背景才是更值得我们重视的,比如对待老人的态度,对婚姻的理解,对礼仪、继承的看法,饮食和族群性格的养成,服饰的选择,等等。这段对话,可以说是对农耕文化和游牧文化差异的全方位讨论。中行说的回答,有对使者问题的回应,更多的是对事实的陈述和对农耕、游牧两种生活方式优劣的分析,也印证了前文引用的有关匈奴人生活习惯的介绍。尤其是最后一段,表明了逐水草、善骑射的生活方式造就了草原游牧者惯于劫掠的强悍能力和性格。这是整个族群的习惯或生活习俗,也就是我们常说的文化。这种文化差异,既不可能在一夜之间养成,也不会在一夜之间消失,如果有什么变化,也一定是一个渐变的过程。

三

由上述发生在汉初高后到文帝时的一些历史事件,我们大致上可以理解发生在历史上的一些看似偶然或按某种固有的思维方式无法理解的事情,其实是有道理的。草原民族之所以形成不同于农耕民族的生活方式或生活习俗,是为适应所处环境作出的一种必然选择。《资治通鉴》的有关记载,可以帮助我们更好地了解一些情况:

> 初,匈奴好汉缯絮、食物。中行说曰:"匈奴人众不能当汉之一郡,然所以强者,以衣食异,无仰于汉也。今单于变俗,好汉物;汉物不过什二,则匈奴尽归于汉矣。其得汉缯絮,以驰草棘中,衣裤皆裂敝,以示不如旃裘之完善也;得汉食物,皆去之,以示不如酪之便美也。"于是说教单于左右疏记,以计课其人众、畜牧。其遗汉书牍及印封,皆令长大,倨傲其辞,自称"天地所生、日月所置匈奴大单于"。

上面的这段文字,用现在的话说就是:当初,匈奴人喜好汉朝的缯帛丝绵和食品。中行说劝单于说:"匈奴的人口,还不如汉朝一个郡的人口多,之所以成为汉的强敌,就在于匈奴的衣食与汉不同,不需要依赖汉朝。现在,假若单于改变习俗,喜爱汉朝的东西,汉朝只要拿出不到十分之二的东西,匈奴人就都被汉朝收买过去了。最好的办法是:令人穿上汉朝的丝绸衣裳冲过草丛荆棘,衣服裤子都撕裂破烂,以证明它们不如用兽皮制成的旃裘完美实用;把汉朝的食物都扔掉,以显示它不如乳酪方便和味美可口。"于是,中行说教单于的侍从学习文字,用以统计匈奴的人口和牲畜数量。凡是匈奴送给汉朝的信札和印封,其规格都加长加宽,并使用傲慢不逊的言辞,自称"天地所生、日月所置的匈奴大单于"。它告诉我们,游牧民族之所以选择游牧,是因为地域辽阔、人口稀少为其提供了游牧的环境,而漠北不宜耕稼的现实也迫使他们不得不逐水草而居。选择与农耕民族不同的服饰且茹毛饮血,也是他们适应环境、就地取材的智慧。这种生活方式形成了一种习俗,这种习俗的传承又是通过长期的耳濡目染完成的。诚如《管子》中所说,这是一个潜移默化的过程。"旦昔从事于此,以教其子弟,少而习焉,其心安焉,不见异物而迁焉。是故其父兄之教不肃而成;其子弟之学不劳而能。"而这种不教而成式的潜移默化,文献当中的记载可以为我们提供更多切实的佐证。《旧唐书·突厥传》记载:

(突厥)毗伽可汗于开元四年即位,本番号为小杀。性仁友,自以得国是阙特勒之功,固让之。阙特勒不受,遂以为左贤王,专掌兵马。是时奚、契丹相率款塞,突骑施苏禄自立为可汗,突厥部落颇多携贰,乃召默啜时衙官暾欲谷为谋主。初,默啜下衙官尽为阙特勒所杀,暾欲谷以女为小杀可敦,遂免死。废归部落,乃复用,年已七十余,蕃人甚敬伏之。

小杀既得降户,谋欲南入为寇。暾欲谷曰:"唐主英武,人和年丰,未有间隙,不可动也。我众新集,犹尚疲羸,须且息养三数年,始可观变而举。"小杀又欲修筑城壁,造立寺观。暾欲谷曰:"不可。突厥人户寡少,不敌唐家百分之一,所以常能抗拒者,正以随逐水草,居处无常,射猎为业,又皆习武。强则进兵抄掠,弱则窜伏山林,唐兵虽多,无所施用。若筑城而居,改变旧俗,一朝失利,必将为唐所并。且寺观之法,教人仁弱,本非用武争强之道,不可置也。"小杀等深然其策。

这条资料里,值得我们重点关注的是突厥谋士暾欲谷劝说突厥毗伽可汗放弃修筑城壁和建立寺观的理由,和前文说到的汉朝时期中行说的说法可以相互印证。游牧民族之所以能在和农耕民族抗衡的过程中占据一定的优势,完全是因为他们不同于农耕社会的生活方式,突厥或者其他游牧者之所以选择游牧的生活方式,是因为广阔的草原为其游牧提供了良好的生存空间;其次,不造庐舍是为其逐水草而居提供方便,也能为其节约生活成本;第三,游牧、骑射的生活方式,形成了快速流动的优势,平时逐水草而居,是其生活所需,战时可以快速移动,这是他们不同于农耕民族的生活方式带给他们的优势,也是他们能和中原农耕民族长期抗衡的优势所在。如果放弃了自己的优势,也就失去了竞争的能力,也等于自剪羽翼。在一定意义上说,生活方式的选择也是生存方式的选择,这种选择,除了环境因素,文化传统也是很重要的因素。当然,这条资料中更值得我们重视的,是它告诉了我们一个重要的事实,就是那些游弋在北方草原上的游牧民族,他们的族名可以有变化,但不变的是一脉相承的生活方式,不变的生活方式,也意味着一脉相承的文化。

四

从汉高祖到汉景帝的近七十年间,汉匈之间的和亲,对汉朝而言,有不得已的苦衷,但通过和亲,使汉匈之间的了解更加深入,这对消弭相互之间因文化差异造成的误解是有益的,为相互尊重创造了条件。就汉初的和亲政策而言,汉文帝时期是最好的时期,也是效果最明显的时期。这从文帝与匈奴的书信往来中可以看出来。据《汉书·匈奴传》记载:

孝文帝登位后,又修好和亲之事。在其继位第三年的夏天,匈奴右贤王进入黄河以南地区骚扰侵害,于是文帝发布诏书说:"汉朝与匈奴约为兄弟,不要侵害对方的边境,汉朝送给匈奴的丝绢粮食等物很多。现在右贤王离开他的国家,率部众侵占我们黄河以南的地方,这是不符合以往的约定的。右贤王的人进入我们的阑塞,捕杀我们的官吏士兵,驱赶侵害居住在上郡保护边塞的少数民族,使他们不能居住在原来的地方。匈奴人欺凌殴打我们边地的官吏,进行偷盗,非常傲慢无礼,这不是和约要求的样子。命令派发八万车兵和骑兵,派丞相灌婴率领,攻击右贤王。"右贤王被赶跑,逃出边塞,文帝到太原视察。这时济北王反叛,文帝就回到了京城,停止了丞相抗击匈奴的军事行动。

第二年,单于给汉朝来信说:"天所立匈奴大单于敬问皇帝平安无恙。先前的时候皇帝您说到和亲的事情,与来信的意思符合,双方都很高兴。汉朝的边境官吏侵犯侮辱右贤王,右贤王不向我请示,听从了后义卢侯难支的意见,与汉朝官吏结仇,毁了我们两国君主的和约,割裂了两国兄弟的情谊。皇帝您责备我们的书信两次送来,我派使者带信去回答,使者没有归来,汉朝的使者也不到匈奴来了。汉朝因为这个缘故不与我们和好,我们作为邻国也不得归附。现在我因为小吏破坏了和约,所以惩罚了右贤王,派他到西方去寻找月氏予以攻击。靠了老天的保佑，将士精良、战马强壮，已经消灭了月氏，彻底斩杀、平定了他们。楼兰、乌孙、呼揭和他们附近的二十六国都成了匈奴的一部分。各游牧民族合为一家，北方已经平定。我希望停止战事，让士兵得到休息，牧养马匹，消除以前不愉快的事，恢复过去的和约，以安定边民，以继承匈汉两族自古以来的友好传统，使年轻人得以成长，使老年人能安居乐业，世世代代和平欢乐。不知道皇帝您的意思怎么样，所以我派郎中系库浅带书信去求见，并献上骆驼一匹，坐骑二匹，驾车之马八匹。皇帝如果不想让匈奴靠近边塞，那我就命令官吏百姓远离边塞居住。使者到后，请立即打发他们回来。"六月中旬，匈奴使者来到新望造，书信送到朝廷。汉朝商议攻打匈奴与和亲哪一种有利，公卿大臣都说："单于刚刚攻破月氏，正在胜利势头上，不能跟他们打仗。况且就算夺得了匈奴的地方，那里都是盐碱地也不能居住，和亲十分便利。"于是汉朝答应了单于的请求。

孝文帝前元六年，汉朝在送给匈奴的信中说道："汉朝皇帝敬问匈奴大单于平安无恙。您派系摩浅送我书信说：'希望停止战争，休养士卒，消除以前的误会，恢复我们原来的和约，以安定边民，世世代代平安欢乐，'我十分欣赏你的说法。这是古代圣王的用心与志向。汉朝与匈奴约为兄弟，送给单于的礼物十分优厚。背叛盟约，使兄弟亲情疏远的责任，一般是在匈奴。但右贤王那件事发生在大赦之前，请您不要过分追究责备他。单于如果能按来信中说的去做，明确地告诉官吏们，使他们不要背负盟约，讲求信义，我们会按单于的信中所说的去做。使者说单于亲自率军作战，统一他国有功劳，作战十分辛苦。所以，现在有御用绣夹绮衣、长

袄、锦袍各一件，金发饰一件，黄金装饰的腰带一条，黄金带
钩一枚，彩绸十匹，锦缎二十匹，赤绨、绿缯各四十匹，派中
大夫意、谒者令肩敬赠给单于。"

以上匈奴单于和汉文帝的书信，见于《汉书·匈奴传》，应该是当
时正规的国书，其中的格式和外交辞令，言语谴责和事实说明明白无
误，相互客套也堪称经典，相互馈赠的品类和数量也符合各自的身份
和特色。这是我们能够见于史籍当中为数不多的古代国与国之间相
互交流的文字记录。从信函的角度讲，是难得一见的美文；从文化的
角度讲，相互之间的了解显然已经很深入了。因为交流和沟通顺畅，
避免了一些小事引发的不必要的误会，也保证了相互之间的信任，所
以有了文景时期汉匈之间的相对安定。

当然，我们也应该看到，文帝时的和亲虽然达成了目标，但汉匈
之间的磨合仍在继续，这说明，文化差异的消除，是一个需要花更多
的时间和气力的事情，不可能一蹴而就；相互理解、彼此尊重才是文
化融合的必由之路。

五

汉武帝时期的有为之举，彻底改变了汉初无为而治的国策，对匈
奴人的驱逐，使汉王朝第一次改变了敌强我弱的局面，汉朝第一次实
现了漠南无匈奴人帐篷的辉煌成就。值得注意的是，汉朝在军事上的
重大胜利，没有办法完全改变游牧民族的生活方式。汉以后崛起于长
城以北的游牧民族，依然承袭了匈奴人生活方式。历史事实告诉我
们，农耕民族与游牧民族生活方式亦即文化的差异，不仅见于秦汉时
期，在秦汉以后的岁月里，即便是在大一统的王朝，农耕与游牧，亦即
中原与草原两大区域之内，文化差异始终存在。这种差异在不同时代
的文献里都有反映。

《隋书·北狄·突厥传》记载：

> 突厥之先，平凉杂胡也，姓阿史那氏。后魏太武灭沮渠氏，阿史那以五百家奔茹茹，世居金山，工于铁作。金山状如兜鍪，俗呼兜鍪为"突厥"，因以为号。

> 其俗畜牧为事，随逐水草，不恒厥处。穹庐毡帐，被发左衽，食肉饮酪，身衣裘褐，贱老贵壮……善骑射，性残忍。无文字，刻木为契。候月将满，辄为寇抄……父兄死，子弟妻其群母及嫂。五月中，多杀牛羊马以祭天。男子好樗蒲，女子踏鞠，饮马酪取醉，歌呼相对。敬鬼神，信巫巫见，重兵死而耻病终，大抵与匈奴同俗。

突厥是公元6至8世纪活跃在内蒙古高原和中亚地区的民族集团的统称，也是中国西北与北方草原地区继匈奴、鲜卑、柔然以来又一个重要的游牧民族。从突厥崛起的时间看，距离汉代已经过了几个世纪，至少经历了三国、两晋、南北朝四五百年的时间，但作为不同时代的草原霸主，其生活方式几乎一致。当然，史书中也有他们得上苍眷顾、得神明庇佑等说法，但对其生活方式的描述，除了有一些用词的差别，总体上和对匈奴人生活方式的描述是一致的。可见其文化生命力的顽强与持久。在突厥之后崛起的回纥，也像突厥一样，在崛起为草原霸主的时候，也承袭了草原民族的生活方式。

《旧唐书·回纥传》记载：

> 回纥，其先匈奴之裔也。在后魏时，号铁勒部落。其象微小，其俗骁强，依托高车，臣属突厥，近谓之特勒。无君长，居无恒所，随水草流移。人性凶忍，善骑射，贪婪尤甚，以寇抄为生。自突厥有国，东西征讨，皆资其用，以制北荒。隋开皇末，晋王广北征突厥，大破步迦可汗，特勒于是分散。大业元年，突厥处罗可汗击特勒诸部，厚敛其物。又猜忌薛延陀，恐

为变，遂集其渠帅数百人尽诛之，特勒由是叛。特勒始有仆骨、同罗、回纥、拔野古、覆罗步，号俟斤，后称回纥焉。在薛延陀北境，居娑陵水侧，往长安六千九百里。随逐水草，胜兵五万，人口十万。

《隋书·铁勒传》记载：

> 铁勒之先，匈奴之苗裔也，种类繁多。自西海之东，依据山谷，往往不绝……虽姓氏各别，总谓为铁勒。并无君长，分属东、西突厥。居无恒所，随水草流移。人性凶忍，善于骑射，贪婪尤甚，以寇抄为生。

> 其俗大抵与突厥同，唯丈夫婚毕，便就妻家，待产乳男女，然后归舍，死者埋殡之，此其异也。

上述几条资料告诉我们，回纥和铁勒，实际上是同一族源的游牧集团在不同时期的称谓，其内部的部落组成尽管纷繁复杂，但其作为匈奴后裔的基本事实还是清楚的，尽管它们在不同时期的组成不尽相同，这些部落的名称各有区别，部落的人口和实力有强有弱，在历史上的影响力有大有小。但作为当年匈奴人的后裔，不变的是游牧民族特有的生活方式和民族性格。

以上这些散见于史籍里的曾经驰骋于草原上的不同族群的游牧者，他们或是匈奴人的后裔，或者本就生于草原，史籍当中对他们生活方式的记载，让我们可以毫不费力地看到匈奴人或他们生活方式的影子。这些生活在不同年代的游牧者，却在不同的时间里选择了近乎相同的生活方式，这让我们看到了他们的执着，也看到了草原文化的生命力。农耕和游牧的差异，曾经深刻地影响了中国社会发展的进程，也形成了博大精深的中国古代文明。了解这些差异以及这些差异形成的过程，有助于理解文化以及文化对人的影响。

当然，上面我们讨论的重点都集中在长城以北的草原游牧民族的生活方式以及与之相一致的文化传承的情况上。事实上,长城以里的区域内,文化的传承情况也会让我们深刻地感受到文化的生命力。

公元前 221 年,秦统一六国并进行了书同文、车同轨、统一度量衡等一系列制度性的安排,实现了海内统一、天下一统的局面。但是我们知道,事实上,在战国时期齐、楚、燕、韩、赵、魏、秦的疆界之内,甚至在春秋时期各诸侯国的疆域内,各自的语言在看得见的角落里择地而生,当地人日常生活中最具文化特征的各种方言俚语以及相互交往的礼仪,在政令完全统一的情况下,却畅行无阻。甚至在秦以后的各个历史时期,秦声粤语吴侬软语,依然故我。这是文化生命力旺盛的表现。由此,我们可以说,不同的生活方式造就的文化,如方言以及与之相关的生活习惯,其范围以及流布的时间,都取决于该种生活方式延续或传承的时间。带有强烈地域文化特征的文化因子,都在其适宜的范围之内择地而生。这种在大一统的范围内存在的地域文化,以其特有的方式自然地出现在人们的生活里。这可以帮助我们看到一个多元文化和谐共处的真实画面。

乡愁,化不开的文化情结

一

世界上总有一些说不清道不明的事情,被人加上了许多想象,幻化成了一道道美丽的风景线。从古至今,中国人的伟大创造不胜枚举,但最让我们印象深刻的就是把对故乡的眷恋、思念、牵挂,用了一个很文艺的名字,乡愁。乡愁,与我们祖先的其他创造一样,让我们充满了敬意,也让我们在心灵深处留下了化不开的情结。

人为什么会思念故乡,会有乡愁? 从古到今割舍不下的乡愁,牵挂的到底是什么? 我们到底在愁什么呢? 这或许就是个无解的问题,因为每个人的乡愁似乎都带有个性色彩,要准确地给它画个像,有一定的难度。也许,有些名人的作品,可以为我们做个注脚。

当代台湾作家余光中笔下的《乡愁》是这样的:

小时候,

乡愁是一枚小小的邮票,

我在这头,

母亲在那头。

长大后,

乡愁是一张窄窄的船票,

我在这头,

新娘在那头。

后来啊，

乡愁是一方矮矮的坟墓，

我在外头

母亲在里头。

而现在，

乡愁是一湾浅浅的海峡，

我在这头，

大陆在那头。

余光中的乡愁，是因为海峡的阻隔，是人为造成的。如果有一天，人为的阻隔消失了，海峡不再是障碍，愁绪也许就随之而去了。余先生的这首诗被誉为当代人说乡愁之最。

唐代大诗人崔颢笔下的乡愁，更多表现出来的是文人气息。他的《黄鹤楼》是这样说的：

昔人已乘黄鹤去，

此地空余黄鹤楼。

黄鹤一去不复返，

白云千载空悠悠。

晴川历历汉阳树，

芳草萋萋鹦鹉洲。

日暮乡关何处是，

烟波江上使人愁。

黄鹤在不在，古人在不在，白云万古飘，当不是崔颢要表达的，乡关在何处才是他最念念不忘的。所以，崔颢的这首诗被认为表达的是千年不朽、千年化不开的乡愁。世上只要有游子在，这种愁就会永远伴随着他们。

从历史上看，最悲壮的乡愁属于项羽。公元前202年，项羽被围垓下。汉军的数十万人马并没有使项羽感到丝毫恐惧，但四面传来的乡音楚歌，却让这位盖世英雄潸然泪下："力拔山兮气盖世，时不利兮骓不逝。骓不逝兮可奈何，虞兮虞兮若奈何！"最终因无颜见江东父老而自刎乌江。在这个悲壮的故事里，最能打动人心的场景，是项羽与虞姬的话别，给人们留下了千古不朽且让人唏嘘不已的凄美爱情故事。

悠长的乡愁，属于东魏时的高欢。《资治通鉴》记载：南北朝时期，东魏丞相高欢对西魏发动战役，要攻取战略要地玉璧城，进而打开西进的道路。公元546年10月，高欢率重兵进攻玉璧城，西魏守将韦孝宽积极防守，东魏军屡攻不下、伤亡惨重，高欢忧愤成疾。同年11月，经过50日的苦战之后，东魏军撤退。高欢从玉璧回到东魏之后，军中传言说韦孝宽用定功弩射杀了他。西魏人听到这一传言后，便发布通告说："只要我们强劲的弩一射，与我们为敌的元凶自己就死了。"高欢听到这些话又急又气，他勉强坐起来召见他的下属，让他手下的大将斛律金作了一首充满乡韵的《敕勒歌》，他也跟着乐曲和唱，悲哀之感油然而生，不禁痛哭流涕。

因为高欢的郁闷惆怅，也因为高欢世居敕勒故地，故而斛律金所作的《敕勒歌》，被敷上了浓重的地域性、民族性的色彩。"敕勒川，阴山下，天似穹庐，笼盖四野。天苍苍，野茫茫，风吹草低见牛羊。"阴山脚下的敕勒川，天像无限延伸到远方地平线的穹庐，地上丰美茂盛的绿草，遮住牛羊高大的身躯，当微风拂过之时，被草遮掩的满山遍野的牛羊才会现出它们的身影。这是一派多么辽阔而壮美的风光啊！但如果这片土地变成了他人的乐园，它曾经的主人却在远方颠沛流离，他的心情会是怎样的？我想，除了惆怅，剩下的一定会是悲伤。而悲伤对一个人来说,可能会有两种结果,因悲伤而消沉或因悲伤而奋起。高欢当然是后者。

千百年来,关于这首歌,学术界至少有两种理解:其一,有人认为它是敕勒人的歌;另外一种理解,《敕勒歌》就是指这首歌本身。而对这首歌的解读,历来也有两种:一是说它是东晋以来田园诗的延续,一说它是乡愁的深沉表达。孰对孰错,不好评判,但史书当中的记载,也许有助于我们了解它。当然,前文说到的那段记载,只说了斛律金作《敕勒歌》,并没有记录歌词,也就为后人留下了发生分歧的空间。如果我们了解一下高欢和敕勒的相关情况,理解起来会容易一些,答案也许会更接近真相。敕勒,作为北方草原上曾经的强者,不幸被他的邻居鲜卑人征服,他们内心深处的委屈、惆怅以及对故乡的怀念是不言而喻的。高氏家族世居此地,跟敕勒人一样,也被裹胁着成了鲜卑人的附庸。我们可以这样理解,这首歌不管是敕勒人日常吟唱的,还是在战事不利的背景下高欢让斛律金作歌以提振士气的,但其本身表达的是挥之不去的乡恋与乡愁。从严格意义上讲,辨析《敕勒歌》究竟是诗还是歌毫无意义,诗言志,歌咏志——诗是可以咏唱的歌,歌是可以吟诵的诗。它所表达的乡愁却是实实在在的。

经典的乡愁故事,莫过于东晋士人张季鹰(张翰)的思乡之情与其后发生的故事。《世说新语·识鉴》云:"张季鹰辟齐王东曹掾,在洛,见秋风起,因思吴中莼菜羹、鲈鱼脍,曰:'人生贵得适意尔,何能羁宦数千里以要名爵!遂命驾便归。俄而齐王败,时人皆谓为见机。"晋朝人张季鹰(张翰)在洛阳做官,因为思念家乡的味道,故而辞官不做,也因此避免了一场意外伤害,人们称赞他善于见机行事。张季鹰(张翰)的"见机"处,源于他对家乡的莼菜和鱼脍的深刻记忆,因思念家乡的味道而放弃从古至今人人唯恐求之不得的官位,不仅需要情感,也需要智慧和魄力。张季鹰(张翰)不仅有智慧和勇气,还有他对西晋

"八王之乱"背景下政治的厌倦和逃避，所以有了覆巢之下有完卵的侥幸。这个故事告诉我们，人如果经常向往宁静的生活，也未尝不是一个好的选择。

二

以上都是名人名士的例子，他们的乡愁，从一定意义上说，是充满了士大夫情怀意蕴的乡愁，是极具个性化的。那现实生活当中普罗大众的乡愁又是什么样子的呢？从现实生活中看，乡愁尽管可能很有个性，但它却与人所处的社会阶层、受教育的程度和占有社会财富的多寡没有必然联系，普罗大众的乡愁，在一定程度上，更接近乡愁的本义。

多少年的追寻

多少次的叩问

乡愁是一碗水

乡愁是一杯酒

乡愁是一朵云

乡愁是一生情

年深外境犹吾境

日久他乡即故乡

游子

你可记得土地的芳香

妈妈

你可知道儿女的心肠

一碗水一杯酒一朵云一生情

这是央视节目《记住乡愁》的主题歌。如歌词所言，普罗大众的愁少了许多文人气和陌生感，多了我们熟悉的烟火气。那些文人笔下挥之不去、魂牵梦绕的乡愁，在普罗大众眼里，可能就是对儿时玩伴的记忆，奶奶或者母亲亲手做的家常饭，村头老树下爷爷辈不知道年代的故事，邻里在冬天背风向阳的窑洞外的家长里短，供奉在宗祠里祖宗牌位……这一切，最终形成了一种让人铭记、回味、思念、眷恋的因子，让身处异乡的我们心底有了最温暖的归宿。前几年很火的央视纪录片《舌尖上的中国》打动人心的，表面上看，是那些做工精细的文豆腐和河豚肉，是湖南人吃不够的臭豆腐、白辣椒，是安徽人忘不了的毛豆腐、臭鳜鱼，是陕北人念念不忘的黄馍馍，四川人离不了的豆瓣酱，朝鲜族大嫂的辣白菜，东北人念念不忘的酸菜氽白肉……其实真正让我们梦牵魂萦的却是凝聚在这些吃食制作过程中的亲情及邻里相助的乡情。对家乡味道的记忆和思念以及邻里之间互助互爱的村亲乡谊，凝结成了我们对家乡生活方式的深刻记忆，渐次变成了挥之不去的乡愁，随着时间的流逝，凝结成了化不开的文化印迹。所以，20世纪80年代末热播的电视剧《篱笆女人狗》中的主题歌也让我们记忆深刻：

　　星星还是那颗星星哟

　　月亮还是那个月亮

　　山也还是那座山哟梁也还是那道梁

　　碾子是碾子缸是缸哟爹是爹来娘是娘

　　麻油灯啊还吱吱响点得还是那么丁点亮

　　哦哦

　　只有那篱笆墙影子咋那么长只有那篱笆墙影子咋那么长

　　还有那看家狗叫得叫得叫得叫得咋就这么狂

　　星星咋不像那颗星星哟

　　月亮也不像那个月亮

河也不是那条河哟房也不是那座房

骡子下了个小马驹哟

乌鸡变成了彩凤凰

麻油灯啊断了油

山村的夜晚咋就这么亮

哦哦

只有那篱笆墙影子还那么长只有那篱笆墙影子还那么长

在那墙上边爬满了豆角秧哦

爹娘勤劳养家的身影，祖辈传下来的一盘碾子、一口水缸、一盏麻油灯，春种夏耘、秋收冬藏之后的一餐饱饭和一铺热炕，才是流浪在他乡的人们心中挥之不去也解不开的块垒。说到底，是那些曾经熟悉的地方、熟悉的味道、熟悉的人，以及千百年来的生活方式以及由此形成的文化留给我们的烙印。诚如歌中所言，家乡的生活方式和凝结在生活方式里的文化，就像篱笆墙的影子，总是那么长，也像墙边棚架上的豆角秧子，一如往常，只要是夏天，它就会爬满角角落落。当然，如果我们只把乡愁理解为如上所说的具象的东西，那我们的理解就狭隘了。研究表明，所谓乡愁，实际上是因为人们不适应陌生环境引发的对故乡的眷恋，对陌生环境的不适应实际上是对陌生环境背后文化的不适应。中国社会，不论东西南北，人情乡谊是其重要内容。事实上，乡愁远比那些具相的事务更丰富、更值得关注。也就是人对家乡的眷恋，远比味道丰富，那些供奉在祠堂里的祖宗牌位和割不断的血缘亲情，以及在现实生活中邻里相助与无处不在的人际关系，都会让人时时记起家乡的味道。这味道自从有了家乡的印记之后，就无时无刻不在影响着人的舌尖进而影响人的生活。中国人生活当中的许多谚语，深刻地表达了家乡在每个人生活中的美好和说不清道不明的各种情愫："亲不亲故乡人""京城虽云乐，不如早还家""富贵不归故乡,如衣锦夜行"。在中国,无论天南地北,家乡永远是分量最重的。"老乡"或"乡党"都是拉近彼此之间距离最直接、最有效的润滑剂,一句家乡话,胜过别人的推荐信。因为人们更看重的是在家乡耳濡目染形成的共同的价值观。在这里,愁绪可以尽情释放,感情可以充分表达,富贵可以分享,一切都会被接纳、被认同,这也就是中国几千年博大精深的乡愁的精髓所在。化不开的乡愁,实际上就是对生下来就融化在血液里的故乡生活方式的记忆。中国人常说的入乡随俗,真正表达的是一个人在他乡时对当地文化的认同,是接地气的表现,也是你进入他地文化圈的通行证。

三

在中国人的观念里,一个远离故土而无乡愁和家国之恋的人是很可怜甚至很可悲的。有一个流传很广的古人的故事,是很能说明问题的。公元263年,魏国的晋王司马昭,凭着父兄的余荫灭掉了蜀国,刘禅去国号后被宽大处理做了安乐公,刘禅的子孙及群臣封侯者五十余人。有一次,晋王与刘禅一起宴饮,为他表演蜀国的歌舞,旁人都为之伤感不已,刘禅却很高兴,无任何异样。晋王对他的亲信贾充说:"人之无情,竟然到这种程度;即使诸葛亮还在,也不能辅佐他长久平安,何况姜维呢!"过了几天,晋王问刘禅说:"你还思念蜀国吗?"刘禅说:"我在这里很快乐,不思念蜀国。"刘禅以前的大臣郤正听到后,就对他说:"如果晋王以后再问,你应当哭着回答说:'祖先的坟墓远在岷、蜀,我心常常西望而悲,没有一天不思念。'然后闭上眼睛。"后来晋王又问刘禅,刘禅就按郤正教他说的那样回答了。晋王说:"你说得怎么像郤正的话?"刘禅惊讶地睁开眼说:"确实是郤正让我这么说的。"左右之人都哈哈大笑。这则笑谈,流传了一千多年,估计还会继续流传。这则笑话除了表现一个没有乡愁乡恋的人的可怜可悲,还多少表现出一些怒其不争的伤感。如果我们略做些分析，就会知道，尽管事情离我们已经有一千多年，但我们似乎仍能闻到这则笑谈里弥漫的血腥气，司马昭和刘禅的对话，像极了生活当中猫戏老鼠的游戏。刘禅为了苟活，不惜被人耻笑，但司马昭还是没有给他苟活的机会。在一个"人为刀俎、我为鱼肉"的现实当中，刘禅的生与死，其实跟他智与愚没有多大关系。我们固有的乡恋、乡愁，对已经成了阶下囚的刘禅而言，其实是很奢侈的感情。事实证明，即便是刘禅装得没心没肺，但司马昭还是怕他有朝一日真的有了"乡愁"，这对司马家的事业有百害而无一利。所以，尽管刘禅只想做个与世无争的愚公，但司马昭还是用一杯不太干净的酒结束了他的生命，彻底断绝了他哪一天突然萌生的乡愁。

这则笑谈的真相，在我看来，是被司马光、罗贯中引人入胜的故事情节掩盖了。真实的刘禅也许缺乏治国之才，不是个理想的治国之主，但并不真的是个蠢货。试想一下，一个曾经说一不二的人，突然变成了别人的玩偶而不觉其耻，需要有多么强烈的求生欲望或者多大的智慧才能躲开那或明或暗、时时刻刻围着他的杀身之祸呢？对刘禅而言，上上之选当然只能是装傻，在装傻的时候，刘禅内心深处对曾经的故乡的眷恋，谁又真的在乎呢？我猜想，刘禅离开成都到洛阳后，留在心底的那份对天府之国的思念和眷恋，也许就只有他自己知道了。

当然，历史上也有境遇和刘禅一样的亡国之主，他们不愿意像刘禅一样，把对故国的思念和眷恋留在心底，而是写成了令人动容的文字，让我们看到了一个不幸的亡国之君，把自己远离故土而不得不寄人篱下时对故乡的眷恋，最终凝结成了千年难化的心结：

　　春花秋月何时了？
　　往事知多少。
　　小楼昨夜又东风，

故国不堪回首月明中。

雕栏玉砌应犹在，
只是朱颜改。
问君能有几多愁？
恰似一江春水向东流。

曾经是南唐后主的李煜，政治上乏善可陈，但他的《虞美人》却是不折不扣的千古名篇。由此我们知道，一个人治国能力的优劣，并不会影响他表达对故乡的思念和眷恋。我们也知道，一个人，不论他政治地位和身份如何，他心底都会有对故乡的思念和眷恋。

对人而言，对故乡的思念和眷恋的差别，也许就在于有人愿意表露，有人却愿意把对故乡的眷恋深藏在心底。每个人留在心底的那一丝对故乡的思念和眷恋，实际上就是故乡的生活留在我们心底的印迹。一个人如果真没了乡愁，那他就真的不知道该魂归何处了。

公元 371 年的往事①

一

公元 371 年，如果不刻意关注的话，它就只是十六国时期的一个年份。但如果我们留意一下发生在这一年的历史事件就会发现，这是一个很值得回味的年份。在这一年，十六国时期那些对此后中国社会产生过重大影响的人物，像约好了一样，向我们展示了他们的风采。

公元 371 年，前秦的第三位皇帝苻坚正在为他兵吞八荒的帝业忙碌着。一开年，他就做了一件大事，迁徙关东豪杰及杂夷部族十五万户到关中地区，把乌桓人安置在冯翊（陕西大荔一带）、北地（甘肃庆阳一带），把丁零人翟斌的部族安置在新安、渑池（河南三门峡一带）。众多因战乱而流离失所，如今想重归故里、恢复旧业的人，全部听了他的安排。

土地和人口是十六国时期各军事集团壮大自己实力的军备资源，也是自身不断强大的动力。战后强制性的人口迁移，既是战胜者壮大自己的需要，也是削弱对手的方式。春秋无义战的说法，更符合十六国时期的情况。这种强制性的、不分族群的人口流动，自然会带来生理、心理上的不适。因为是强制移民，自然有许多人不愿意离开

---

①本文所涉及的主要资料，见于《资治通鉴·晋纪二十五》，以下非必要不再注解。

养育自己的家乡,也有很多人难以适应新环境。苻坚的强制移民,似乎比其他人多了些柔性,也就是说,如果你还想过和以往一样的日子,可以自便。这种体现人性化的柔性,表现了苻坚笼络民心的远见,也能感觉到他经略天下的气度。

二月,苻坚进行了大量的人事调整:任命魏郡太守韦钟为青州刺史,中垒将军梁成为兖州刺史,射声校尉徐成为并州刺史,武卫将军王鉴为豫州刺史,左将军彭越为徐州刺史,太尉司马皇甫覆为荆州刺史,屯骑校尉姜宇为凉州刺史,扶风内史王统为益州刺史,秦州刺史、西县侯苻雅为使持节,都督秦、晋、凉、雍各州诸军事,秦州牧、吏部尚书杨安为使持节,都督益、梁州诸军事,梁州刺史。重新设置雍州,治所为蒲阪,任命长乐公苻丕为使持节、征东大将军、雍州刺史。梁成是梁平老的儿子,王统是王擢的儿子。苻坚认为关东刚刚平定,郡守、县令应该有合适的人选,于是命令王猛根据具体情况选拔杰出之士,充实六州的郡守、县令,授官以后,上报朝廷正式任命。

官员的大面积调整和任命,一般来说有两种情况:一是以新替旧,比如体制改革时,会有这种情况。另一种情况,则是岗位大量空缺。岗位大量空缺的情况,多发生在改朝换代或事业蒸蒸日上、欣欣向荣的时期。苻坚在这一年大面积任用州郡刺史,说明他的事业处于蒸蒸日上的阶段。如果我们把他调整的官员的地方拼成一张地图,就会发现,长安周边,东至山东、南到荆楚、西南从汉中到成都,西到凉州,北到蒲坂(山西永济一带),都已成了前秦可以任命官员的地方,加上之前得到的燕赵之地,前秦在统一北方的征程上正在大步迈进。

完成了人事安排之后,从三月到九月,苻坚排兵布阵,四面征讨。

三月,前秦后将军俱难在桃山攻打兰陵太守张闵的儿子,大司马桓温派兵击退了他。

同月,前秦西县侯苻雅、杨安、王统、徐成以及羽林左监朱彤、扬武将军姚苌率领步、骑兵七万人讨伐仇池公杨纂。

四月，前秦的军队抵达鹫峡，杨纂率领五万兵众抵御。梁州刺史杨亮派督护郭宝、卜靖率领一千多骑兵帮助杨纂，与前秦的军队在峡中交战，杨纂的军队大败，十之三四的人死亡，郭宝等人也战死，杨纂收罗了逃散的兵众逃了回去。西县侯苻雅进军攻打仇池，杨统率领武都的民众投降了前秦。杨纂十分害怕，反绑双手出来投降，苻雅把他送到了长安。任命杨统为南秦州刺史，让杨安担任都督南秦州诸军事，镇守仇池。

还是在四月，王猛在枹罕攻破张天锡大军的时候，俘获了他的将领阴据及披甲士兵五千人。前秦王苻坚平定了杨纂以后，派阴据率领他的披甲士兵返回凉州，让著作郎梁殊、阎负去送他们，顺便命令王猛写信告诉张天锡说："过去你的先公向刘曜、石勒称藩，只考虑了力量强弱。如今要论凉国的力量，不如过去。要说大秦的德威，也不是二赵所能匹敌，将军反而与秦国绝交，这恐怕不是祖先的福分吧？以秦国的威力，只要一动作就没有谁能够阻挡，可以让弱水掉头东流，让长江、黄河回流向西。关东既已平定，就将移师黄河以西，恐怕不是你六郡的士人、百姓所能抵抗的。刘表说汉水以南可以自保，将军说黄河以西可以保全，凶吉祸福全都系于你身上，可以借鉴的往事并不遥远，你应该深思熟虑，多谋求一点福分，不要让六代人经营的大业毁于一旦！"收到这份充满威胁与恫吓信件的张天锡十分害怕，派使者向前秦谢罪称藩。苻坚授予张天锡使持节、都督河右诸军事、骠骑大将军、开府仪同三司、凉州刺史、西平公。

五月，吐谷浑王辟奚听说杨纂失败，派使者向前秦进献了一千匹马、五百斤金银。前秦任命辟奚为安远将军、漒川侯。

七月，前秦王苻坚到洛阳。也就在这个月，苻坚任命光禄勋李俨为河州刺史，镇守武始。

也是在七月,根据王猛的提议,苻坚重奖了邓羌,任命邓羌为司隶校尉。苻坚下达诏令说:"司隶校尉负责督察京城周围的地区,职责重大,不能用来优待名将。汉光武帝不以政务官职赏赐功臣,实际上是更看重他们。邓羌有廉颇、李牧那样的才能,朕准备将征伐的事情交给他,在北方平定匈奴,在南方扫除扬、越,这才是邓羌的重任。司隶校尉怎么值得交给他呢?晋升他的封号为镇军将军,赐位特进。"

九月,苻坚从洛阳返回长安。任命李俨的儿子李辩接替殉职的父亲为河州刺史。

从以上事项,我们可以知道,四处征讨的苻坚取得了不错的成绩:大败仇池公,平定了仇池;在枹罕(今甘肃临夏)大败前凉张天锡,迫使前凉纳表臣服;迫使吐谷浑纳贡献马。如果我们把苻坚收入囊中的这些地方再做个拼图,就会发现,拿下仇池,陇山以南的大片区域入了前秦;在枹罕大败张天锡、任命河州刺史,吐谷浑献马,陇右至青海的大片区域入前秦;张天锡纳表归服,前秦的势力深入河西。这表明,经过大半年的努力,陇山以南、以西成了前秦的地盘。这实际上表明,立都长安的前秦已经解除了来自陇山以南、以西的直接威胁,也让前秦的实力大为增强。这让踌躇满志的苻坚志得意满,他打算给自己来一个带薪休假,好好犒劳一下自己。

十月,前秦王苻坚到邺城,在西山打猎,十多天还流连忘返。乐官王洛勒住马劝谏说:"陛下为百姓所依托,如今久猎不归,一旦出现不测之患,让太后、天下人怎么办呢?"苻坚因此停止打猎回到了王宫。王猛接着进言说:"打猎确实不是当务之急,王洛的话不可忘记。"苻坚赏赐王洛一百匹帛,授官篯左右,从此就不再打猎了。

善于纳谏,从善如流,是人主的高贵品质。言出行,行必果,是一个人成就事业的品质。由此看,苻坚有干大事、做英主的基本素养。

值得我们注意的是苻坚这次度假的地方,邺城当时的范围应该包括今河北邯郸市临漳县西、河南安阳市北郊一带。邺城的西山，应该是太行山，太行山以东是河北，太行山以西是山西。当时的山西应该是代国的地盘，也就是拓跋什翼犍的地盘。苻坚放马太行，似乎不仅是在度假，应该是在巡边的同时为吞并拓跋氏的代国做准备，从此后前秦灭代的事实看，苻坚的这次游乐也有可能只是表面上的，当时的乐官王洛只看到他的君主在游乐，却不知道苻坚是醉翁之意不在酒，而他真正在意的却是代国的山水。

这年的十一月，前秦王苻坚听说了桓温废立皇帝的事情，对他的大臣们说："桓温先在灞上失败，后又在枋头失败，不能反思过错以向百姓谢罪，反而废黜君主以自我解脱。六十岁的老叟，如此举动，将怎样自容于天下呢？民谚'对妻子愤怒就向父亲要脸色'，大概说的就是桓温吧。"

旁观者清。从苻坚对桓温的评价，我们可以看出他是很有见识的，但正所谓知人不难，难在知己。很多时候，人对别人做事的长短，都会有较为清醒的看法；但面对自己时，往往会只见其成、不知其败。苻坚绝对是看别人门儿清，看自己一塌糊涂的人。举两个例子：

前燕的吴王、现在投身苻坚而被苻坚任用为冠军将军的慕容垂对苻坚进言说："臣的叔父慕容评，是燕国像商代的恶来一样的人，不应该让他再玷污圣朝，愿陛下为燕国杀掉他。"苻坚于是调动慕容评任范阳太守，前燕的诸王都被任命为边境州郡的太守。

公元 371 年，前秦益州刺史王统在度坚山攻打陇西的鲜卑人乞伏司繁，乞伏司繁率领三万骑兵在苑川抵抗王统。王统偷袭了度坚山，乞伏司繁部落的五万多部众都投降了王统，他的将士们听说妻子儿女已经投降了前秦，不战而溃。乞伏司繁无处可走，也到王统那里投降了。前秦王苻坚任命乞伏司繁为南单于，把他留在长安。任命乞伏司繁的堂叔乞伏吐雷为勇士护军，去安抚其部众。

对以上两件事,特别是苻坚优待慕容评一事,宋代史学家司马光如此评价:"上古时候的人,有时他们的国家被灭了他们反而高兴,为什么呢? 因为替他们除掉了祸害。那个慕容评,蒙蔽君主,专擅朝政,猜忌贤能,嫉恨功臣,愚顽昏暗,贪婪暴虐,最终丧失了他的国家。国家灭亡了,他还没死,逃亡躲避,终被擒获。秦王苻坚没把他杀掉,还放纵他并给以宠爱,授以官职,这是爱一个人而不爱一国人,肯定要失掉人心。对人施以恩惠而人们并不以恩相报,对人待以诚意而人们并不以诚相报,最终导致功名不成、无处容身,这是不得要领的缘故。

赏罚分明是人主操权的关键,赏功是劝善,罚过是惩恶,以此收服人心。赏罚不明,失去了是非功过的判断标准,没有了判断的标准,就会让人是非混淆、无惧无畏。在许多人看来,苻坚的失败,是被自己一时的胜利冲昏了头脑,对内部的潜在威胁缺乏清醒的认识。实际上,在苻坚统一北方的过程中,有许多敌国的君主曾臣服于他,但他们中的许多人只是纳表称臣,只是收起利爪潜伏,并不是心悦诚服地追随,一旦时机成熟,则立刻分道扬镳。苻坚对那些曾经雄踞一方的大佬处置不得要领,最要命的就是"讲小信而轻社稷",这是他同时代的有识之士给他的评价,也是他一生的败笔。对我们前文提到的仇池王、前凉王、前燕的慕容评、陇西的乞伏司繁等人的处置,表面上看无甚不妥,实际上都是控驭不得要领、讲小信而失大义的例子。对枭雄们的处置不得要领,不但是用人之失,而且是养虎为患。对他们无原则的优待,事实上失了民心,也给他们当中的一些人东山再起提供了重要条件。

公元 371 年,前秦主苻坚的日子过得忙碌而卓有成效。当然,这一年只是苻坚人生长剧当中的高光时刻, 这也是淝水之战之前他人生长剧当中的一个片花。如果按这个片花继续演绎下去,也许苻坚真会成为王猛理想中的一代英主。可惜,王猛也许至死都没有想到,他期望的英主并没有出现,苻坚也没有把他的临终遗言当成忠告,在与东晋战还是和平相处的问题上,王猛死后苻坚选择了战。这不仅是君臣之间认识上的分歧,实际上也是苻坚半生征战积累起来的自信的过度爆发。过分的自信,实际上就是刚愎自用。在淝水之战之前,苻坚一定没有想过,淝水北岸会风声鹤唳,八公山上会草木皆兵。

二

公元 371 年,东晋第一权臣桓温正在为他的人生目标做最后的努力。

桓温,《晋书》有传,官宦出身,精于权谋,曾三次奉命北伐。他的名言"男子不能流芳百世,亦当遗臭万年",我们可以把它当成桓温的人生目标。也因此,身处海西公司马奕(他本是东晋第七位皇帝,被桓温废为海西公)朝显赫地位的桓温,自恃材略位望,并不满足于已有的地位,有了背叛自立的野心。史书当中记载说,有个叫杜炅的术士,据说能预知人生贵贱,桓温就问杜炅自己的禄位能到什么高度。杜炅告诉他说:"您的功勋可以满天下,应该会位极人臣。"桓温听了很不开心。桓温本来打算借率军北伐的机会收取更大的人望,以达到九锡加身进而位登九五的目的。我们知道,历史上,凡九锡加身者,事实上离九五之尊也就一步之遥了。但是,因为枋头之失,也就是桓温第三次北伐的失败,让桓温威名大损。还好,北伐虽然受挫,但寿春之战却取得了胜利。于是桓温觉得这也可以抵消枋头之失带给自己的负面影响。幕僚郗超却告诉他,枋头之失对他造成的负面影响,单靠寿春之战的胜利是无法抵消的。要想消除枋头之失的坏影响,只有建不世之功,方可化解人们对您能力的质疑。郗超说:"明公承担着天下的重任,如今已六十高龄,却在一次大规模的行动中失败,如果不建立非比寻常的功勋,就不足以满足百姓的愿望!"桓温说:"那么该怎么办呢？"郗超说："明公不干伊尹放逐太甲、霍光废黜昌邑王刘贺那样的事情，就无法建立大的威势与权力，镇压四海。"桓温听了深以为然。于是，桓温和郗超联手策划的废立之事就开始了。由此我们知道，有时候人突然变坏，除了想做坏事的人的初心，他人的撺掇也是重要因素。

废立之事，天下大事中的大事。行废立之事，自然得舆论先行。司马奕在位虽无大作为，在权臣的挟持之下谨小慎微，并无明显的过失，要行废立，自然得无中生有。《资治通鉴》记载，桓温和郗超为了抹黑司马奕，精心策划了让人难以启齿也真伪难辨的床笫之事加以渲染，说皇上早就患有阳痿，宠臣相龙、计好、朱灵宝等参与服侍起居床笫之事，与田氏、孟氏两位美人生下了三个儿子，将要立太子赐封王位，转移皇家的基业。"并将这话秘密传播到民间，当时的人们都无法辨别真假。一生小心谨慎的皇帝司马奕，估计做梦也没想到他的臣子会用这样的事让自己去位。"欲加之罪，何患无辞"，这样的事，司马奕想不到，估计连他的先祖司马懿也想不到。

舆论有了，废立只是时间问题了。其进程当然是按照桓温的安排逐步推进的。他先是在那年的十一月癸卯（初九），从广陵返回姑孰（今安徽马鞍山当涂一带），驻扎在白石（今安徽含山一带）。丁未（十三日）抵达建康（今江苏南京），含蓄地劝说褚太后，请求废黜废帝司马奕，立丞相会稽王司马昱，还草拟了诏令进呈给褚太后。太后正在佛室烧香，内侍报告说："外边有紧急奏章。"褚太后出来，倚着门看奏章，刚看了几行字就说："我本来就怀疑是这样！"看了一半，就停了下来，向内侍要来笔加上了这样的话："我不幸遭受了这样的忧患，想到死去的和活着的，心如刀绞！"

己酉（十五日），桓温把百官召集到朝堂，废立皇帝是多少年所没有过的事情，没有人知道过去的典则，百官们都震惊恐惧。桓温也神色紧张,不知该怎么办。尚书左仆射王彪之知道事情不能半途而废,就对桓温说:"您废立皇帝,应当效法前代的成规。"于是命人取来《汉书·霍光传》,礼节仪制很快就决定了。王彪之身穿朝服面对朝廷,神情沉着,毫无惧色,文武仪规典则,全由他决定,朝廷百官因此服了他。于是宣布太后的诏令,废黜当朝皇帝司马奕,封为东海王(尔后不久,又被进一步贬为海西公),以丞相、录尚书事、会稽王司马昱继承皇位。百官进入太极前殿,桓温让督护竺瑶、散骑侍郎刘亨收取了废帝的印玺绶带。司马奕戴着白色便帽,身穿大臣的仅次于朝服的盛装,走下西堂,乘着牛车出了神虎门,群臣叩拜辞别、纷纷哽咽。侍御史、殿中监带领一百多名卫兵把他护送到东海王的宅第。桓温率领百官准备好皇帝的车乘,到会稽王的官邸去迎接会稽王司马昱。会稽王在朝堂更换了服装,戴着平顶的头巾,穿着单衣,面朝东方流涕,叩拜接受了印玺绶带。这天,会稽王司马昱即皇帝位,改年号为咸安。桓温临时住在中堂,分派兵力屯驻守卫。桓温的脚有毛病,简文帝诏令可以让他乘车进入殿堂。桓温事先准备好辞章,想陈述他黜废司马奕的本意,简文帝一见他便流下了眼泪,但桓温战战兢兢,始终没能说出一句话。

废立的整个过程,就像在舞台上的演出一样。废立的事,在桓温的幕后操纵下算是完成了,但其中的一些细节,如草率,群臣们的不知所措,说明历史上的废立确实是大事,即便是桓温这样的狠人,也有做贼心虚、不知所措、战战兢兢说不出话来的时候。

当然,狠人就是狠人,尽管桓温在废立现场的表演不算上乘,但丝毫没有影响他实现人生目标的信心。

太宰武陵王司马曦是新君司马昱的哥哥,喜好习武练兵,桓温很讨厌他,想废黜他,就把此事告诉了王彪之。王彪之说:"武陵王是皇室的亲族尊者,没有明显的罪过,不能因为猜忌随便废黜他。您要想有好名声,应当尊崇、辅佐王室,与伊尹、周公具有同样的美德。这件事应该仔细考虑!"桓温说:"这已经是我决定了的事情,你不要再说了!"乙卯(二十一日),桓温进上表章:"司马曦收罗、招纳轻浮之士,儿子司马综自负残忍。袁真叛反与他有牵连。近来他常常疑惧,将会埋下祸乱的种子。请求免除他的官职,让他以王的身份返回藩地。"简文帝同意了,还免除了司马曦的世子司马综、梁王司马逢的官职。桓温让魏郡太守毛安之率领所军队宿卫皇宫。毛安之是毛虎生的弟弟。

免除了皇帝的亲哥也是当时司马家最有实力的太宰司马曦的官职之后,桓温解除了上位的一大障碍。但东晋立国的根基是世家大族,有他们在,桓温还是不踏实。于是桓温就开始清理这些绊脚石。

当初殷浩去世的时候,大司马桓温派人送信吊唁他。殷浩的儿子殷涓没有答复,也没有到桓温那里去,而是与武陵王司马曦游玩。广州刺史庾蕴是庾希的弟弟,一直和桓温有隔阂。桓温厌恨殷涓、庾蕴宗族的强大,想要灭掉他们。这在《资治通鉴》里有详细记载:

辛亥(十七日),桓温派他的弟弟桓秘逼迫新蔡王司马晃到西堂去叩头自述,称自己与司马曦及他的儿子司马综、著作郎殷涓、太宰长史庾倩、掾曹秀、舍人刘强、散骑常侍庾柔等阴谋反叛。简文帝又流下了眼泪,桓温把他们都抓起来交给廷尉。庾倩和庾柔是庾蕴的弟弟。癸丑(十九日),桓温杀掉了东海王司马奕的三个儿子和他们的母亲。甲寅(二十日),御史中丞谯王司马恬按照桓温的旨意,请求依律诛杀武陵王司马曦。简文帝下达诏令说:"悲痛惋惜,惊恐不安,不忍听闻,何况是诉说呢!再仔细商议吧!"司马恬是司马承的孙子。乙卯(二十一日),桓温再次进呈表章,请求杀掉司马曦,言词非常恳切。简文帝于是亲手写下诏令赐予桓温说:"如果晋王朝的国祚还可以延续,请你尊奉执行以前的诏令;如果晋王朝的大运已去,我就请求避让贤人晋升之路。"桓温看了以后,惊慌失措、汗流满面,就奏请黜废司马曦及他的三个儿子，将其家人都迁到新安郡。丙辰（二十二日），黜免新蔡王司马晃为庶人，将他贬到衡阳。殷涓、庾倩、曹秀、刘强、庾柔都被满门诛杀，庾蕴服毒而死。庾蕴的哥哥东阳太守庾友的儿媳是桓豁的女儿，所以桓温赦免了她。庾希听说了这桩灾难，与弟弟会稽参军庾邈及儿子庾攸之逃到了海陵的湖泽中。

殷、庾两家是东晋望族。桓温诛杀了殷涓、庾蕴等人以后，威势显赫至极。有记载说，当时已是侍中的谢安看见桓温，在很远的地方就开始叩拜了。桓温吃惊地说："谢安，你为什么要这样呢？"谢安说："没有君主叩拜于前，臣下拱手还礼于后的。"

谢安的表现当然是随机应变，也暗含对桓温的讽刺。但也说明，桓温的权势确实已经到了皇帝不能制约的地步了。

从上述历史记载来看，我们把桓温称作狠人，显然是合适的。其实，历史上改朝换代的过程中，像桓温这样的狠人，并不在少数。

为了笼络人心并宣示废立的正当性，戊午（二十四日），东晋实行大赦，为文武官员增加品位二等。

己未（二十五日），桓温到白石，上书请求返回姑孰。庚申（二十六日），简文帝下达诏令，晋升桓温为丞相，大司马职位保留，让他留在京师辅佐朝政。桓温固执地辞让，还请求回到镇所。辛酉（二十七日），桓温从白石返回姑孰。

从时间上看，桓温完成废立和清君侧，仅用了不到两个月。

桓温这种心怀异志的狠人，当然不会真的在乎朝野对自己的评价，他在乎的是他的人生目标。事实上，上天留给他的时间也不多了，他需要抓紧时间实现自己的人生目标。

公元 371 年十二月，大司马桓温上奏章说："废黜放逐之人，应该撵得越远越好，不能让他接近黎民百姓。对东海王司马奕，应该按照过去废黜昌邑王的办法，让他到吴郡居住。"太后下达诏令说："让东海王成为庶人，于心不忍，可以封他为王。"桓温又上奏章说："可以封他为海西县侯。"庚寅（二十六日），封司马奕为海西县公。

时间对每个人都是公平的，不论他是狠人还是懦夫。尽管桓温野心犹在，但天不假年，公元373年七月己亥（十四日），南郡宣武公桓温去世。

从公元371年十一月桓温废司马奕算起，只过了两个年头，东晋狠人不得不含恨闭上他那双曾经睥睨天下而又充满欲望的眼睛。

史书记载，桓温先是希望简文帝临终前能将皇位禅让给自己，至少应当让他摄政。结果这个愿望没能实现，桓温非常愤怒，他给弟弟桓冲写信说："简文帝遗诏让我按诸葛亮、王导的旧例辅政。"其实，弟弟桓冲想的跟他不一样，做的也不一样。在桓冲的观念里，作为朝廷的股肱之臣，当尽心为朝廷着想。桓温没有等来他想要的，就怀疑这事是王坦之、谢安在从中作梗，对他们怀恨在心。当朝廷让谢安前去召桓温入朝辅政时，桓温推辞不就。此后，桓温病重的时候，又希望朝廷给他以加九锡的礼遇，并多次派人去催促。谢安、王坦之则故意拖延此事，让袁宏草拟诏令。袁宏草拟完以后让王彪之审阅，王彪之赞叹他文辞优美，接着说："你本来是杰出的人才，怎么能写这样的文章让别人看呢！"谢安见到了袁宏写的草稿，就对其加以修改，前后十多天也没有定稿。袁宏暗地里和王彪之商量，王彪之说："听说桓温的病情日益严重，应该不能坚持多久了，可以晚一点回复。"

就因为他的同僚们有意拖延，桓温心心念念加九锡的人生愿望再次落空了。这除了天意，还有人事，历史留给桓温的，只有他那句名言。他所有的愿望，只能交给他那未成年的儿子桓玄了。

三

公元371年，东晋江南望族王、谢两家的燕子，正在辛勤打理它们的巢。

这一年活跃在东晋朝堂上的王、谢子弟，王家有王彪之、王坦之，谢家有谢安。

王彪之、王坦之，作为"王与马，共天下"的王家人，《晋书》有传。

谢家在东晋初虽说是江南望族，其名望应该不及王家，但随着谢安这一代人的崛起，尤其是经过淝水之战的洗礼，因为谢安、谢玄叔侄保社稷、安天下的不世之功，谢家终于成了可以和王家并称的江南望族了。

谢安、谢玄，《晋书》亦有传。

公元 371 年夏秋两季，对王、谢两家都是难熬的时光。史书记载了这样一件事，公元 371 年十二月，谢安和王坦之有事需要见郗超，当时的郗超因为和桓温关系特殊，所以架子十足，朝廷里的人都得看他脸色办事。谢安、王坦之一起到郗超那里等着办事，郗超丝毫不给面子，把他们晾在一边等候，直到太阳快落山了还没召见。王坦之很生气，就想离去，谢安劝他说："你难道不能为保全性命忍耐一会儿吗？"可见，在桓温当朝的日子里，王、谢家的日子确实不好过。

王谢两家毕竟是江南望族，因为他们和朝廷的关系盘根错节，即便是桓温这样的狠人，对他们也会礼让三分，他们也不会心甘情愿地让别人在自己家的后院里给自家人挖个坟墓。他们在对待朝廷和桓温的问题上，当然是朝廷的坚定维护者，因为朝廷实际上就是他们的立足之本。桓温对他们而言，就是已有秩序的破坏者，也是他们家族利益的强盗。他们对桓温的态度是，惹不起但躲得起，当然在大是大非的问题上绝不同流合污。这是士族的气质，也是士族的底线。

公元 372 年三月戊午（二十五日），东晋朝廷派侍中王坦之征召大司马桓温入朝辅政，桓温又一次推辞了。这表明，桓温从心底里拒绝按朝廷的安排办事，实际上也在拒绝和王谢为代表的士族合作。

公元 372 年六月甲寅（二十三日），嗣位不到一年的东晋简文帝身体不适，紧急征召大司马桓温入朝辅政，接连发出四道诏令，桓温推辞不来。桓温显然在用自己的倔强表明不达目的不与朝廷合作的态度。

从历史事实看，桓温的倔强，等于自动放弃了实现自己人生目标的机会。假如他不是一再拒绝和朝廷合作，以他当时的地位和声望，说不定还真有流芳千古的机会。可惜历史不能假设。

六月己未（二十八日），在桓温不在场的情况下，在朝的大臣们合议立司马昌明为皇太子，任命司马道子（司马昌明的弟弟）为琅邪王，兼领会稽国，以尊奉帝母郑太妃。简文帝诏："大司马桓温依据周公的旧例，代理皇帝摄政。对我年轻的儿子，可以辅佐就辅佐，如果不能辅佐，君自己取而代之。"这样的遗言，是对桓温扶己上位的承认，也是对先前已有的废立的恐惧。侍中王坦之看到这样的诏书大为震惊，他手持诏书进入宫中，在简文帝面前把诏书撕掉了。简文帝说："这天下本就是侥幸得来的，卿何必在意！"王坦之说："天下，是宣帝（西晋缔造者司马懿）、元帝（东晋第一位皇帝司马睿）的天下，陛下怎么能独断专行！"于是简文帝就让王坦之修改了诏书，说："宗族国家之事，一概听命于大司马桓温，就像诸葛亮、王导辅政一样。"这一天，简文帝驾崩。作为士族代表的王家子弟，在大是大非的问题上，态度是明确的。在王家子弟的主持下，政权顺利交接，桓温想让简文帝禅位于己的梦想彻底破灭。

简文帝驾崩后，东晋的朝堂上一时群龙无首。群臣慑于桓温的威势，没敢确立嗣子。有人说："应当让大司马桓温来处理。"在此危难之际，当时已经是尚书仆射的王彪之挺身而出，他正气凛然地说："天子驾崩，太子代立，大司马怎有资格提出异议！如果事先当面问他，反而会被他责备。"一语解惑，嗣子问题就此决定了：太子即皇帝位，实行大赦。崇德太后发布命令，因为孝武帝年幼，加上他得居丧，命令桓温依据周公摄政的旧例行事。命令经公布，王彪之说："这是大事，大司马桓温一定会固执地辞让，从而导致政务停顿，耽误先帝陵墓的修筑，我不敢遵奉命令，谨将诏书密封归还。"桓温辅政的事情也就搁置了。

此事再次证明，王氏家族子弟在面对重大问题时，依然是朝廷的中流砥柱。由此我们知道，士族所以能够成为士族，虽然与其门阀是密不可分的，但也不完全因为出身，关键时刻的操守和担当，是他们长久立身的依凭。

当然，我们得说，桓温一次次拒绝入朝辅政，最终失去了位登九五的机会，并不是他愚鲁不智从而错失良机，实际上是出于对王谢为代表的士族门阀强大实力的忌惮。如果离开了他苦心经营的姑孰，他就成了被除去爪牙的恶虎，只有其表而不能为恶了。有一个例子，可以说明这一点。

公元 373 年是桓温权势最盛的时候，那年他来晋见孝武帝。辛巳（二十四日），孝武帝诏令吏部尚书谢安、侍中王坦之到新亭迎接。那时，都城里人心浮动，有人说桓温要杀掉王坦之、谢安，晋王室的天下就要转落他人之手。王坦之非常害怕，谢安则气定神闲地说："晋朝国运如何，取决于此行。"桓温抵达京城以后，百官夹道叩拜。桓温部署重兵守卫，同时会见朝廷百官，有名望的人都惊慌失色。王坦之汗流浃背，连手板都拿倒了。谢安从容就座，坐定以后对桓温说："我听说诸侯有道，军队都用来抵御外敌，明公何必在墙壁后面安排武士！"桓温笑着说："我不能不这样做。"于是命人让他们撤走，与谢安笑谈良久。郗超是桓温的军师，谢安和王坦之去见桓温，桓温让郗超藏在帐子中听他们谈话。风吹开了帐子，谢安笑着说："郗超可谓入帐之宾。"当时天子年幼力弱，外边又有强臣，谢安与王坦之竭尽全力辅佐护卫,终使晋王室得以安稳。由此我们可以知道,即便是桓温这样的狠人,即便他权势滔天,面对王谢这样的世家大族,也是有所忌惮,不敢为所欲为的。

挫败桓温,是王谢两家与司马朝廷同气连枝的证明。以王谢为代表的门阀集团,作为东晋司马朝的坚强柱石,对司马朝的影响十分深远。司马奕的被废、司马昱和桓温的先后离世,为谢安一展才华提供了平台。

让我们来看看在桓温之后,王谢两家的才俊们在东晋朝堂上的表现。

史书记载,谢安因为太子年幼,辅佐首臣又刚刚死去,想请崇德太后临朝处理国政。王彪之说:"前代人主年幼,尚在襁褓,母子不可分离,可以请太后临朝。即便如此,太后也不能擅自决定国事,还需要征求大臣们的意见。如今主上已经十多岁,快到加冠完婚的年龄了,反而让堂嫂临朝,显示人主年幼力弱,这难道是光大圣德的做法吗?如果你们一定要这样做,我无法制止,我痛惜的是丧失了伦理大义。"谢安不想把重任交给桓冲,所以让太后临朝,自己可以专权裁决,就没有听从王彪之的话。

公元 373 年九月,东晋任命王彪之为尚书令,谢安为仆射、兼管吏部,共同执掌朝政。谢安每每感叹说:"朝廷大事,众人不能决断的,去问王彪之,无不马上决断!"

谢安对王彪之的赞美,一方面当然是对王彪之处置重大问题的能力和水平的充分肯定,另一方面说明王谢两家在艰难时刻的和衷共济,这对强邻环伺的东晋来说,无疑是个很好的局面。

公元 374 年正月二十七日,刁彝去世。二月初一,朝廷任命王坦之为都督徐、兖、青三州诸军事及徐、兖二州刺史,镇守广陵。诏令谢安总领中书职事。

谢安喜好音乐，就算在服丧期间，也未停奏丝竹器乐。士大夫们纷纷效仿他，以至于成为一种时尚。王坦之屡屡写信恳切地劝谏他："礼仪法度，是天下之宝，应当为天下而爱惜它。"谢安没有听从劝告。

史书中把人事安排和谢安的爱好放在一起，给了我们一个特别的印象，也就是说，刁彝去世之后，随着王坦之、谢安的新的人事任命，表明了桓温时代的终结和王谢左右东晋朝政的重新确立。朝野对谢安名士气质的认同，而实际上也是表明了谢安辅政的局面得到了江南士大夫的认可。

公元 375 年九月，东晋孝武帝讲习《孝经》，开始阅览典籍，邀请儒士侍讲。谢安荐举东莞人徐邈补中书舍人，他经常接受孝武帝的询问，匡正补益颇多。孝武帝有时宴集群臣，酣饮歌乐之后，喜欢随手写些诗章赐给侍臣，有的诗章文辞草率，内容不堪，徐邈按时把这些诗章搜集起来带回中书省加以修改，使它们全都适宜观览，经过孝武帝重新审阅，然后再传播出去。当时的人们都因此而称赞徐邈。

称赞徐邈的背后，表达出的是士论对谢安选人用人上的慧眼独具和对谢安理政能力的认可。

淝水之战的胜利，让谢安的人生轨迹达到峰值，司马朝也因为这次胜利解除了长期以来来自北方的巨大威胁，门阀的地位愈益巩固，江南风气为之一变，而谢安的雅好成了江南士大夫竞相效仿的时尚，游悠山水，忘情自然，成了东晋后期士大夫们的时尚。

四

公元 371 年，对名士王猛来说，是他为报答苻坚对自己的知遇之恩，也为实现自己的人生理想继续奋斗的一年。

王猛，《晋书》有传。让王猛一鸣惊人的故事，当然是他和东晋权臣在关中见面时的扪虱而谈的故事了。由此，王猛魏晋名士的风范也定格在历史记载里,成了后世的美谈。

王猛与符坚的关系,有点像诸葛亮与刘备的感觉,只不过诸葛亮的出场,是刘备三顾的结果,而王猛的出场,则完全是像现在的选拔考试面试官对待考生一样,是因为符坚听说王猛的一些情况,召他来见面以探究竟。尽管见面的方式不同,但这并不影响双方发自肺腑的一见倾心。

《晋书》本传载,王猛,字景略,北海郡剧县(现在山东寿光)人。学识广博,喜欢读兵书,性格谨慎重看严肃坚毅,气度雄强高远,不为小事萦怀,自己觉得不是志趣相投的人,根本不与来往,因此一些浮华之士就轻视和嘲笑他。但王猛悠然自得,不把这些放在心。符坚听说王猛的情况,召见了他,一见面就如平素的知己一样,谈及天下兴亡大事,就像不同的符牌刻了相同的符文一样,所见相同,而两个人的情况,就像刘玄德遇到了孔明一样。两人一见定生死,在其后的日子里,君臣契心,为共同的人生理想呕心沥血。

得王猛的辅佐,符坚如虎添翼,前秦的迅速崛起,当然得益于王猛的加盟;而王猛因符坚,成就了出将入相的人生辉煌。《资治通鉴》对王猛有评价:

> 王猛为宰相,符坚敛手无为于其上,百官统属其下,军队及国家内政外交事务,没有不经由他手的。王猛刚正贤明,清廉严肃,褒贬鲜明,放逐罢免尸位素餐者,提拔重用有才而不得志者,劝勉农耕桑蚕,训练军队,任用职官都符合他们的才能,刑罚一定依据罪恶。因此国富兵强,战无不胜,秦国大治。

上述的文字,把王猛在前秦的作为进行了概括,细说,大致有以下几个方面:

首先,他以自己的方式为前秦整肃吏治。

　　始平县（陕西咸阳市秦都区至兴平一带）是前秦京城的西北门户，地位极为重要。但长期以来，那里豪强横行，劫盗充斥，于是苻坚派王猛担任始平县令。王猛下车伊始，便明法严刑，禁暴除奸，雷厉风行。有个树大根深的奸吏，作恶多端，王猛把他当众鞭死。奸吏的狐群狗党起哄上告，上司逮捕了王猛，押送到长安。苻坚闻讯，亲自责问王猛："为政之体，德化为先。你莅任不久就杀掉那么多人，多么残酷啊！"王猛平静地回答说："我听说过这样的道理：治安定之国可以用礼，理混乱之邦必须用法。陛下不以臣为无能，让臣担任难治之地的长官，臣一心一意要为明君铲除凶暴奸猾之徒。才杀掉一个奸贼，还有成千上万的家伙尚未伏法。如果陛下因我不能除尽残暴、肃清枉法者而要惩罚我，臣岂敢不甘受严惩以谢辜负陛下之罪？但就现在的情况而论，加给我'为政残酷'的罪名而要惩罚，臣实在不敢接受。"苻坚听罢，且叹且赞，向在场的文武大臣说："王景略可真是管仲、子产一类人物呀！"赦免了王猛擅杀官吏之罪。

　　经此一事，王猛治下奸吏敛迹，政风改观。

　　其次，王猛为前秦抑制豪强。

　　前秦在其建国及扩张的过程中，主要是依仗氐族豪强势力的支撑，这些人在前秦立国发展的过程中发挥了重大作用。因此许多人居功自傲，不遵法度。当时朝廷内外有一批氐族显贵，仗恃与皇室同族或"有功于本朝"等，身居要津，恣意妄为无法无天。王猛的矛头首先对准他们。甘露二年（360 年），由咸阳内史调任侍中、中书令、兼京兆尹。听说贵族大臣强德酗酒行凶，抢男霸女，但谁也不敢"太岁头上动土"，因为他是强太后的弟弟。王猛立即收捕强德，等不及奏报，便将他处死。待到苻坚因太后之故派人持赦书飞马赶到时，强德早已"陈尸于市"了！紧接着，王猛又与御史中丞邓羌通力合作，全面彻查害民乱政的公卿大夫，一鼓作气，无所顾忌，弹指之间即将横行不法的权

贵二十多人铲除干净。于是，百僚震肃，豪右屏气，路不拾遗，令行禁止。苻坚感叹道："直到今日我才知道天下是有法的，天子是尊贵的！"王猛又让苻坚下令挑选得力官员巡察四方及戎夷地区，查处地方官长刑罚失当和虐害百姓等劣行，整顿地方各级统治机构。

经此整治，豪强得到打击，朝廷的权威得以弘扬。

第三，王猛为前秦网罗人才。

公元372年二月，前秦任命清河人房旷为尚书左丞，征召房旷的哥哥房默以及清河人崔逞、燕国人韩胤为尚北郎，北平人阳陟、田勰、阳瑶为著作佐郎，郝略为清河相。这些人全都是关东享有声望的士人，而这些人都是由王猛所荐举的。

苻融为人聪辩明慧，文武出众，善断疑狱，见识远大。他曾因微过而局促不安，王猛赦而不问，信任如初。

燕臣梁琛于亡国后仍然不屈其志，因而未得重用。王猛不避嫌疑，推荐他做了自己的重要僚属。

第四，王猛助苻坚平定内乱。

公元366年十月，前秦第二位皇帝、暴君苻生之弟、晋公苻柳据军事要冲蒲坂（今山西省永济市）起兵反叛，赵公双、魏公度（搜）、燕公武亦同时各据要冲叛乱，号称五公叛秦。当初，王猛曾劝苻坚除去苻柳等，苻坚未听。这时他们同时并起，气势汹汹，扬言要一举攻下长安。

公元367年春天，王猛与诸将前往讨伐；苻柳闻讯，竟然以陕城（今河南省三门峡市陕州区）之地投降了当时的前燕，请兵接应并伐秦。双方相持，苻柳多次出城挑战，王猛闭垒不应。苻柳以为王猛怯阵，便留下世子守城，自己亲率二万人偷袭长安。王猛假装不知，暗中却派邓羌率精兵伏击苻柳军，苻柳军遇伏大败退还，又遭王猛全师伏击，两万人只有苻柳及其随从数百骑逃入蒲坂，其余全都当了俘虏。

不久,王猛军攻破蒲坂,苻柳身首异处,其余三公也都被俘或被杀。

五公叛乱被平定后,稳定了前秦的内部,前秦内部君臣一心,前秦在王猛等人的精心辅佐下实力快速提升,已经具备了与它的北方强邻一决高下的实力。

第五,王猛成功为前秦灭前燕。

公元 369 年(前秦建元五年)四月,桓温伐燕;七月,晋军至枋头(今河南浚县西),邺都震动,燕主慕容玮派人求救于秦,答应割虎牢(今河南荥阳氾水镇)以西之地给秦。王猛力排众议向苻坚献策:先出兵与燕共退晋军,然后乘燕衰颓而取之,是为"先救后取"之计;否则让桓温攻占了中原,则秦"大事去矣"。苻坚赞同,即出兵救燕。同年九月,燕、秦联军大败晋兵,杀敌四万余人,桓温狼狈逃归。事后,燕毁约不割地给秦,使秦找到了伐燕的借口。十二月,王猛统兵三万伐燕;翌年正月,秦军占领前燕西部重镇洛阳,王猛又遣将击走燕乐安王慕容臧出荥阳(今河南省荥阳市),留兵屯守,凯旋西归,完成了灭燕第一阶段的战略计划。

前秦建元六年(370 年)六月,王猛辞苻坚于灞上,赴军再伐前燕。

王猛率军长驱而东,包围了邺城。邺城附近原先劫盗公行,这时变成了远近清静。王猛号令严明,官兵无人敢犯百姓,法简政宽,燕民无不欢庆,奔走相告。同年十一月,苻坚亲率十万精兵前来会师,燕臣开城门投降,逃走的慕容暐、慕容评等全部被秦将巨武追拿回来,前秦名将郭庆扫平辽东诸县,前燕正式灭亡。苻坚给王猛加官晋爵,封为清河郡侯;又赐予美妾、歌舞美女共五十五人,良马百匹,华车十乘,王猛固辞不受。

加官晋爵,香车美女,这些在凡人眼里穷其一生求之不得的无尽物欲,王猛拒绝了香车美女,表现出了一个清醒的士人不一样的人格魅力。

之后，王猛镇守燕都邺城，选贤举能，除旧布新，安定人心，发展生产，燕国旧地六州之民如同旱苗逢雨，欣欣雀跃。在邺城的这些作为，充分体现了王猛超群的行政能力。

灭燕之后，王猛的事业进入高峰期。

第六，王猛为前秦谋划征讨四方。

在王猛、邓羌等人的共同辅佐下，前秦成为十六国时期诸国中最有生气的国家。前秦曾经四面受敌：北有建都平城的鲜卑拓跋氏代政权以及其他部族的军事集团；西有盘踞今甘肃地区的汉人张氏前凉政权、氐族杨氏仇池政权以及分布于今甘肃、青海间的吐谷浑军事集团；东有立都邺城的前燕鲜卑慕容氏政权；南有以建康为都的东晋司马氏政权。其余尚有若干时生时灭的割据势力。苻坚与王猛都没有苟安关中或偏霸一隅，而是励精图治，以期"混一六合，以济苍生"。在宏大志向的砥砺下，前秦君臣从建元二年（366年）起，先后征服匈奴刘氏部、乌桓独孤部、鲜卑没奕干部。公元366年七月，王猛率军进攻东晋荆州北境诸郡，初战告捷，公元367年二月，王猛讨平羌族叛乱头目敛歧；四月，大破前凉国主张天锡军，继而兵不血刃，智擒原张氏部将李俨，夺占重镇袍罕。其后，王猛入朝任丞相，都督中外诸军事，辅佐苻坚回解决残存于西南等地的割据势力，灭亡仇池国，并威慑吐谷浑纳贡，迫使前凉王张天锡向秦谢罪称藩。接着，鲜卑乞伏部被前秦名将王统降服，最终臣服于秦。

上述种种突出的业绩，是王猛个人价值的体现，也是他卓越才能的展示。

公元371年，对王猛来说，只不过是他为前秦主的事业殚精竭虑的又一年。对他来说，胜利和荣耀已经足够多，只要是能用智慧得到的，对他来说似乎都不是事，对他来说，唯一不能用智谋来获得的，也许就只有阳寿了。

公元 375 年六月,前秦清河武侯王猛患病卧床不起,这个情况,对一心想混一六合的苻坚来说,是他最不愿意看到的情况。史书记载,前秦王苻坚得到这一消息之后,亲自为他到南、北郊以及宗庙、社稷坛祈求神灵,并分派侍卫大臣前往黄河、华岳遍祈诸神。也许是苻坚的诚心感动了上苍,经过了这些代表苻坚诚意的动作之后,王猛的病情稍微有所好转,这让苻坚大为高兴。苻坚为了得到上苍对王猛的更大眷顾,决定对判死刑以下的罪犯实行赦免。看到苻坚为自己所做的一切,王猛除了感动还是感动,他给苻坚上疏说:"没想到陛下因为臣的性命而损害了天地之德,这是开天辟地以来没有过的事情。臣听说回报恩德没有什么能比得上尽情直言,谨以我行将完结的生命,私下里向陛下进献剩下的一点忠诚。臣想到陛下威德功业震动八方以外,声望教化照耀天地之中,九州百郡,十有其七,平定燕、蜀,有如俯拾小草。善于开创的人不一定善于完成,善于起始的人不一定善于结束,所以古代的圣哲帝王,知道建功立业的不易,都是战战兢兢,如临深渊。臣盼望陛下能够追随前代的圣哲帝王,这是天下的大幸。"苻坚看了王猛的上疏,十分悲痛。

秋季,七月,苻坚亲自到王猛的宅第察看他的病情,并向他询问后事。王猛说:"晋朝虽然偏居长江以南,但他们是正宗相沿,上下安定和睦,臣死了以后,愿不要把晋朝作为图谋的对象。鲜卑、西羌,是我们的仇敌,最终也要成为我们的祸患,应该逐渐消灭他们,以使江山安定。"说完这话,王猛就死了。苻坚亲自参与装殓王猛,三次前往痛哭,并对太子苻宏说:"上天不想让我统一天下吗?为什么这么快就夺走了我的王猛呢?"依照汉代霍光的旧例安葬了王猛。

君臣之间如此和洽的场景,在中国封建王朝的历史上难得一见,苻坚和王猛君臣之间的和洽,自然是难得一见中的难得,完全可以把它当成自古以来君臣关系的典范。但不幸的是,君臣在形式上的和洽,却无法掩盖认识上的巨大鸿沟。在苻坚的心里,活着的王猛也许是人中龙凤,死后的王猛自然和普通人一样化作了一缕青烟,他生前留下的话,自然也就随着他的死随风而逝了,因此,苻坚或许压根也没有把王猛的话当成其成就一世英名的指南。事实上,历史上从来就不乏有智慧的君主,也从来不乏喜欢智慧的君主,但也许他们只希望自己拥有无尽的智慧,却不喜欢让别人的智慧来影响自己为所欲为的好心情。事实一再证明,君臣之间的谏与纳谏,不是等比数列,实际上是等差数列,"言者谆谆,听者藐藐",其实真的是许多时候的常态。历史上,有无数事实已经证明,那些越是智慧超群的人,往往越容易犯刚愎自用的错误,因为在他们心里,实际上并不存在值得他们真正有所敬畏的人,也许正因如此,所以他们才创造了他们不同于其他凡人的历史。当然,我们也会更多地看到,正是那些不知心存敬畏者,终究因过分地相信自己而落下深渊而万劫不复的例子。

对王猛而言,生前的荣耀(丞相、中书监、尚书令、太子太傅、司隶校尉,特进、常侍、持节、将军、侯如故;)与死后的哀荣(依照汉代霍光的旧例安葬)都可谓是达到了为人臣的天花板,但让他终生遗憾的事,也许就是他念念不忘的临终忠告言犹在耳,他所敬仰的人已经在自取灭亡的大道上狂奔了。

王猛作为名士,做了他该做的,得到了他该得的,他的智慧、才能,让他拥有了许多人望尘莫及的荣耀,但他无法改变命运的安排,他给苻坚的忠告,也只能作为遗言留在文字里了。

王猛有王佐之才,生逢乱世,作为一代士人中的佼佼者,以伊尹、吕望、萧何、邓禹等前贤为比,在苻坚眼里,王猛更是比春秋时的管仲、战国时的乐毅、三国时的诸葛亮都略胜一筹的旷世奇才。他的人生的理想也许就是君明臣贤,海晏河清,在乱世中为一方百姓提供一分安宁,因此,他应该像历代圣贤们所希望的样子,选能用贤,使天下英才为我所用,共同为天下苍生的安宁而尽智用心。只可惜,人都会有局限,总会留下一些让人议论的话头,王猛也不例外。他一生最大的败笔,应该是史书记载的关于对后燕主所使的所谓"金刀计"(此事我们在后文关于慕容垂的一节将做细说)。此事让王猛的士论大受影响。

"金刀计"对王猛来说,出于对慕容垂出身及能力的忌惮,从防患于未然,消除潜在隐患的角度讲,王猛的做法似乎可以理解。但他用诱和逼来清理阶级队伍的方式,让本无二心的人因恐惧而跑路,其方式显然欠妥不说,而从当时的实际看,也是极不明智的,因为这种诱和逼,实际上就是诬陷的另一种说法,是和捏造没有什么两样的,这种做法引发内部人心动摇的风险是很高的。换另一个角度说,王猛也没有明白特殊时期的特殊人才的特殊意义,他也并没有完全理解符坚优待归顺者的真实用意,不理解符坚通过优待归服者来吸引更多的归服者,借以削弱对方阵营的长远打算和良苦用心。因而,他处心积虑谋划的"金刀计",最终引发的士论非常差。北宋时期的史学家司马光对此就很有些看法,他说,过去周朝得到了微子而革殷商之命,秦朝得到了由余而称霸西戎,吴国得到了伍员而攻克强楚,汉朝得到了陈平而诛杀项籍,魏国得到了许攸而大破袁绍。那些敌国的贤能之臣,投奔过来后以为己用,这是进攻取胜的良好凭借。王猛知道慕容垂的心时间一久就难以信任,偏偏不考虑燕国尚未消灭,慕容垂因为才能杰出、功勋卓著,无罪而被怀疑,穷困无路,才归依秦国,并没有异端之心,而竟要因为猜忌杀害他,这是帮助燕国施行无道而向投奔者关闭门户,这怎么能行呢!所以秦王符坚以礼对待慕容垂,用以招揽燕国人的期望,亲近慕容垂,用以断绝燕国对他的情义,宠爱慕容垂,用以吸引燕国的百姓,信任慕容垂,用以结交燕国人的心,这些都不过分。王猛为什么要一心想着杀慕容垂,竟然干出了市井叫卖者的欺骗勾当，就像嫉妒别人得宠进而就用谗言加以诋毁的人一样，这难道是具有高尚道德的君子应该干的事情吗！

司马光列举了大量事实来说明人才难得，得人者昌，失人者亡，也在告诫后来者，对特殊人才的优容，让特殊人才有发挥异禀的空间，是对人才的尊重。所谓得人心者得天下，不仅适用于天下人也适用于特殊人才，创造条件让特殊的人才心悦诚服地付出，也是得人心的重要组成部分。失人心，当然也包括失了特殊人才心甘情愿地为社会付出的心。诸葛亮对孟获的七擒七纵，就是要让他心悦诚服地成为蜀汉集团的一部分，这是技巧，事实上也是对孟获的尊重。人，只有当他自觉地奉献时，才会全身心的投入。慕容垂归顺苻坚的情形，犹如后世《水浒传》中林冲上梁山的情形，应该是别无选择的真心投奔。而王孟对待慕容垂的态度，则如王伦对待林冲一样的方式，正如司马光的评语，有嫉贤妒能的嫌疑。

王猛的"金刀计"有可能给前秦带来的损失，因为苻坚的明断和大局意识被化解了，但从此事反映出来的王猛的人格缺陷也还是明显的。这些不尽人意的失误，对王猛名士的形象造成了一定的负面影响。但其实，从王猛能面对桓温那样的狠人扪虱而谈的那一刻，他名士的风采，就足以让他能彪炳史册了。

五

公元 371 年，对东晋司马氏家族来说，是他们自洛阳南渡以来家族最不幸的年份之一：在位的司马奕，本是可以说一不二的主，却被臣下用一个无法言表的理由贬成了海西公，三个儿子无故被杀；喜爱武术的大宰司马曦，被人扣上莫须有的罪名，面临杀身之祸且有殃及后人的危险；而本与皇位无关的司马曦的弟弟、丞相司马昱，也就是后世所称的东晋简文帝，却被天上掉下来的馅饼砸中，成了海西公的替代品,坐上了皇帝的宝座,成了别人的傀儡。风云变幻,玄机莫测。这一系列的无妄之灾或者来得太快的幸福,让司马氏家的人一时都很难适应。当然,本就偏安一隅的他们,在他们生在司马家的时候起,实际上就该知道,作为皇家的宠儿们,就该有与江山同呼吸共命运的思想意识和准备。

对司马昱来说,自己能不明不白地加塞上位,只是因为年轻的时候和桓温混成了哥们,桓温所以选他上位,当然先因为是哥们,但其实桓温的私底下的小九九却是希望他这个心性平和的异姓哥们能及时地理解他的良苦用心,把他给的宝座让给自己坐。可见,政治漩涡里的哥们义气,对桓温而言,就是他火中取栗的遮羞布,对司马昱而言,则无疑于是在开门揖盗或者说是挖坑自埋。

对司马昱来说,能加塞上位,本该是喜事,但如果被人刀架在脖子上,估计即便真的在天堂里,也不会真的有幸福的感觉。司马昱本是块读书的好料,如果让他安静的醉心于三坟五典,也许历史上会多出一个魏晋名士。在这里,我们举几个他处理奏折时的文字的例子,看看他的文学天赋。

其一,史书记载,桓温威震朝廷内外,新就位的简文帝司马昱,虽然身处至尊地位,实际上也仅仅是拱手沉默而已。他上位不久,"甲寅,御史中丞谯王恬承温旨,请依律诛武陵王曦。诏曰:"悲恻惶怛,非所忍闻,况言之哉!其更详议!"恬,承之孙也。乙卯,温重表固请诛曦,词甚酷切。帝乃赐温手诏曰:"若晋祚灵长,公便宜奉行前诏;如其大运去矣,请避贤路。"温览之,流汗变色,乃奏废曦及三子,家属皆徙新安郡。"这段话用白话文讲就是:甲寅(二十日),御史中丞谯王司马恬秉承桓温的旨意,请求依据法律诛杀武陵王司曦。简文帝下达诏令说:"悲痛愤惜,惊恐不安,不忍心耳闻,何况是诉说呢!再仔细商议吧!"司马恬是司马承的孙子。乙卯(二十一日),桓温再次进上表章,坚持请求杀掉司马曦，言词非常激烈恳切。简文帝于是就亲手写下诏令赐予桓温说："如果晋王朝的神灵悠长，你就不必请示，尊奉执行以前的诏令；如果晋王朝的大运已去，我就请求避让贤人晋升之路。"桓温看了以后，惊慌失色，汗流满面，于是就奏请黜废司马及他的三个儿子，将其家人全都迁徙到新安郡。

其二，史书记载，在简文帝上位之前，火星居于太微、南蕃之间，过了一个月，司马奕就被废黜。因此，他上位之后对天象的变化很在意。有一次，火星逆行进入太微星坦，简文帝对此很讨厌。中书侍郎郗超在宫中当班，简文帝对郗超说："命运长短，本来就并不计较，所以应该不再出现前不久废黜皇帝那样的事情了吧？"郗超说："大司马臣桓温，正在对内稳定国家，对外开拓江山，我愿用百余家口来保他，不会发生那种不正常的事变。"等到郗超急于要请假回去看望他父亲时，简文帝说："致意尊公，家国之事，遂至于此，由吾不能以道匡卫，愧叹之深，言何能谕！"（把这段话译成白话文就是：告诉你的父亲，宗族国家之事，最终到了这种地步，是因为我不能用道德去匡正守卫的缘故，惭愧慨叹之深，怎么能用语言来表达！）接着便吟诵了庾阐的诗，道："志士痛朝危，忠臣哀主辱。"（用白话文说就是：志士为朝廷危险而痛心，忠臣为君主受辱而悲哀。"吟诵得潸然泪下，打湿了衣襟。

从司马昱处理政务批复奏折的文字看，其用字清正含蓄，表意委婉流畅，态度柔中带刚，把性格的懦弱和心有不甘的情绪以及对亲情的不舍对生命的眷恋、家国命运的深刻担忧，都在文字里作了毫不掩饰的表达，这些需要很高的才情才能表达的东西，司马昱信手拈来，可见其天分极高。由此，我们不难看出，司马昱本人确是很有情采的人。只可惜，命运弄人，一个天分极好、喜欢读书且有深厚文学素养的人，却被桓温看中，牵着鼻子做了人家的傀儡，被人逼着做有违良心的事。最闹心的事，当然就是被桓温逼着下诏处死胸怀韬略、本无过错的自己的同胞哥哥和其他一干人等，以及不是出于本意的其他荒唐事。无尽的良心折磨让他身心俱疲。最终做了不满两年的儿皇帝，就带着满满的忧愁和愧疚去见他的先人了。

历史上的东晋简文帝司马昱，据说风度仪表堂堂，言谈举止得体，用心于典籍，翻阅典籍常常弄得满席尘土，一派湛然自得的样子。他虽然神情恬淡，见识通达，但没有济世大略。这段文字是后世史家对他的评语。他的同时代人、臣下、名臣谢安对他评价不高，认为他是西晋惠帝一类的人物，只是清淡方面比西晋惠帝略胜一筹。这样的评价，我们先不说它允不允当，只就司马昱本人来看，一个大半生用心典籍之人，让人牵着做傀儡本也已够窝心的了，而就傀儡生涯也只做了不满二年，那我们还能再对他说什么呢? 假如我们一定要对他说点啥，我们只能说，就因为权势者的操弄，历史上多了一个似乎心不甘意不愿被迫继承了晋惠帝衣钵的近似白痴的皇帝，少了一个有可能名传千古的东晋名士。

权力这东西，确实能让人高上青天，也可以让人低下地狱。曾几何时，司马氏的先辈如司马懿、司马昭父子，操权柄于己手，玩曹魏君臣于股掌之上，游刃有余，何其潇洒! 百十年间，斗转星移，几番风雨，司马家的子弟成了别人淫威之下的玩偶，任人宰割，何其不幸! 古话说，善恶相报终有时，魏晋的历史，是最好的注解。而其后刘宋时的少年皇帝刘准痛彻肺腑的那句"愿生生世世，再不生帝王家"的悲叹，则让我们知道，能好好做个普通人，平平安安健健康康过一生，真的比什么都好。

六

公元 371 年，《资治通鉴》里有关鲜卑拓跋氏家族的一些记载，值得我们关注。

代将长孙斤谋弑代王什翼犍,世子格之,伤胁,遂执斤,杀之。

代世子病伤而卒。

代世子寔娶东部大人贺野干之女,有遗腹子,甲戌,生男,代王什翼犍为之赦境内,名曰涉圭。

夏,代王什翼犍使燕凤入贡于秦。

这四条资料,一条一条单独看,有些零散,如果我们把它们串联起来,它们所要告诉我们的事情就清晰了。

前三条资料是说,代王拓跋什翼犍的世子拓跋寔娶了东部大人贺野干的女儿,成了东部大人贺野干的女婿,这样,拓跋氏和东部大人贺野干家就成了儿女亲家。这实际上是一种古代流行的政治联姻,标志着两家实力不俗的集团的联盟关系通过联姻形成了,也标志着拓跋家族的实力由此而进一步得到增强。当时代国的一个名叫长孙斤的将领打算杀掉拓跋什翼犍,世子拓跋寔代替父亲讨伐长孙斤,尽管自己被伤了两胁,但最终擒获了长孙斤,把他杀掉了。其后,拓跋寔因伤重不治身亡,留下了一个遗腹子,因为孩子的出生,代王、也就是孩子的爷爷拓跋什翼犍为此大赦代国,为孩子取名叫涉圭。这一连串的事情当中,最值得我们关注的是涉圭这个名字,其实它还有别的叫法,当然,在多个叫法中,让我们如雷贯耳的叫法,叫拓跋珪,因为这个拓跋珪,他也就是其后北魏的开国之主,谥号北魏道武帝的人。

上面所引的第四条资料,是告诉我们,北魏开国之主的爷爷,也就是代王拓跋什翼犍,为了族群的生存,不得不讨好前秦的情况:公元373年夏天,北魏开国之主拓跋珪尚未满两岁、刚刚开始睁眼看世界的时候,已经是代王的拓跋什翼犍,正在惶恐不安中积极筹措朝贡给前秦皇帝苻坚的贡品,并派了叫燕凤的人充当使者进贡于前秦。拓跋什翼犍给秦王苻坚贡的到底是什么,史书上没有明确的记载,但我们可以推断，这份礼物不会是代北的特产几头牛几只羊几张上好的狐狸皮那么简单，一定是要能够讨得苻坚欢心的，因为从其后前秦对代王的态度，就足以说明，什翼犍还是很会揣摩苻坚的心思也很能善解人意的。因为第二年，当拓跋什翼犍对外扩张、向他的宿敌匈奴部族的首领刘卫辰部发动攻击时，作为此时北方霸主的苻坚并未进行干预，就可说明，什翼犍进贡的东西，一定是讨得了苻坚的欢心，也因此，在关键时刻，苻坚在事实上是默许了拓跋什翼犍对刘卫辰部的吞并。

有学者研究指出，北魏立国之基，应该是肇始于拓跋什翼犍，而正式称魏则始于拓跋珪。史书记载，代王拓跋什翼犍建国三十九年（376 年），拓跋什翼犍所建的代国被前秦所灭，苻坚并没有对代王拓跋什翼犍的家人赶尽杀绝，他将年幼的拓跋珪安置在拓跋珪的家乡代北，拓跋珪随母亲贺兰氏寄居在匈奴独孤部首领刘库仁的部落里。北魏登国元年（386 年），拓跋珪趁乱复立代国，即位于牛川，后改称魏王，此时的拓跋珪年仅十五岁。拓跋珪登上王位后，对内励精图治，实行了一系列改革，历史上也称拓跋珪改革或道武帝改革，其改革的重点是分内外展开的。对内，改革首先是从改国号迁都开始，皇始三年（398 年），拓跋珪确定国号为"魏"，将国都从盛乐城（呼和浩特和林格尔县土城子一带）迁到平城（今山西省大同市），即皇帝位。其次，对内改革，是建立起了适应其发展的完整的国家制度，而这一系列制度的所谓改革，应该是对原有的制度的改革，而这对原有的制度的改革，应该是对正式称魏之前所沿用的代国的旧制的改革，也就是说是对他爷爷拓跋什翼犍所建立的旧制的改革，应该是用先进的汉制来改造原有的比较落后的代制。这些改革的内容，主要体现的是向先进的中原文化学习，如，仿汉制，改变其单一的游牧生活方式为游牧和农耕并重的体制，按照长安、洛阳等中原名城的规制，营修宫室，建立宗庙,设立社稷,标明道里,平定权衡,审计度量。再如,采用汉人官制,用汉人礼仪,制定律令,完善职官制度等。另外,为加强自身的地方管理,仿汉制实行编户制度,下令强制解散血缘关系的各部落组织,重新按居住地组织编制,使原本各部落的人口成为国家的编户。此外,学习汉制,培养人才,置五经博士,增加国子太学生员共 3000 人,并命郡县大索书籍,汇集平城等。以上诸多事项,都是对内的改革。而对外的改革,则是积极展开了不断扩展的战争,先后击败贺兰部、铁弗、高车、柔然等草原诸部,并与后燕、后秦争霸于中原,于参合陂之战大败慕容宝(后燕第二位皇帝),又在柴壁之战击溃姚兴(后秦第二位皇帝)。拓跋珪通过对内改革对外扩张,为其子拓跋嗣、孙子拓跋焘统一北方奠定了坚实的基础。

当然,我们得说,人总归是人,是人,就会有人性的弱点。拓跋珪执政晚期,耽于寒石散,沉湎酒色,刚愎自用,猜忌臣下,不睦兄弟。天赐六年(409 年),在他的儿子拓跋绍发动的宫廷政变中,遇弑身亡,年仅 39 岁,追谥宣武皇帝,庙号烈祖。泰常五年(420 年),改谥道武皇帝。太和十五年(491 年),改庙号为太祖。

由此,我们知道,说北魏肇始于拓跋什翼犍,拓跋珪是北魏的开国之主,是成立的,因为,尽管拓跋珪开魏不假,但其血统以及他孤儿寡母不得不依附于他人,最终能够复代立魏,得享拓跋什翼犍在代北的影响力号召力以及在部落间曾经的领? 地位的余荫,应该也是没有问题的。由此我们也知道,拓跋珪的一生,是踏着前辈的足迹谱写自我英雄史的一生,经风见雨,轰轰烈烈,闻着血腥出生,带着血腥归去,其成也血性,其败也任性。

七

公元 371 年,鲜卑慕容氏家族的人中龙凤、以后的后燕主慕容垂,因为在家族纷争中的不得已,只能委身于前秦王苻坚的羽翼下,在苻坚的王朝里为前秦打工。对他而言,家族曾经的荣耀,眼下难言的苦衷,和未来人生的抱负,只能悄悄地埋在心底。

鲜卑慕容氏,十六国时期的北方强者。鲜卑慕容氏在十六国时期呈一时之盛,从慕容廆、慕容皝起至拓跋魏统一北方止,慕容氏在这一时段内曾先后建立了前、后、南、北以及被后燕吞并的西燕等五个政权,如果再加上远在青海的吐谷浑政权,由慕容家族在十六国时期建立的国家就有六个,可谓盛极一时。

慕容垂,鲜卑慕容家族的人杰,后燕的缔造者,《晋书》有载记。据本传记载,慕容垂,字道明,是前燕皇帝慕容皝的第五个儿子。"少岐嶷(才智出众或幼年聪慧)有器度,身长七尺七寸,手垂过膝。皝甚宠之,常目而谓诸弟曰:'此儿阔达好奇,终能破人家,或能成人家。'故名霸,字道业,恩遇逾于世子俊,故俊不能平之。以灭宇文之功,封都乡侯。"这里值得我们注意的事项,是慕容垂因天姿出众受到父亲的宠爱,所以引起了以后上位为帝的哥哥慕容俊的嫉妒,这也就告诉了我们慕容垂所以脱燕奔前秦的重要原因。

公元 371 年,对慕容垂来说,应该是他人生的至暗时刻。已经脱燕投秦的慕容垂,为了生存,当然也为了向苻坚表示忠诚,更多的也可能是借别人的手来清除家族中的败类,他向前秦主苻坚主动检举其叔父慕容评的劣迹,希望苻坚能够把在前燕时祸国殃民的慕容评处以极刑,以儆效尤。结果,苻坚并没有按慕容垂希望的那样处理慕容评,而是外放加官晋爵,这让慕容垂看到了苻坚当断不断,难做天下雄主的一面,实际上也表明了他与苻坚在对待同样的事情时的不同认识,也表明了他们的苟同是一时的,而分道扬镳是必然的。

而促使慕容垂最终脱离前秦的关键,则是王猛出于对苻坚的忠诚和对慕容垂的降秦动机的极度怀疑之下的诱叛。而王猛对慕容垂的防范,早在慕容垂投奔苻坚时就有了。据《晋书》记载:"是时慕容垂避害奔于坚,王猛言于坚曰:'慕容垂,燕之戚属,世雄东夏,宽仁惠下,恩结士庶,燕、赵之间咸有奉戴之意。观其才略,权智无双,兼其诸子明毅有干艺,人之杰也。蛟龙猛兽,非可驯之物,不如除之。'坚曰:'吾方以义致英豪,建不世之功。且其初至,吾告之至诚,今而害之,人将谓我何!'"可见,王猛对慕容垂的防范久已有之,只因为苻坚以用人之际需广纳英豪的一力维护才有了慕容垂在前秦的存在。

公元 369 年,王猛发兵长安的时候,请慕容令参与军事行动,让他们作为向导。将要出发时,慕容令(慕容垂的嫡长子)到慕容垂那里喝酒,不慌不忙地对慕容垂说:"值此远别之时,赠送我点什么东西呢?以使我见物思人。"慕容垂解下佩刀赠送给了他。王猛抵达洛阳以后,贿赂慕容垂的亲信金熙,让他装作慕容垂的使者,对慕容令说:"我们父子来到这里,是因为要逃避一死。如今王猛憎恨我们如同仇敌,谗言诋毁日益深重,秦王虽然表面上对我们仁厚友善,但内心难知。大丈夫逃避死难而最终却不能幸免,将被天下人耻笑。我听说燕朝近来开始幡然悔悟,国主、王后相互自责过错,我现在要返回燕国,所以派使者去告诉你。我已经上路了,你有机会也可以迅速出发。"慕容令对此十分怀疑,整整一天犹豫不决,但又无法去核实。于是就带领着他过去的随从,谎称外出打猎,逃到石门,投奔乐安王慕容臧。王猛上表陈述慕容令叛逃的罪行,慕容垂因为害怕也出逃了。逃至蓝田,被追赶的骑兵擒获。前秦王苻坚在东堂召见他,安慰他说:"你因为自家、朝廷争斗,委身投靠于朕。贤人心不忘本,仍然怀念故土,这也是人各有志,不值得深究。然而燕国行将灭亡,不是慕容令所能拯救的,可惜的只是他白白地进了虎口而已。况且父子兄弟,罪不株连,你为什么过分惧怕而狼狈到如此地步呢!"苻坚对待慕容垂同过去一样。前燕人因为慕容令是背叛后而又返回,他的父亲又被前秦所厚待,便怀疑他是派回来的奸细,把他迁徙到沙城,此地在龙都东北六百里处。

以上的这段文字,就是我们之前曾提到过的王猛的"金刀计"。这件事,因为苻坚对慕容垂才能的欣赏,拒绝了王猛杀慕容垂以绝后患的想法,但也让慕容垂意识到梁园虽好,不是久恋之家,坚定了慕容垂脱秦复燕的决心。

公元 383 年,前秦和东晋的淝水之战,苻坚惨败,给慕容垂带来了脱秦复燕的绝佳机会。面对这个天赐良机,慕容垂的所作所为,表现出了一个成大事者的高瞻远瞩和过人的智慧。史书记载,淝水之战,苻坚大败,人马溃不成军,只有慕容垂的大军还保持完整,苻坚带着残部一千多人逃到了慕容垂驻扎的地方。慕容垂的世子慕容宝觉得这是慕容家灭秦复燕的绝佳机会。慕容垂拒绝了儿子的建议。他说:你说的都对。但是,他以赤心投命于我们,我们怎么能加害于他呢?!如果是上天真要抛弃他,我们的机会多得很。如果有机会能让我们返回北方,我们可以等待其他机会,这样我们可以既不负宿心,又可以义取天下。"当时慕容垂的弟弟慕容德也劝慕容垂应该抓住天赐良机当机立断。他说:"夫邻国相吞,有自来矣。秦强而并燕,秦弱而图之,此为报仇雪辱,岂所谓负宿心也!昔邓祁侯(春秋时期邓国的国君)不纳三甥之言,终为楚所灭;吴王夫差违子胥之谏,取祸勾践。前事之不忘,后事之师表也。愿不弃汤、武之成踪,追韩信之败迹,乘彼土崩,恭行天罚,斩逆氏,复宗祀,建中兴,继洪烈,天下大机,弗宜失也。若释数万之众,授干将之柄,是郤天时而待后害,非至计也。语曰:'当断不断,反受其乱。'愿兄无疑。"慕容垂告诉自己的兄弟,人应该懂得知恩图报,他说:"我先前为太傅(即慕容评)所不容,不得已投身于秦主,又为王猛所嫉妒、诬陷,都是秦主帮我渡过了难关并以国士之礼眷顾我,我还没有报答他的恩德于万一。假如上苍使秦国的运气真的到头了,天运真的该归我了,秦人投降或者我们杀他的机会都会有的,不愁没有机会。现在关西之地,不会是我们的了,一定会有侵扰者,我们可以借此机会端坐拱手而定关东。君子不凭借混乱谋利,不做先引火上身的事情。我们暂且可以先看看再说。"最终,慕容垂没有做乘人之危落井下石的事情,把自己的军队交给了苻坚。由此,我们知道,慕容垂所以能复兴燕国,与其胸襟开阔和智略过人,大有关系。

公元383年,慕容垂以前秦新败,北方人心浮动为由,劝说苻坚同意自己带着苻坚的诏书,以还乡祭祖为名,率部还乡以镇抚民心。苻坚同意了慕容垂的请求,并派人护送慕容垂由洛阳返回邺城,也就是前燕的首都。从此,慕容垂鱼脱浅滩,龙入大海,开始了他一生当中最辉煌的时刻。

公元383年,返回邺城的慕容垂,立即开始筹划复国,他先后挫败前秦皇帝苻坚的继任者苻丕,击溃东晋名将刘牢之,大胜丁零、高句丽。建兴元年(386),正式称帝,后灭亡翟魏、西燕,几乎恢复了前燕鼎盛时期的版图,他本人也成了真正的后燕的创立者。

"勉从虎穴暂栖身,说破英雄惊煞人。巧借闻雷来掩饰,随机应变形如神。"我们用这首古诗来形容慕容垂在前秦时的情形,应该是很符合实际的。对后燕主慕容垂先事秦后复国的情形,前秦的谋士权翼对他有个评语:"垂勇略过人,世豪东夏,顷以避祸而来,其心岂止欲作冠军而已哉!譬如养鹰,饥则附人,每闻风飙之起,常有陵霄之志"。我觉得这个评语是很有见地的,也是恰如其分的。大丈夫立世,不怙乱不祸先,见机而作,能屈能伸,这可以作为慕容垂的真实写照。

八

公元371年,在青藏高原辽阔的土地上,在此存续时间最长的少数民族政权的创建者吐谷浑人,正在为生存而艰苦奋斗。

吐谷浑人，与十六国时期的诸燕的鲜卑慕容氏实际上是同气连枝，只是因为早年间慕容家的两兄弟怄气，其中的老大慕容吐谷浑不得已远走阴山以南，而后他在陇右青海一带独树一帜，立国为王，可见其性格的倔强和剽悍。而吐谷浑这个族名，实际上也是他的后继者为了弘扬他对家族的丰功伟绩而用他的名字命名的。

史书记载，慕容吐谷浑是前燕开国主慕容皝的父亲慕容廆（也称慕容若洛廆）的异母兄长，当年，兄弟俩的父亲慕容涉归曾划给慕容吐谷浑一千七百户（有说 700 户的）为部曲。等到慕容廆继承鲜卑大单于位后，慕容吐谷浑和慕容廆双方的马群争斗。慕容廆派使者斥责吐谷浑说："先父划分的部族本来不同，你为什么不离得远点儿，而让马群争斗致伤！"吐谷浑生气地说："马是六畜之一，争斗本是常事，哪至于迁怒于人！要想远远分开很容易，只怕将来相会就难了！我现在要离开你到万里之外。"于是带领部众向西迁徙。慕容廆后悔此事，派长史乙娄冯追上道歉，吐谷浑说："先公曾经传述卜筮之语说：'我的两个儿子都会强盛的，统治权力将延续到后世。'我非正妻之子，按理不能与嫡子并重。现在因为马群之事分开，大概是天意吧！"于是不再回去，向西傍依阴山居住。当永嘉之乱时，吐谷浑借机越过陇右向西发展，占据洮水以西地区，至于白兰，方圆数千里。鲜卑语把哥哥叫作"阿干"，慕容廆遥思兄长，因此作《阿干之歌》。吐谷浑有六十多个儿子，长子吐延继承王位。吐延高大勇武，羌人、胡人都怕他。

以上这段历史记载，告诉了我们吐谷浑这个民族的族源和直到公元 371 年时代际传递的基本情况，而同时也告诉我们，吐谷浑人的血管里流淌着和其他鲜卑人一样的不安分的血液。而公元 371 年，则成了吐谷浑立族以来面临严峻挑战的一年。因为在这一年，它的左邻右舍都受到了来自同一个强者——前秦的压迫，生与死的抉择实实在在地摆在了吐谷浑现任老大辟奚的面前。

五月份，一个不幸的消息传来，他的东边的邻居，仇池国的国王被前秦灭了国，吐谷浑该何去何从，到了必须下决心的时候了。史书记载，吐谷浑王辟奚听说仇池国王杨纂被前秦打败了，五月，即派使者向前秦进献一千匹马、五百斤金银，前秦任命辟奚为安远将军、漒川侯。由此我们知道，前秦灭仇池的这一年，也就是公元371年，吐谷浑归服于前秦了。

因为对前秦纳贡称臣，换来了吐谷浑外部暂时的安宁，但内部的问题却在不断地积累和发酵。被前秦任命的安远将军、漒川侯，现任的吐谷浑王辟奚，是叶延的儿子，好学，待人仁慈宽厚，但缺乏威严决断，他的三个弟弟专权放纵，国人对他们都很厌恨。长史钟恶地，是西羌族中有势力的人，他对司马乞宿云说："辟奚的三个弟弟横行无忌，权势高出了君王，快要亡国了。我们二人位居辅臣之首，岂能坐而视之！明天早晨日月相望，文官武将都要会集，我将要在那里讨伐他。国王周围全都是我们羌族子弟，只要我一使眼色，马上就可以擒获他。"乞宿云请求先告诉国王，钟恶地说："国王仁慈而优柔寡断，告诉他一定不会同意，万一事情败露，我们就要被斩尽杀绝。事情已经说出来了，怎么能中途改变！"于是钟恶地按计划在座位上拘捕了辟奚的三个弟弟，把他们杀掉了。辟奚惊慌恐怖，躲到了床下，钟恶地、乞宿云上前扶起他说："臣昨晚梦见先王敕令臣说：'你的三个弟弟将要干叛逆之事，不能不讨伐他们。'所以才把他们杀掉了。"辟奚因此得了病，神志不清，他告诉世子视连："我祸及亲弟弟，怎么能在地下与他们相见？国家的大小事情，听凭你去治理，我的余年残命，依附于你而已。"于是辟奚因忧郁而死亡。

视连继立，七年拒绝饮酒游猎，军队国家的事务，全都委托给将领、辅臣们处理。钟恶地劝他，认为人主应当自己欢娱行乐，建立威势，传布道德。视连哭着说："我家从祖上以来，以仁孝忠恕相承续。先王念及友善仁爱没有贯彻到底,悲愤而死。我虽然继承王位,不过是空占着位置而已,岂敢安于声色娱乐! 威势和道德的建立,只好交给后人吧! ”

这是史书记载的发生在公元 371 年的有关吐谷浑的故事，而在其后的日子里,视连和他的后继者,虽然经历了像他们先辈们一样的艰难跋涉,但也拥有过他们争得的荣誉,历史上留下了他们和十六国后期的强大的北魏抗争的事迹，也留下了他们和大一统的隋朝顽强拼搏的印迹,当然还有和历史上最强盛的大一统王朝唐朝的抗争,不得已而归顺唐朝的铁血记录。鲜卑人的智慧,让他们在缺氧的环境里学会了生存,也让他们在强邻环伺的环境里保持了国运的不绝如缕,而鲜卑人的倔强,让吐谷浑的先辈们踏上了征服高原的过程,同样是因为其倔强的性格,让吐谷浑最终成了鲜卑立国者当中国运长达三百多年的民族,这是鲜卑人的骄傲,也是青藏高原博大胸怀的骄傲,青藏高原不仅无私地接纳了来自远方的客人，也给了他们足够生存的辽阔空间。

九

公元 371 年,仇池国被前秦所灭。

仇池国,以汉代武都郡(今甘肃陇南市)为中心,地连现在的川陕甘的川西北、汉中、天水、甘南的部分区域里的蕞尔小国,国虽小,运很长,若从东汉末年三国初期算起,到公元 371 年,几乎与魏晋相始终。

史书记载,当初,仇池国的地盘上,是由略阳(今隶属于陕西省汉中市,位于陕西省西南部,地处陕甘川三省交界地带。略阳东南与勉县、宁强县接壤,西北与甘肃省康县、成县、徽县相连)清水氏族人杨驹最早在此居住。仇池方圆有上百顷土地，它的旁边有二十多里平地,四面是陡峭险峻的高山,有羊肠小道盘曲环绕三十六次而上。后来,杨驹的孙子杨千万归附了魏,被封为百顷王。杨千万的孙子杨飞龙逐渐强盛起来,迁居到略阳。杨飞龙把他的外甥令狐茂搜当作儿子,令狐茂搜躲避齐万年(西晋元康年间起义者的首领)的扰乱,公元296年十二月(西晋元康六年),从略阳率领部落四千家回去保卫仇池,自己封号为辅国将军、右贤王。关中地区躲避战乱的人,很多都去依附令狐茂搜,令狐茂搜对他们接纳安抚;想要离去的人,也保护他们,送给他们财物。

由此,我们知道,杨茂搜(也就是前文说的令狐茂搜,因为被其舅杨飞龙认作儿子,故改姓杨)称王,也就是仇池国正式立国的开始,杨茂搜自然也就是仇池国的开国之主。

从时间上看,仇池虽然立国的时间不晚,但因受地域限制,仇池国从立国开始,就在强邻的夹缝中艰难求生存。

东晋建武元年十月(公元317年),也就是我们平常说的东晋元年,氐王杨茂搜去世,长子杨难敌嗣位,杨难敌遵父命与其小弟杨坚头各领人马分驻。难敌号左贤王,屯下辨(今甘肃陇南市成县一带),其弟杨坚头号右贤王,屯河池(今甘肃陇南市徽县一带)。

兄弟俩各领人马分驻,显然是为了分屯要地驻防的意思。

公元323年,兄弟俩受到前赵主刘曜的压迫,被迫放弃仇池逃往汉中。这年的六月,杨难敌不得已送表请降于成汉李雄,成汉安北将军李稚受难敌赂,没有把杨难敌送往成都。前赵兵退后,李稚就把杨难敌放归武都,杨难敌归武都后随即据险叛成汉。李稚后悔没有把杨氏兄弟送成都是个失误,立即向李雄请缨讨伐杨氏兄弟。结果成汉军队被杨难敌打败,李稚也被杀了。

东晋太宁三年(公元325年)杨难敌攻取仇池,从前赵手中夺回仇池。

东晋咸和九年(公元334年)仇池王杨难敌故去,儿子杨毅继立,自称龙骧将军、左贤王、下辨公；任命叔父杨坚头之子杨盘为冠军将军、右贤王、河池公，派使者来晋称臣。

东晋咸康三年（公元 337 年）仇池氏王杨毅的同族之兄杨初，击杀杨毅，兼并杨毅部众，自立为仇池公，向后赵称臣。

东晋永和三年（公元 347 年）十月，武都氏王杨初派使者前来向晋称藩，朝廷下诏，任命杨初为使持节、征南将军、雍州刺史、仇池公。

东晋永和十一年（公元 355 年）春季，正月，前仇池公杨毅的弟弟杨宋奴派他姑姑的儿子梁式王刺杀杨初。杨初的儿子杨国杀掉了梁式王和杨宋奴，自立为仇池公。桓温上表请求任命杨国为镇北将军、秦州刺史。这一年，仇池公杨国的叔父杨俊杀掉杨国而自立。东晋朝廷任命杨俊为仇池公。杨国的儿子杨安投奔前秦。

东晋升平元年（公元 357 年），仇池公杨俊去世，儿子杨世继位。

东晋太和三年（公元 368 年），东晋任命仇池公杨世为秦州刺史，杨世的弟弟杨统为武都太守。杨世也向前秦称臣，前秦任命杨世为南秦州刺史。

东晋太和五年（公元 370 年），仇池公杨世去世，儿子杨纂继位，开始与前秦绝交。杨纂的叔父武都太守杨统与杨纂争夺封国，互相起兵攻打。

从上述仇池国的谱系及传承情况看，仇池国内忧外患，君主们的日子过得并不安逸，基本上都是战战兢兢如履薄冰地打发岁月。

仇池国所以能够在强邻环伺之下国运尚能不绝如缕地顽强延续，一个重要的原因就是为政者能够审时度势，小心谨慎，左顾右盼，能柔能刚，是他们生存的法宝。到杨纂主政时，一改往日祖宗的处世诀窍，叔侄互掐不说，还决定和前秦硬杠，结果当然可想而知。《资治通鉴》晋纪二十五记载了仇池国破围的过程。

公元 371 年三月，前秦西县侯苻雅、杨安（投靠了前秦的前仇池公杨国的儿子）、王统、徐成以及羽林左监朱彤、扬武将军姚苌率领步、骑兵七万人讨伐仇池公杨纂。

公元371年的四月，前秦的军队抵达鹫峡，杨纂率领五万兵众抵御他们。东晋梁州刺史弘农人杨亮派督护郭宝、卜靖率领一千多骑兵帮助杨纂，与前秦的军队在峡中交战，杨纂的军队大败，十之三四的人死亡，郭宝等人也战死，杨纂收罗了逃散的兵众逃了回去。西县侯苻雅进军攻打仇池，杨统率领武都的民众投降了前秦。杨纂十分害怕，两手反绑于身后出来投降，苻雅把他送到了长安。任命杨统为南秦州刺史，让杨安担任都督南秦州诸军事，镇守仇池。

仇池国的苦难或辉煌，就此结束。

夹缝中求生存的仇池国，上上之策，应该是修于内睦于外，而杨纂谱于大势，不自量力，主动与秦绝交，终于把睡觉的老虎叫醒了，因此身死国灭。事实证明，国小而志大，无疑是一种危险，而若志大而力不足，与强者忿，无疑更是自取其辱。

十

公元371年，说起来也只是东晋十六国时期130多年中的一个年份，生活在大江南北的各族人民何止千万，活跃在辽阔地域里的政治人物或社会精英何止万千？我们所以选择了这一年里的这些人作为我们评点的对象，一定程度上说，是因为巧合。北宋的历史学家司马光在写《资治通鉴》时，刚巧把这些人和他们相关的一些事写在了一卷当中，因而为我们了解这些人这些事提供了方便。而从另外一层意思上说，则首先是历史为我们所点评的这些人提供了在一年里集体亮相的机遇，尔后是历史学家又给我们提供了一起领略他们个人风采的方便。当然，这只是一个方面。我们所以选了这些人做点评，更为主要的原因则是这些人事实上代表了那个时代的精英群体的多个

形象，皇帝、废帝、新皇帝、亡国者，权臣、忠臣、奸臣、佞臣，守成者、创
业者、世家子，台上的、台下的，台前的、幕后的，现任的、候补的，本族
的、外族的，雄主崛起、旧国灭亡，乱世该有的气象和该有的角色及场
景，都可看到。这种社会状况，也只有在十六国时期这样的乱世才会
出现，而公元 371 年又是这种乱世世相很典型的一年。在这一年里，
我们在前文中所看到的这些人在这一年里或者那些年里的所作所
为，确实能够反映出他们所处的那个时代的时代特征，在那个大动乱
的年代里，他们是那个时代的时代精英，了解他们的所作所为，便于
我们了解他们所处的时代的人们的生活样貌，能让我们感受到那个
时代人们的生活状态，以及政治人物或者社会精英的行为，会给我们
的社会生活和社会发展带来什么样的影响。

　　今人眼里的历史，其实就是过往的事，而过往人们在社会生活中
的点点滴滴，经过有心人的记录、整理、条缕细分之后，往往就成了我
们能看到的历史。当然，这是我们说的历史的一般情况。而实际上，各
个时代的社会精英们的生活，事实上更有可能成为被人们关注的焦
点，更容易成为往事的标志性事件而被人记录下来，变成后世的历
史。因此，在纷繁复杂的往事里，能有幸被人记录下的人和事，往往都
是时人眼里值得关注的人或事。也因此，我们现在能看到的前人记载
的事，哪怕是再小的事，能够保留下来的，其实都不是一般的小事，因
为，那些能让人花精力记录的小事，也一定有它值得记录的价值，其
背后有可能隐藏着比表面上看到的更值得关注的东西，即便是那些
絮絮叨叨的琐事，在经过了岁月的磨洗之后，都变成了我们了解古人
生活样貌的珍贵资料。

　　历史经验告诉我们，活跃在时代中心舞台上的社会精英们，一旦
投身政治，举手投足都是政治，他们的生命始于政治也会最终归于政
治，其过程，始于热闹，最终会归于平静。人生的大戏，往往是从粉墨

登场开始,最终到锣鼓停息卸装退台结束。

公元 371 年,离我们已经非常遥远了,若不是我们有意想知道那个年代的人或事,或者说那个年代的精英们到底是怎么生活的,从时空上看,是不可能与我们有交集的。但如果我们有意地去关注一下遥远的时空里的那些社会精英的生活状态,就会发现,个人所处的时代,个人是无法自主选择的,处于什么样的时代,就会有什么样的人和事,处于同一时代的人,不论是社会精英还是普罗大众,社会地位也许会千差万别,但都会不可避免地打上时代烙印,其言行一定是会有时代特征的。人为的超前或者延后,也许有,但都只是一种想法,不可能真的成为一个时代的标志。但是,即便如此,个人在相同时代背景下的不同选择,即选择流芳千古还是遗臭万年,还是有选择的权利也有选择的余地的,正如我们平常说的,出身无法选择,但作为可以自己做主的。因此,研究一下那些具有强烈时代特征的人或事,可以让我们对那个时代的人们在面对他们所处时代的社会问题时的做法,以及后来人们对他们作为的各种评说有些了解,会对我们当下做人做事有所启示的。

看过去的事,过去的人,我们有这个便利,而且只要愿意,谁都会有这个机会,在看过去的人或事的同时,只要我们愿意,我们还可以对历史上的人或事评头论足,指指点点,这是后人的优势也是后人该有的权利,当然也是文化传承的需要,更是一种历史给予人的社会公道或者历史公平,因为正是有了这些后世或者后人的评头论足指指点点,才让历史上想名留青史的社会精英们尤为注意自己的言行,希望得到后世或者后人一个正面的评价,一个好名声,因为历史已经证明了,正面评价或者好名声,会比现实的财富更能传之久远。由此我们可以得到一些启示,人活着,写好自己的历史,是很重要的,因为,不管你愿不愿意,后人对你我也会评头论足指指点点的。

说说《通鉴》里的"臣光曰"

一

《资治通鉴》也简称《通鉴》,成书于北宋英宗治平至神宗元丰年间。史籍记载,北宋英宗治平三年(公元1066),英宗下诏命龙图阁直学士兼侍讲司马光编一部能够反映历代君臣兴亡治乱事迹的著作,以便皇帝御览资政。司马光向英宗报告说,我从年少时就涉猎群史,发现过去的纪传体史书文字繁多,即便是那些专以读书为业的人也不一定能读得过来,像您这样日理万机的人,想要知道过去各朝各代的兴亡得失,确实不是一件容易的事。我自不量力,常常想自己写一部上自战国,下至五代,"正史之外,旁采它书,凡关国家之盛衰,系生民之休戚,善可为法,恶可为戒,帝王所宜知者"的书,按照《左氏春秋传》的体例(即编年体),做成一部按事情发生的年月编成的书,起名叫《通志》,把历代史书当中那些浮冗之文,一概删去,让人觉得读起来不累但能博闻广见的书(庶几听览不劳而闻见甚博)。但是,要编这样一部书,靠我一个人不行,有想法但一时之间没有办法做成。先前我曾经把已经写成的有关战国时期的八卷书敬呈您,幸蒙御览。现在您让我续成此书,若续此书,我请求还以《通志》为名。这部书要上下贯串千余年,这不是我一个人所能完成的。我觉得翁源县令、广南西路经略安抚司句当公事刘恕,将作监主簿赵君锡,这两个人都以饱读史书为大家看重,我希望您能诏令他们两人和我一起修纂,"庶使得早成书,不至疏略"(后来因为赵君锡以父丧不能参与,于是英宗就让太常博士、国子监直讲刘攽代替了赵君锡;神宗熙宁二年司马光又向神宗请求调前知龙水县范祖禹参与同修,得神宗支持)。史书记载,宋英宗同意了司马光的请求,让他接着已经撰成的战国时期的著作续写战国以后的史迹,"俟书成,取旨赐名"。这就是史学名著《资治通鉴》撰修的起始原因。而其后,也就是到宋英宗治平四年(公元 1067年),英宗驾崩,神宗继位,据《资治通鉴序》末司马光的注文记载,是年十月初开经筵,司马光奉圣旨读《资治通鉴》(实际上当时奉旨读的还应该叫《通志》,而赐名之后才称《资治通鉴》,读下文可知)。九日,司马光初进读,面赐御制序,令候书成日写入。《续资治通鉴》记载,"甲寅,翰林学士司马光初进读《通志》于迩英阁,赐名《资治通鉴》,亲制序以赐光,令候书成写入,又赐颍邸旧书二千四百二卷。序略曰:'博而得其要,简而周于事(意思是说,内容广博而且得其要点,对事件的叙述简明却又周详),是亦典刑之总会,册牍之渊林矣(这也可以称作历代典制法规的总汇,档册文牍的全书)。'"司马光原打算写的《通志》,被神宗御赐书名为《资治通鉴》,千古名著《资治通鉴》名称正式诞生。

神宗元丰七年(公元 1084 年),"十二月,戊辰,以端明殿学士兼翰林侍读学士司马光为资政殿学士,校书郎、前知泷水县范祖禹为秘书省正字;并以修《资治通鉴》书成也。自治平开局,光与刘攽、刘恕、范祖禹及子康编集,前后六任,听以书局自随,给之禄秩。光于是遍阅旧史,旁采小说,抉摘幽隐,上起周威烈王二十三年,下终五代,凡一千三百二十六年,修成二百九十四卷;又略举事目,年经国纬,以便检寻,为《目录》三十卷;参考群书,评其同异,俾归一涂,为《考异》三十卷。合三百五十四卷,历十九年而成。至是上之,降诏奖谕,赐银帛衣带鞍马。帝谓辅臣曰:'前代未尝有此书,过荀悦《汉纪》远矣。'"

以上的文字，大致告诉了我们《通鉴》成书的过程。而告诉我们《通鉴》成书的这个过程的这些文字，也顺带告诉了我们许多情况。其一，司马光从小对史书涉猎广泛，有修史的基础和条件；其二，《通鉴》原本是写给皇帝御览的；其三，《通鉴》在英宗正式下诏开修之前，司马光已经有了写《通鉴》的宏伟计划并已经写成了《通鉴》的战国部分，只不过那时的名字叫《通志》并呈英宗御览；其四，英宗在下诏之前已经看到了司马光写的《通志》即后来的《通鉴》的战国部分，觉得写得不错，所以下令让他续修，这说明在此之前是司马光一个人在修，其后实际上成了官修；其五，在续修的过程中，英宗不幸驾崩，而继位的神宗继承父亲遗志，支持司马光完成未尽之事，并将司马光原来的《通志》赐名为《资治通鉴》并写了序，御赐书名及序文，事实上也奠定了后代评价《通鉴》的基本格局；其六，元丰七年，即公元1084年，《资治通鉴》从开局到成书历经19年最终完成，神宗为此为司马光等修撰人员加官晋爵，以荣其事。

二

因为得两代帝王的青睐，更因为自身的特色，所以，自《通鉴》成书之日起就倍受后世史家和世人青睐，被具有远卓识者视作资治宝典。当然，假若我们抛开前人给《通鉴》披上的资治宝典的金色大氅，把它当成一部货真价实的史学著作来读的话，《通鉴》的特色也许更为清楚：一是通，自战国至五代1326年间16朝事迹尽入一函，可以说，一部《通鉴》在手，十六朝之事尽在眼前；二是博，从战国至五代之间"明君、良臣，切摩（切磋）治道，议论之精语，德刑之善制，天人相与之际，休咎庶证（吉凶、善恶各种现象）之原，威福盛衰之本，规模利害之效，良将之方略，循吏之条教，断之以邪正，要之于治忽，辞令渊厚之体，箴谏深切之义，良谓备焉"；三是取舍有度，"博而得其要，简而周其事"。《通鉴》的这些显著特色,构成了它成为名著的坚实基础。而所以能形成这样的特色,司马光的识、才、德是关键,闪耀其间的思想是灵魂。个人觉得,其散见于《通鉴》各个章节中的"臣光曰",则集中体现了司马光作为伟大的史学家的个人见解,这也是《通鉴》有别于他史而最亮眼的特色之一。也因此,我在这里想重点说说它。

三

《通鉴》里的"臣光曰",如果改成白话文说,就是"臣司马光说"或者"臣司马光认为"。《通鉴》里所以用"臣光曰"而不用"司马光说"或"司马光认为",是因为司马光起名叫《通志》而被宋神宗赐名为《资治通鉴》的文本,本来是司马光原打算写给皇帝一人御览的,所以,司马光在文本里要表达对历史上的人和事的看法时,只能用"臣光曰"来向皇帝说,"我个人认为……的意思",因此,"臣光曰"实际上也就是臣下对皇上必有的谦辞或敬语,其真实的意思就是"司马光说"或者"司马光认为"。

《通鉴》当中的"臣光曰",应该是脱胎于司马迁《史记》、班固《汉书》等前代纪传体史书当中本纪、世家和列传之后的"太史公曰"、"班固曰"或赞语,但与司马迁、班固等人的曰或赞语不同之处,在于纪传体史书当中诸公的曰或赞语,一般都放在文末,而司马光的"臣光曰"则是根据需要放在需要评说的人或事件的叙述当中,这既是对司马迁、班固等前世史家的曰或赞语的灵活运用,更是一个创新,在我看来,是青出于蓝而胜于蓝。我们看司马迁、班固的赞语,它们多的时候是对传主个人生平的概括,评的成分要淡一些。而司马光的"臣光曰"多的时候都是对人对事有感而发的评说。而这种因人因事的评说,实际上是对阅读者对人或事的认识的一个及时提醒,其意义是指导性的或者提示性的,实际上是给阅读在说"这件事或这个人的行为,我觉得应该这么看"式的,是一种耳提面命式的提醒,而且是对历史有深入研究的学者的耳提面命式的提醒,参考价值自然更值得重视。而这种针对一人一事或因人因事的议论或提醒,有助于阅读者开阔视野,启迪心智,扩张思维,在一定意义上说,"臣光曰"对阅读者而言,就像老师给备考的学生提供的参考资料或者参考答案一样,是在遇事时可以参考的,这是《通鉴》有别于他史的真正价值所在。

往事浩如烟海,而在浩如烟海的往事中,需要人们了解的,能让人记住的,往往都是大事,而面对这些大事,个人要想对它和它们做出恰如其分的判断,事实上是不容易的,更常见的情形,则是仁者见仁智者见智。因此,对往事的评价,反映出来的是一个人的见识和价值观。司马光的"臣光曰"在很大程度上是他的史识和价值观的表达,而他的这种表达,是《通鉴》一以贯之的风格。因此,我觉得如果把《通鉴》比作一盘历史大棋的叙述的话,那它其中的"臣光曰"就是这盘大棋的棋眼,读懂了"臣光曰"的价值,也就读懂了《通鉴》的价值。我们所以这么说,是因为我们知道,《通鉴》也就是司马光原名叫《通志》的文本,所以能得英宗和神宗赏识,是源于司马光在经筵上的侍讲,而司马光在皇家经筵上侍讲的内容,自然是叫做《通志》的内容,也就是说,《通志》实际上就是司马光在经筵上侍讲时的讲义,而这份讲义,又自然是以各代历史为素材的,其间的典故、人物,自然是讲义必不可少的重要内容和必要的铺陈,而作为讲义能打动人的不仅仅是讲义里的素材,而是通过这些素材引申出来的结论。我们知道,一场演讲,能吸引人的不是铺陈的过程,而是演讲者归纳出来的结论所能带给人的启迪。司马光侍讲,即《通志》能打动帝王心思的,自然不是历史故事的铺陈,而是通过历史典故的铺陈引申出来的结论,而《通鉴》中能引起帝王重视的,自然不会是那些扑朔迷离的历史故事,而是由历史故事的铺陈中所引申出来的结论,即"臣光曰"。我们知道,素材易得，归纳不易，所以，这些带有司马光个人思考和鉴史价值的"臣光曰"，才是皇帝们愿意欣赏的内容，它也是我们打开《通鉴》这部资治宝典宝库大门的钥匙。

四

《通鉴》当中的"臣光曰"，事实上有三种。一种是司马光亲撰的；一种是由司马光转引其他人的评说来表达自己的想法，即不是"臣光曰"的"臣光曰"，这部分内容在通鉴中数量也不少；还有一种则是司马光自己写的"臣光曰"和其他人的评语一起的，这种几个人的评语一起的"臣光曰"虽不常见，但这种"臣光曰"的分量却是显而易见的，是很重的。以下我们用一些例子，对三种情况做必要的说明。

西汉元帝有个宠臣叫石显，此人善佞（佞即奸邪之谓），因为受到元帝宠信，被任为中书令，他和他的好友尚书令五鹿充宗二人结成同党把持朝政。当时有一个叫京房的人，因为精通《易经》被举为孝廉，得元帝赏识被任命为郎官。有一次，他借着出席元帝的宴会的机会，想劝元帝远佞臣近贤能，京房问元帝："您觉得西周时的幽王和厉王为什么导致国家出现危机？幽、厉二王任用的都是什么样的人？"元帝说："是因为他们昏庸，任用的都是善于伪装的奸邪。"京房又问："周幽王和厉王是明知道奸邪任用他们，还是觉得贤明而任用他们？"元帝说："是认为他们贤明。"京房再问："可是，今天我们为什么知道他们所任用的却不是贤能之人呢？"元帝说："根据当时局势混乱，君王身处险境就可以知道。"京房说："如果是这样的话，任用贤能时国家必然治理得好，任用奸邪时国家必定混乱，这是事物发展的必然轨迹，那为什么幽王和厉王不觉悟而另行任用贤能呢？为什么终究要任用奸邪以致后来陷入困境？"元帝说："乱世君王，各自认为他所任用的官员全是贤能，假如他们能够觉悟到自己的错误，天下怎么还会有危亡的君王？"京房说："齐桓公、秦二世也曾知道周幽王和周厉王的故事，并讥笑过他们，可是齐桓公任用刁竖，秦二世任用赵高，以致政治日益混乱，盗贼满山遍野，为什么不能用周幽王、周厉王的例子测验自己的行为而觉悟到用人的不当呢？"元帝说："只有治国有法的君王，才能依据往事预测未来。"京房于是脱下官帽，叩头说：《春秋》一书，记载二百四十二年间天变灾难，用来给后世的君王看。而今陛下登极以来，出现日食月食，星辰逆行，山崩泉涌，大地震动，天落陨石，夏季降霜，冬季响雷；春季百花凋谢，秋季树叶茂盛，霜降后草木并不凋谢；水灾、旱灾、虫灾，百姓饥馑，瘟疫流行，盗贼横行，受过刑罚的人到处都是，《春秋》所记载的灾难，已经有了。陛下看现在是治世，还是乱世？"元帝说："已经乱到极点了，这还用问？"京房说："陛下任用的都是些什么样的人呢？"元帝说："今天的灾难变异胜过前代，为政者的能力也比前代强，而今出现的问题，我认为责任不在现在为政者的身上。"京房说："前世的那些君王，也是陛下这种想法，我怕后代看今天，犹如今天看古代。"元帝过了很久才说："现在扰乱国家的是谁？"京房回答说："陛下自己应该知道是谁。"元帝说："我不知道，如果知道，怎么还会用他呢？"京房说："陛下最信任，跟他在宫廷之中共商国家大事，掌握用人权柄的人，就是他。"京房所指的人，就是石显，其实元帝自己也知道，他对京房说："我明白你的意思。"京房说完就告退了。后来，元帝还是继续信任石显。

以上的对话，是《通鉴》里记载的西汉元帝和郎官京房的一段君臣对话。其后有一段司马光的"臣光曰"：

臣光曰：人君之德不明，则臣下虽欲竭忠，何自而入乎！观京房之所以晓孝元，可谓明白切至矣，而终不能寤，悲夫！《诗》曰："匪面命之，言提其耳。匪手携之，言示之事。"又曰："诲尔谆谆，听我藐藐。"孝元之谓矣！

这段话,用白话文就是这样的:

　　臣司马光认为(说):君王的德行不昌明,则臣属虽然想竭尽忠心,又从何处着手呢?观察京房对元帝的诱导,可以说是把道理说得十分清楚透彻了,而最终仍不能使元帝觉悟,可悲啊!《诗经》说:"我不但当面把你教训过,而且提起过你的耳朵。不但是用手携带着你,而且指示了你许多事。"又说:"我教导你是那么的恳切细致,而你却漫不经心、听不进去。"这说的就是汉元帝啊!

　　这是《通鉴》中最常见的一种"臣光曰",也就是我们说的由司马光自己撰写的"臣光曰",文字虽然不多,内涵却很丰富,它向我们指出,京房和元帝的对话,实际上是言者谆谆,听者藐藐,而且借用《诗经》当中的话,告诉我们,即便是最优秀的老师,即便是老师耳提面命,也教不会一个根本就不想学习的人;声音再大,也叫不醒一个装睡的人。由此我们可以知道司马光自撰的"臣光曰"的一般情况。所谓的"臣光曰",实际上就是司马光对发生在前世朝堂之上的人和事的个人的看法,借此告诫后世读史者应该对此类事项保持必要的清醒。也由此,我们可以领略司马光自撰"臣光曰"的风采,也可以体会到司马光"臣光曰"的史鉴价值。

<h2 style="text-align:center">五</h2>

　　借他人的评语作为表达司马光自撰"臣光曰"的数量,虽不及司马光自撰的臣光曰的数量多,但这些评语的表现力却是很强的,它的内容,一般来说,几乎都是可以代表一定时期内的定论。在这里我们仍以元帝时石显之事为例加以讨论。

　　《通鉴》汉纪二十一记载,元帝的宠臣石显心知自己专权,把持朝政,怕元帝一旦听取亲信的抨击而疏远自己,便时常向元帝表示忠诚,取得信任,验证元帝对自己的态度。石显曾经奉命到诸官府征集人力和物资,他先向元帝请求:"恐怕有时回宫太晚,漏壶滴尽,宫门关闭,我可不可以说奉陛下之命,教他们开门!"元帝允许。一天石显故意到夜里才回来,宣称元帝命令,唤开宫门入内。后来,果然有人上书控告:"石显专擅皇命,假传圣旨,私开宫门。"元帝听说了这件事,笑着把奏章拿给石显看。石显抓住时机,流泪说:"陛下过于宠爱我,委任我办事,下面无人不妒火中烧,想陷害我,类似这种情形已不止一次,只有圣明的主上才知道我的忠心。我出身微贱,实在不能以我一个人去使万人称心快意,担负起全国所有的怨恨。请允许我辞去中枢机要职务,只负责后宫的清洁洒扫,死而无恨。唯求陛下哀怜裁择,再给我一次宠幸,以此保全我的性命。

这段记载之后,司马光引用了《汉纪》的作者、东汉时期的史学家荀悦对此事的评论,原文如下:

荀悦曰:夫佞臣之惑君主也甚矣,故孔子曰:"远佞人。"非但不用而已,乃远而绝之,隔塞其源,戒之极也。孔子曰:"政者,正也。"夫要道之本,正己而已矣。平直真实者,正之主也。故德必核其真,然后授其位;能必核其真,然后授其事;功必核其真,然后授其赏;罪必核其真,然后授其刑;行必核其真,然后贵之;言必核其真,然后信之;物必核其真,然后用之;事必核其真,然后修之。故众正积于上,万事实于下,先王之道,如斯而已矣!

把荀悦的这段话翻译成白话文就是:

荀悦说:奸佞迷惑君主的方法太多了。所以孔子说:"要远离奸佞!"不仅不用他而已,还要驱逐到远方,跟他隔绝,把源头塞住,是防备佞人最可取的方法。孔子说:"政治的意思,就是端正。"治理国家最基本的一件事,无非端正自己而已。耿直诚实，则是端正的主干。对于品德，必须核实是真实的，才授给他官位。对于能力，必须核实是真实的，才让他做事。对于功劳，必须核实是真实的，才颁发奖赏。对于罪恶，必须核实是真实的，才加以惩罚。对于行为，必须核实是真实的，才可以尊重。对于言谈，必须核实是真实的，才能够相信。对于物器，必须核实是真实的，才可以使用。对于事情，必须核实是真实的，才能够去做。所以各种端正风气都汇集到朝廷，则下面万事没有虚伪。古代圣王的道理，不过如此而已。

从历史上看，佞臣一定是宠臣，而宠臣也一定是佞臣，事实上两者是一类人。西汉一代，文帝时的邓通，元帝时的石显，哀帝时的董贤，都是典型的佞臣和宠臣，实际上是一类人。荀悦的评语，实际上是借对汉元帝时的佞臣石显的事来说自己想说的事，他认为佞臣和宠臣迷惑人君的方式方法太多了，可谓防不胜防。人君去佞或不被奸人所惑的最好的办法是从用人即源头开始，只要人君能做到求真务实，对臣下听其言观其行，坐端行正，做圣王也就是平常事了。当然，我们说，荀悦把事情想简单了，事实上，去佞近贤并非易事，尽管历史上不乏明主也不缺诤臣，但自有史以来，不同朝代里昏君与佞臣相伴相生史不绝书的史实，即表明了去佞近贤实非易事。司马光借用荀悦的话，事实上也是司马光自己想表达的意思，即皇帝应该去佞用贤，方能吏治清明，国泰民安，只不过司马光的这点意思，是借用他人的评论来表达的。像这种借前人或他人的话语来表达自己想要表达的意思，既是对前人研究成果的借用更是巧用，其表达的效果应该更佳，但不论是司马光自己写的臣光曰还是借用他人的评语而表达的"臣光曰"，他们所表达的意思都是一样的，都是有很好的借鉴意义的。

六

司马光自撰与他人评语一起的"臣光曰",虽然数量没有前两类多,但其评语的分量却是我们更值得重视的,因为这类"臣光曰"的作者,都是在司马光之前或与司马光同时代的具有很高的历史地位和知名度的人所写,是同时代或不同时代的人对同一件事情的一致看法,充分体现了资料的时代价值和评论者的学识与水平。但不论是哪种"臣光曰",都是司马光初衷的表达,也是《通鉴》当中最值得我们重视的资治价值或者参考价值的内容。《通鉴》卷 291 后周纪二中欧阳修和司马光二人对冯道的评语,是典型的由司马光和他人一起共同对同一件事或同一个人的"臣光曰"的例子。

公元 954 年,后周太祖显德元年,五代时期最著名的不倒翁冯道去世。史载,冯道少年时以孝顺谨慎闻名,后唐庄宗时代开始尊贵显赫,从此历朝官不离将军、宰相、三公、三师的职位,为人清静俭朴宽容大度,别人无法猜测他的喜怒哀乐,能言善辩,足智多谋,与世沉浮,左右逢源,曾经作《长乐老叙》,自述历朝荣誉礼遇的情况,当时的人每每用有德行来夸赞他。

对这位不倒翁,欧阳修论曰:

礼义廉耻,国之四维;四维不张,国乃灭亡。"礼义,治人之大法;廉耻,立人之大节。况为大臣而无廉耻,天下其有不乱,国家其有不亡者乎! 予读冯道《长乐老叙》,见其自述以为荣,其可谓无廉耻者矣,则天下国家可从而知也。

予于五代得全节之士三,死事之人十有五,皆武夫战卒,岂于儒者果无其人哉? 得非高节之士,恶时之乱,薄其世而不肯出欤? 抑君天下者不足顾,而莫能致之欤?

予尝闻五代时有王凝者,家青、齐之间,为州司户参军,以疾卒于官。凝家素贫,一子尚幼,妻李氏,携其子,负其遗骸以归,东过开封,止于旅舍,主人不纳。李氏顾天已暮,不肯去,主人牵其臂而出之。李氏仰天恸曰:"我为妇人,不能守节,而此手为人所执邪!"即引斧自断其臂,见者为之嗟泣。开封尹闻之,白其事于朝,厚恤李氏而笞其主人。呜呼!士不自爱其身而忍耻以偷生者,闻李氏之风,宜少知愧哉!

将上面这段文字译成白话文就是:

欧阳修评论说:"礼、义、廉、耻,是国家赖以生存的四条纲维;这条纲维不能张立,国家就灭亡。"礼、义,是统治人民的根本大法;廉、耻,是安身立命的基本节操。况且身为大臣而毫无廉耻,天下岂有不乱,国家岂有不亡的啊!我读冯道《长乐老叙》,看他的自述不讲礼义廉耻反以为荣耀,真可谓是毫无廉耻的人了,那天下国家的命运也就从而可以知晓了。

我从五代历史中找到保全节操的志士有三位,为事业而死的仁人有十五位,都是武夫战士,难道在儒者中间果真没有那样的人吗?莫非是高尚节操的士人,憎恶时势的浊乱,鄙薄那世道不肯出来?还是统治天下的君主来不及关顾,而没能让他们出来呢?

我曾经听说五代时有个叫王凝的人,家在青州、齐州之间,担任州司户参军,因为疾病在任上去世。王凝家中素来贫寒,一个儿子还年幼,他的妻子李氏,带着孩子,背着王凝的尸骨回老家,向东经过开封,在旅店住下,店主不愿接纳。李氏眼看天色已晚,不肯离去,店主拉她的胳膊让她出去。李氏仰天痛哭说:"我是个女人,不能守住贞操,而让这只手臂被别的男人抓过了!"立即拿起斧子自己砍断那条胳膊,看见的人为她叹息流泪。开封尹听说后,将此事向朝廷禀报,优厚地周济李氏而鞭打了那位店主。呜呼! 士人不自己珍爱他的身子而忍受耻辱苟且偷生的, 听说李氏的高风亮节,应当稍微知道羞愧了!

欧阳修"论曰"之后,是司马光的一段评论:

臣光曰:天地设位,圣人则之,以制礼立法,内有夫妇,外有君臣。妇之从夫,终身不改;臣之事君,有死无贰;此人道之大伦也。苟或废之,乱莫大焉! 范质称冯道厚德稽古,宏才伟量,虽朝代迁贸,人无间言,屹若巨山,不可转也。臣愚以为正女不从二夫,忠臣不事二君。为女不正,虽复华色之美,织之巧,不足贤矣;为臣不忠,虽复材智之多,治行之优,不足贵矣。何则? 大节已亏故也。道之为相,历五朝、八姓,若逆旅之视过客,朝为仇敌,暮为君臣,易面变辞,曾无愧怍,大节如此,虽有小善,庸足称乎!

或以为自唐室之亡,群雄力争,帝王兴废,远者十余年,近者四三年,虽有忠智,将若之何! 当是之时,失臣节者非道一人,岂得独罪道哉! 臣愚以为忠臣扰公如家,见危致命,君有过则强谏力争,国败亡则竭节致死。智士邦有道则见,邦无道则隐,或灭迹山林,或优游下僚。今道尊宠则冠三师,权任则首诸相,国存则依违拱嘿,窃位素餐,国亡则图全苟免,迎谒劝进。君则兴亡接踵,道则富贵自如,兹乃奸臣之尤,安得与他人为比哉! 或谓道能全身远害于乱世,斯亦贤已。臣谓君子有杀身成仁,无求生害仁,岂专以全身远害为贤哉! 然则盗跖病终而子路醢,果谁贤乎?

抑此非特道之愆也,时君亦有责焉。何则? 不正之女,中士羞以为家;不忠之人,中君羞以为臣。彼相前朝,语其忠则反君事雠,语其智则社稷为墟;后来之君,不诛不弃,乃复用以为相,彼又安肯尽忠于我而能获其用乎! 故曰,非特道之愆,亦时君之责也。

把这段"臣光曰"译成白话文就是:

臣司马光认为:天地设置方位,圣人作为准则,用来制定礼仪、建立法律,家中有夫妇,家外有君臣。妇人随从丈夫,终身不能改变;臣子侍奉君主,至死不二;这是为人之道的最大伦常。如果有人废弃它,祸乱莫过于此! 范质称赞冯道德行深厚精研古道,才气雄伟度量宏大,虽然朝代变迁,人们也没有闲言,像大山屹立,不可转动! 臣下我认为正派的女人不会跟从两个丈夫,忠诚的臣子不会侍奉两位君主。做女人不正派,即使再有如花美貌,纺织巧手,也称不上贤惠;做臣子不忠诚,即使才智再多,政绩卓著,也不值得看重。什么缘故呢? 因为大节已亏。冯道任宰相,历事五个朝代、八位君主,如同旅店看待过客,清晨是仇敌,傍晚成君臣,更换面孔、变化腔调,竟无一点羞愧,大节如此,即使有小善,哪里值得称道!

有人认为自从大唐皇室灭亡,群雄武力相争,一位帝王的兴盛衰亡,长的十几年,短的三四年,虽然有忠臣智士,又能怎么样呢! 在这种时候,丧失为臣节操的不止冯道一个人,岂能单独怪罪冯道呢! 臣下我认为忠臣担忧国运如同家运,见到危险敢于献出生命,君主有过失就坚决劝谏、据理力争,国家衰败灭亡就至死恪守节操。智士见国家清明有道就出来,国家昏庸无道就隐居,或者遁入山林不留踪迹,或者身居小吏悠闲自在。如今冯道论尊贵恩宠则胜过太师、太傅、太保三师,论权力责任则居各宰相之首,国家存在便拱着手闭着嘴不置可否,窃据权位无功受禄;国家灭亡便图谋保全苟且免死,迎接拜谒新主或上表劝进帝位。国君兴盛灭亡一个接着一个,冯道荣华富贵依然故我,这是奸臣之最,哪能与其他一般人相提并论呢!

有人认为冯道能够在乱世中保全自身远离祸害,这也算得上贤能了。臣下认为君子只有敢于牺牲自己成全仁义,决不能为追求活命而损害仁义,哪能将专门保全自身远离祸害当作贤能呢!那么盗跖虽是大盗却生病老死,而子路虽为忠臣却被砍成肉酱,究竟谁才称得上贤能呢?然而这不光是冯道的过错,当时的君主也有责任。什么缘故呢?不正派的女人,一般男子羞以为妻;不忠诚的小人,一般君主羞以为臣。冯道为前朝宰相,说他忠诚却背叛前君事奉仇敌,说他智慧却听任国家变成废墟;后来的君主,对他既不诛杀又不抛弃,却再任用为宰相,他又怎么肯要求自己竭尽忠诚从而能派上他的用场呢!所以说,不光是冯道的过错,当时的君主也有责任啊!

冯道是五代史上的一个传奇,历五朝八帝而后已,自诩长乐老。五代是乱世,生逢乱世,出现冯道这样的政坛常青树,不仅难得也自有其产生的土壤。对冯道这样一个历五朝而不倒的政坛常青树,北宋两位著名的历史学家对他的评价并不高,且多有贬词。在欧阳修和司马光看来,礼义廉耻既是国之四维,也是人之四维。对冯道这样一个出将入相位列三公者,是做一个忠君爱民的楷模,还是做一个尸位素餐、媚骨取荣的政治投机者,是做杀身成仁的直臣还是做首鼠两端的贰臣,这是人生的大是大非问题。虽然人生于乱世,有诸多个人无能为力的事情,但面对乱世,做什么样的选择则完全取决于个人,守正和苟活,是不同的选择,当然会有不同的结局。显然,冯道在人生的大是大非面前的选项是值得商榷的,至少在欧阳修和司马光眼里的冯道,就是一个毫无节操、人皆可夫的政治娼妓,是一个让有廉耻之心者齿冷之人。通过欧阳修和司马光抽丝剥茧的剖析,让我们看到了一个完全不一样的冯道。

在《通鉴》的"臣光曰"当中,像这样几位大师同时对一个人或一件事发声的例子不是很多,但这为数不多的例子,其本身的成色却很足,给人留下的印象深刻。面对冯道这样的人,如果我们不知道如何评价他的话,选择欧阳修和司马光对他的评价做参考,当不失为一种明智的选择。

七

"臣光曰"的方式,应该是司马光在《通鉴》中的一种创新。编年体著作有其长也有其短,长在上下贯通,其短则是一个人或一件事往往分散在许多章节里,不易窥其全貌。如果要像纪传体著作一样,在文末进行一揽子评价有一定的困难。因此,因人因事因发生的时间,有感而发的"臣光曰"是一种很好的方式,而且借鉴意义更为明显。

上文我们所列举的"臣光曰"的例子,只是《通鉴》中"臣光曰"的冰山一角。事实上,通鉴中"臣光曰"的内容十分丰富。如果我们静下心来通读《通鉴》并胡三省的注文,再看司马光的"臣光曰",一定会有全新的体会和收获。

首先,《通鉴》中的"臣光曰"是司马光作为一个优秀的史家对待史实科学严谨态度的体现,对发生在战国至五代间重大历史事件,旗帜鲜明地表明自己的立场,亮出自己的态度,该说当说,该评当评,不拘泥,不固执,既可以自评也可以他评,也可以是自评与他评相结合,不论采用哪种方式,自评自不待说,自然是司马光自己想表达的意思,而借用他评,则自然也是司马光毫无保留的认同。

其次,《通鉴》中引用他人评说的那些"臣光曰",既是司马光对他人的成果的尊重也是一种审慎的选择。历史上发生的事情,是纷繁复杂的,要理清头绪,对人对事进行评说需要对事精审对人了解,一般来说,离事情发生的时间越近,离当事人越近,其对事和人的了解可信度越高,尽量用前人的话评价前人的事,更能增加说服力和可信度。

第三,历史是复杂的,要把历史上发生的对后世产生影响的人和事有选择地记录下来,其实需要的东西很多,用力用心自不待言,而记什么样的事留什么样的言为什么样的人树碑立传,对人对事如何评说,其中的分寸是需要认真拿捏的,若要做到令人信服,眼界高远、胸怀宽广、不固执己见,都是应该有的基本素养。从后世史家给司马光的评价看,司马光是具有上述素养的人。"光孝友忠信,自少至老,语未尝妄。自言:'吾无过人者,但平生所为,未尝有不可对人言者耳。'于学无所不通,唯不喜释、老,曰:'其微言不能出吾书,其诞吾不信也。'苏轼尝论光所以感人心、动天地者而蔽以二言,曰诚,曰一,君子以为笃论。"这段话向我们表明,司马光是一个学无不通、不妄言且讲诚守一之人,这样一个人写出来的东西,自然也是可以信赖的。

不一样的赵匡胤

　　五代十国时期的开国之主们，个个都曾是雄主，几乎清一色的都是行伍出身，勇武嗜杀几乎是他们自带的标签。当然，事情总有例外，人也会各有不同。起家于后周的赵匡胤，与他那些勇武嗜杀有余、体恤人心不足的先辈们相比，则显得有些不一样。而他显得与众不同的地方，就是他在同样杀伐果决的同时多了几分凡人常有的人情味。也许就是这点不一样，使他成了终结五代更替、实现南北统一的大宋的祖师爷。而他的那一丝人情味中最为后世所称道的，其一是黄袍加身、以宋代周时虽然沿袭了以禅代为名、鸠占鹊巢的剧本，但他却没有沿用南朝刘宋以来上位诛杀先主的恶例，而选择了善待前主、优抚臣服者的方式。其二则是一改以往改朝换代之后不断重复上演的"狡兔死、走狗烹，飞鸟尽、良弓藏"的诛杀功臣的成例，而将其改成了心平气和地协商或赎卖、交换的方式，这就是历史上唯一一次被史家们大书特书的"杯酒释兵权"。有关老赵黄袍加身之后所做的这些事，《宋史》和《续资治通鉴》是有明确记载的。

　　先说他善待旧主的事。有关他对旧主也就是后周恭帝和符后处置的记录，《续资治通鉴·宋纪一》所用笔墨不多，只是简单地说"奉周帝为郑王，符太后为周太后，迁居西宫"，其后便更无他语。《宋史·本纪一》对此事的记载比《续资治通鉴·宋纪一》的记载略为多一点，但也仅只是说，老赵在陈桥驿被部下拥戴黄袍加身之时就与部下约定，"太后、主上，吾皆北面事之，汝辈不得惊犯"（太后、主上，我都像以前一样对待，你们不得滋扰），而禅位之日的记载也仅只是说"迁恭帝及符后于西宫，易其帝号曰郑王，而尊符后为周太后"。两处的记载，尽管文字不多，但所涉事体兹大。历史告诉我们，朝代更迭之时，一旦革命或者禅代成功，变化天翻地覆，旧主一夜之间变成了新贵们的鱼肉，而新主一步登天变成了可以主宰先主们命运的刀俎，也因此，旧主及家人的生死，则完全取决于新主的气度和胸襟，一言则生，一言则死，贵贱也因一言而定。史实告诉我们，魏晋以来，朝代更迭，禅代几成常式，但自南朝刘宋以来，新皇诛杀旧主，也几乎成了常式。而老赵登基之后，能善待先主，这不但一改前朝恶例，也为后世留下了一个不一样的先例，这应该是极富人性的善举，这也是我们说老赵有别于五代以来的其他帝王，也还有几分气度的地方。

再说一下他优抚臣服者的事。《宋史》里有若干个例子，现成的有两个："吴越钱俶来朝，自宰相以下咸请留俶而取其地，帝不听，遣俶归国。及辞，取群臣留俶章疏数十轴，封识遗俶，戒以途中密观。俶届途启视，皆留己不遣之章也。俶自是感惧，江南平，遂乞纳土。南汉刘鋹在其国，好置酖以毒臣下，既归朝，从幸讲武池，帝酌卮酒赐鋹，鋹疑有毒，捧杯泣曰：'臣罪在不赦，陛下既待臣以不死，愿为大梁布衣，观太平之盛，未敢饮此酒。'帝笑而谓之曰：'朕推赤心于人腹中，宁肯尔耶？'即取鋹酒自饮，别酌以鋹。"这其中第一个例子，是说当时还没有完全臣服的吴越王钱俶，迫于大宋的压力，不得已来朝觐大宋皇帝。当时大宋宰相以下的众臣们都建议老赵扣留钱俶平定吴越国，老赵没有采纳众臣的建议，不但放钱俶回吴越，而且还把众臣建议扣留他的文稿打包送给了钱俶让他在回程时得空看看。这让钱俶既感动又感到有压力，于是在大宋平定了南唐之后就主动归服了。这是因为老赵的风度和智慧，兵不血刃收服了吴越。当然，我们说，这件事兵威在前，钱俶也许是审时度势后的不得已，但老赵的远略和风度也是重要因素。

第二个例子则是说老赵优待已经被征服了的南汉主刘鋹的事。刘鋹在当南汉王时对待臣下的手段不太磊落，经常使用毒酒酖杀下属。也因此，他对上峰赐酒尤为敏感。当他陪老赵视察讲武池侍宴时，当皇帝赐他御酒时自然想起自己酖杀下属的事情，故而吓得不轻，以为老赵要要他的命，老赵知道了他的小心思，不但原谅了他的唐突，而且说了推心置腹的话，当场喝了刘鋹疑为毒酒的那杯酒，并为刘鋹换了酒。事情的发展过程，也诚如老赵所说，推赤心而入人腹，结果是老赵再没有找碴难为刘鋹，而且还是让刘鋹仍然当他的恩赦侯，直到他病死。这件事情，在我看来，老赵不但风趣，的确也还有几分风度。

关于老赵杯酒释兵权的事情，《续资治通鉴·宋纪二》完整地记录了这件事：

> 初，帝既克李筠及李重进，一日，召赵普问曰："自唐季以来数十年，帝王凡易八姓，战斗不息，生民涂地，其故何也？吾欲息天下之兵，为国家计长久，其道如何？"普曰："陛下言及此，天地人神之福也。此非他故，方镇太重，君弱臣强而已。今欲治之，惟稍夺其权，制其钱粮，收其精兵，则天下自安矣。"

> 时（建隆二年，公元 961 年）石守信、王审琦皆帝故人，各典禁卫。普数言于帝，请授以它职，帝曰："彼等必不吾叛，卿何忧？"普曰："臣亦不忧其叛也。然熟观数人者，皆非统御才，恐不能制伏其下，万一军伍作孽，彼亦不得自由耳。"帝悟，于是召守信等饮，酒酣，屏左右谓曰："我非尔曹力，不及此。然天子亦大艰难，殊不若为节度使之乐，吾终夕未尝高枕卧也。"守信等请其故，帝曰："是不难知，居此位者，谁不欲为之！"守信等顿首曰："陛下何为出此言？今天下已定，谁

敢复有异心！"帝曰："卿等固然，设麾下有欲富贵者，一旦以
黄袍加汝身，汝虽欲不为，其可得乎？"守信等顿首涕泣曰：
"臣等愚，不及此，惟陛下哀矜，指示可生之途。"帝曰："人生
如白驹过隙，所为好富贵者，不过欲多积金钱，厚自娱乐，使
子孙无贫乏耳。卿等何不释去兵权，出守大藩，择便好田宅
市之，为子孙立永远之业，多致歌儿舞女，日饮酒相欢，以终
其天年！朕且与卿等约为婚姻，君臣之间，两无猜疑，上下相
安，不亦善乎！"皆拜谢曰："陛下念臣等至此，所谓生死而肉
骨也。"明日，皆称疾请罢。帝从之，赏赉甚厚。庚午，以石守
信为天平节度使，高怀德为归德节度使，王审琦为忠正节度
使，张令铎为镇宁节度使，皆罢军职；独守信兼侍卫都指挥
使如故，其实兵权不在也。殿前副点检自是亦不复除云。

杯酒释兵权的文字记载很详细，而且写得绘声绘色，这自然是后
世史家们刻意为之，一是显示宋祖的智慧，再则历史上也无先例，故
而史家用的笔墨比较多。故事的起因，是因为李筠和李重进的反叛。
二李都是后周的重臣，他们都曾与老赵同朝为官，其中李筠在后周任
昭义节度使；李重进，后周太祖郭威的外甥，后周时任淮南节度使，都
是手握重兵的藩镇。老赵黄袍加身后，忠于后周的这两人先后起兵造
反，给新生的大宋造成了严重的危害。老赵平定了两人叛乱后，开始
思考从唐末到五代时的藩镇割据的历史原因，结论是，所以出现这种
藩镇割据的局面，是因为藩镇拥兵自重，臣强君弱所致，要想长治久
安，只有"稍夺其权，制其钱粮，收其精兵，则天下自安矣"，说白了，就
是要想实现王朝的长治久安，可取的办法就是削其权力，弱其枝干，
让他们完全听命于中央。接下来，故事进入我们所熟悉的情节：有一
天，老赵举行了一个级别很高的酒会，出席的当是追随自己多年的现
已手握重兵的各路诸侯。酒酣耳热之际，老赵开始掏心掏肺地借酒发

感慨,说,我如果没有你等的加持,就没有现在的地位,但我觉得当皇上还没有当节度使时快活、自由,自从坐了皇位之后,我就没有睡过一个安稳觉。他的一帮弟兄都很纳闷,问他为什么？老赵开始给他们谈人生：说,你们不知道啊,我这个位子,哪个人不想坐啊？众兄弟听了,惊诧不已,赶紧叩头谢罪,说,陛下您为什么这么说呢？现在天下都太平了,谁还敢有别的想法？老赵说,我知道你们都是我过命的弟兄,自然不会有非分之想,但是,保不齐有人撺掇,如果有一天你们的属下把黄袍披在你们身上,你们即使不想做,那又能怎么办呢？以石守信为首的一帮重臣,终于明白了老大说话的要点,于是争先恐后、声泪俱下地表衷心,说,我等愚钝,想不到这些事,请您可怜我等的不易,给我们指条生路吧。于是老赵开导他们,说,人生苦短,犹如白驹过隙,人生追求的富贵,也不过就是积聚钱财,自己享受生活,让子孙过上衣食无忧的富裕日子罢了。既然是这样,你们不如把兵权交出来,然后到大的州郡去做地方官,选择好的地方,给自己多置良田美宅,多养些哥儿舞女,天天饮酒作乐,颐养天年,我再和你们都做成儿女亲家,我们之间再无猜疑,上下之间也相安无事,这样不是很好吗？石守信等一帮兄弟们听了,茅塞顿开,齐声拜谢,说：您能为我们考虑得如此周到,真是让死者再生,枯骨长肉了。第二天,石守信等一众兄弟都称自己征战多年身体健康状况出了问题,都自愿辞去了军职。当然,老赵也兑现承诺,重赏了这些能够悉心体会自己苦心的战友们。

这个故事的结尾当然很完满,老赵得到了心心念念、唯我独尊的权力,而那些曾追随他南征北战的重臣们也过上了良田美宅广有、妻妾成群环绕的好日子。对于这种与众不同的处理君主与功臣之间关系的方式,自然也会有不同的理解,但我觉得,不论怎么理解,赵匡胤的做法都表现出来了几分人情味。而历史上,能够坐下来心平气和地协商君臣之间的权力让渡问题的,也好像仅此一例,这也是我们说老赵和他人不一样的原因之一。而更值得注意的是,老赵的杯酒释兵权的活动,不是只搞了一次,而实际上在他任上搞了两次,而第二次的活动发生在他做了皇帝的第十个年头,《续资治通鉴·宋纪六》也完整地记录了这件事:

> (开宝二年,公元 969 年)己亥,帝燕藩臣于后苑,酒酣,从容谓之曰:"卿等皆国家宿旧,久临剧镇,王事鞅掌,非朕所以优贤之意也。"前凤翔节度使兼中书令王彦超喻帝指,即前奏曰:"臣本无勋劳,以冒荣宠。今已衰朽,骸骨归丘园,臣之愿也。"前安远节度使兼中书令武行德,前护国节度使郭从义,前定国节度使白重赞,前保大节度使杨廷璋,竞自陈攻战阀阅及履历艰苦,帝曰:"此异代事,何足论也!"庚子,以行德为太子太傅,从义为左金吾卫上将军,彦超为右金吾卫上将军,重赞为左千牛卫上将军,廷璋为右千牛卫上将军。时节度与燕者,皆罢镇改官。

赵匡胤第二次杯酒释兵权的事情发生在第一次杯酒释兵权之后的第九个年头,也就是他当了皇帝的第十个年头。有了第一次办酒会的成功经验,这第二次的酒宴自然是驾轻就熟。按理说,这个时候的老赵早已坐稳了江山,完全可以一言九鼎,生杀予夺完全可以自个说了算,给属下安排工作,完全用不着拐弯抹角。但老赵就是老赵,这次的工作安排,方式基本上和第一次宴请重臣们喝酒时几乎一模一样,所不同的是,这次老赵给手握重兵的节度使们说的不是让他们放权,而是很体贴地告诉他们在地方上吃了许多苦受了很多的累,现在该让他们到中央来做更体面的工作,于是一帮立了不世之功的重臣们戴着皇帝新给的高帽子,就高高兴兴地到皇帝身边来做体面的工作了。由此我们知道,平和地结束君臣之间有可能出现的尴尬,老赵的确有几分雅量。

杯酒释兵权的所谓的"释",就是消释或稀释藩镇拥兵自重权力的意思,实际上就是褫夺兵权的意思。只不过在褫夺的方式上,老赵选择了一个现在大家在办事时常常选择的方式——办酒会来协商。当然,这场协商权力让渡的酒会比起楚汉相争时的鸿门宴,结局要完美得多。由此,我们知道,酒会常常有,但因办酒会的人不同,结局也会大相径庭。

作为北宋太祖的赵匡胤,与众不同的第三件事情,是努力想做一个好皇帝,且身体力行。史书记载,赵匡胤黄袍加身之后很惬意,风风光光地把他的母亲从乡下接到开封,他母亲的身份也从南阳郡夫人变成了太后。因为老赵在陈桥驿时黄袍虽然加身了,但毕竟太过仓促也不体面,于是大臣们体察太祖的心事,给他筹办了隆重的加冕仪式,因此老赵十分受用,朝野上下大被恩泽。但他的母亲却是十分不安,老太太把已经是皇帝的儿子叫来给他说出了自己的担忧:"吾闻为君难。天子置身兆庶之上,若治得其道,则此位诚尊;苟或失驭,求为匹夫而不可得,是吾所忧也。"赵匡胤听了,若醍醐灌顶,立马回答:"谨受教"。赵母的话,是直白地告诉儿子,皇帝的宝座是把双刃剑,既可以给人带来无尽的风光,也可以让人求为凡人而不可得。"谨受教"三个字,如果按书面语说就是"谨遵教诲"或"谨记教诲"的意思,如果用口语化的语言表达,应该是"我接受您的教诲"或者"我记住了您的教诲。"用我们现在的话说,最直白的,就是我明白了。当然,我们也可以用另一种意思来理解,"谨受教"三个字,在很多的时候就是一句客套话,说过之后也许就像一丝清风一样过去了,没有人再去讲究是否真的当作座右铭了。因此,史书当中的这段记录,要点不在赵匡胤的回答是否得母亲的心,中母亲的意,也不在于老赵是否明白了他母亲教导他的话语的真正含义,即做皇帝不仅需要胆量和部属的拥戴,更重要的是要充分认识权力既能拥有也可能失去,两者之间的转换,则取决于你的作为。这里面的道理，说说容易，但做起来很难，能把它当成座右铭谨记于心且把它贯彻到行动上，这就更难了。从史书记载看，老赵还真明白了如何当个好皇帝，至少做了一些今天看起来也还靠谱的事。试看以下诸例。

例一，《续资治通鉴·宋纪二》记载的故事：

> 癸亥，帝步自明德门，幸作坊宴射，酒酣，顾前凤翔节度使临清王彦超曰："卿曩在复州，朕往依卿，卿何不纳我？"彦超降阶顿首曰："当时臣一刺史耳，勺水岂可容神龙乎！使臣纳陛下，陛下安有今日！"帝大笑而罢。闰月，甲子朔，彦超上表待罪，帝遣使慰抚之，因谓侍臣曰："沉湎于酒，何以为人！朕或因宴会至醉，经宿未尝不悔也。"侍臣皆再拜。

这件事，我们可以当作一个很好的短篇来读：有一天，喜欢微服私访的赵匡胤散步从明德门出来到了一个作酒的作坊，一时高兴，请了几个人来喝酒，酒酣耳热之际，对当时已经是地方大员的临清人王彦超开始说掏心窝子的话，说我当年没发达时曾经去投奔你，你为什么不要我？王彦超听了之后，立刻酒醒了，后退几步跪地回答，我那时也就是个小小的州刺史，勺子里能盛下的一点点水怎么可能养真龙？如果当初我接纳了你，你怎么可能像今天这样君临天下呢？老赵听了很受用，开怀大笑，结束了这次酒会。尽管当时老赵高高兴兴地走了，但他问的事情却让王彦超如卧针毡，不得已，王彦超只得上书皇帝主动请罪。老赵见到了王彦超的请罪书后，立刻派使者安慰王彦超，并让使者转告王彦超，说，我沉湎于酒，真是不应该啊，我经常喝醉，过了都很后悔。使臣们听了，都很佩服皇上的宽宏大量。

这个故事看上去波澜不惊，但实际上暗潮汹涌。我们试想一下，假如我们有一天遇到困难了，去投奔一个在你印象当中还可以的朋友，可是这个人毫不留情地拒绝了你，你会怎么样？你能忘了这件事吗？如果有一天你发达了，而当年拒绝帮助你的这个人恰巧又成了你公司里的职员，你会怎么做？所以，我们千万别忘了，作为政治家的老赵的微服私访和即兴的酒会，也许就是由老赵有意安排的一场不折不扣的政治宴会，也许真就是一场不见刀光剑影的鸿门宴，假如王彦超的话说得不合老赵的意，分分钟就会祸福翻转。我们再设身处地地想一下，一个人在他危难之际去投靠朋友，而这个朋友拒绝接纳他，这会郁结成多大的心结啊？而这个被拒绝后有了心结的人又恰好日后成了生杀予夺个人说了算的皇帝，他会怎么打开这个心结呢？我们闭上眼睛想，不杀他已经是厚德了，如果能原谅他，那该是有多大的格局？当然，这故事的结局很暖心，老赵自己说旧事重提是我酒后失态，让王彦超不要放在心上，从事后老赵对王彦超的工作安排看，老赵的确是原谅了他，老赵确实是一笑泯恩仇，把那件往事翻篇了。当然，从另一个角度来看，事实上老赵也达到了自己对王彦超这样位高权重的地方大员敲山震虎的目的，潜台词就是借提往事告诉他，你的那些小心思我是知道的，只是我不跟你计较而已，如果你哪天不好好干活，我旧账新账一起算。同样地，老赵没有计较王彦超的事，让他身边的侍臣们觉得皇上还是很善解人意的，由此也让大家领略了皇上不拘小节的风采，从此忠心耿耿地为皇上办差。当然，能让整个故事变得温馨起来的关键是老赵的态度，应该说，还是因为老赵的度量，才让故事有了喜剧色彩。当然，我们也得说，王彦超不仅是能征善战的将军，也是阿谀奉承的高手，他的那番话，即便是与面谀老手相比也毫不逊色，马屁能拍到这个份上，这自然也让老赵心里释然了。当然，我们更不得不说，王彦超很幸运，他当年没接纳的赵匡胤，恰好是个有些度量的人，是个善解人意的人，假如他没接纳的是一个睚眦必报的人，也许故事的结局就是另外的情形了。

例二，《续资治通鉴·宋纪七》记载的故事：

周翰尝监绫锦院，杖锦工过差，为所诉。帝怒甚，召周翰切责，将亦杖之，周翰自言："臣负天下才名，受杖不雅。"帝乃止。帝初识周翰父彦温于军中，以周翰有文辞，欲用为知制诰，天平节度使石守信入朝，帝语及之。守信与彦温善，微露其言，周翰遽上表谢，帝不喜，其命遂寝。

这个故事应该把次序倒过来看就更顺畅了。赵、周两家应该是老相识了。周翰很有才华，老赵早知道，老赵本打算让他做自己的身边人，只因为周翰的不稳重，时机没拿捏好，结果惹得老赵不欢喜，本该出任知制诰的大材被当成烧柴用做绫锦院的监院，也许是因此心里不痛快，所以对办事不力的下属打屁股打得过了规定的数而被举报。老赵知道了很生气，准备以其人之道还治其人之身，也对周翰打屁股，这时的周翰只好厚着脸皮说自己是个读书人，打屁股与读书人的脸上不好看。老赵念周翰是个读书人，就免了对周翰的杖责。由此我们知道了，一是老赵重视读书人且一以贯之，对读书人青眼相加，高看一眼；二是老赵很懂得大事讲原则，小事讲风格的道理。我们知道，帝制时代的规矩，皇帝让谁做什么只能皇帝说了算，皇帝还没说，周翰从石守信哪里知道了自己将要被提拔的消息，自然喜不自胜，但是，这种时候，只能窃喜，不能张扬，而周翰明知皇帝还未下旨，却上表谢恩，皇帝自然知道了消息是从哪里传出去的。而石守信是节度使，是外朝之臣，而知制诰是皇帝身边人，是内朝之臣，两者之间是不允许交通的。如果让周翰真做了知制诰，石守信这个外臣，岂不是有了内应？这老赵咋能高兴呢？所以我们说，老赵是大事讲原则，小事讲风格，这也就是可以以读书人的面子免了周翰的杖责，但绝对不能让他去知制诰。这也说明了，赵匡胤虽则行伍出身，但还真是块搞管理的料，在大事小情上能做到收放自如。

例三，《续资治通鉴·宋纪七》记载的故事：

甲申，皇女永庆公主出降右卫将军、驸马都尉魏咸信。咸信，仁浦子也。公主尝衣贴绣铺翠襦入宫，帝见之，谓主曰："汝当以此与我，自今勿复为此饰。"主笑曰："此所用翠羽几何！"帝曰："不然，主家服此，宫闱戚里必相效。京城翠羽价高，小民逐利，殿转贩易，伤生浸广。汝生长富贵，当念惜福，岂可造此恶业之端！"主惭谢。又，尝因侍坐，与皇后同言曰："官家作天子日久岂不能用黄金装肩舆，乘以出入？"帝笑曰："我以四海之富，宫殿悉饰金银，力亦可办；但念我为百姓守财耳，岂可妄用？古称以一人治天下，不以天下奉一人。苟以自奉养为意，百姓何仰哉！"

　　这是我们在史书记载当中能看到的皇帝教育子女、后宫的为数不多的故事。前一个故事是讲永庆公主出嫁之后的生活细节，当中主角是父女关系，这是皇帝和公主之间的事情，是发生在皇家生活当中的一件小事，实际上和普通人家生活中父女之间的交流差不太多，两者之间若有差别，就只是身份的差别，一个皇帝，一个是公主，因为老子成了皇帝，女儿自然就是公主，赵匡胤做了皇帝，女儿赵永庆自然就成了公主，公主自然得有公主的派头，肥马轻裘、锦衣玉食都当是标配，这自然有固有的成例，当然也可以有创新，这对公主来说，自然也可以安之若素。但是，话说回来，这成例也好，创新也罢，一切都有一个怎么看的问题。我觉得赵匡胤就比我们一般人强，所以他做了皇帝。在他看来，讲吃讲穿讲用这样的事情，应该适度，年轻人更应该懂得惜福，过了度就不好了。在那个年代，公主就如当今的明星，公主的生活方式，自然很容易成为别人模仿的对象，公主的炫富，会带来朝野上下竞相模仿，结果会造成社会风气的变化。作为社会管理者，为了杜绝社会上形成奢靡之风，应该防微杜渐。所以，我们说，老赵是皇上，头脑还是很清醒的，他教育公主惜福，实际上是从小事着手，杜绝奢靡之风的蔓延。

第二个故事是发生在老赵和他的皇后之间，是夫妻关系，但这次夫妻间的对话的内容，实际上和前一故事一样，事关社会风气的走向。在皇后看来，既然是皇家，什么都应该有皇家的派头，为了彰显皇家气派，就应该用黄金来装饰皇帝乘坐的轿子和肩舆。而作为皇帝的老赵却不这么想，他说，作为皇帝，固然富有四海，多么豪华的宫殿都能盖得起，自然，多么豪华的车也坐得起，但是，因为是皇帝，自然不能光考虑自己，得以天下苍生为意，得为百姓的衣食住行守财，不能妄为，可以一人治天下，但绝不能以天下奉一人。如果皇帝只以自奉为意，那老百姓还能指望谁呢？这几句话，我们今天读来，依然觉得振聋发聩，在我看来，这几句话，是一个好的社会管理者应该有的初心，应该有的境界，应该有的担当，不论是过去还是现在，都可以作为政治家应谨记的座右铭了。当然，在这件事情上，老赵的难能可贵之处还在于，他没有被后妃们的枕旁风吹昏了头脑。

例四，《续资治通鉴·宋纪八》记载的故事：

> （开宝八年，公元975年）夏，四月，教坊使卫德仁，以老乞外官，且援同光故事求领郡，帝曰："用伶人为刺史，此庄宗失政，岂可效之！"宰相拟上州司马，帝曰："上佐乃士人所处，资望甚优，亦不可轻授。此辈但当于乐部迁转耳。"乃命为太常寺大乐署令。

这个故事，用现在的语言来说就是这样的：主政教坊司的卫德仁，以自己年纪大了为由想给自己谋一个外放地方官的差事，而且还援引了五代时后唐主李存勖大量委派他喜欢的伶人担任地方官的成例作为自己要求外放做地方官的理由，这件事情宰相同意了，先打算让卫德仁去领一个郡的刺史，而后又打算让他去做一个州的司马。此事两次报到皇帝跟前时，老赵都不同意，他的理由是，后唐皇帝李存勘委任自己喜欢的伶人做地方官,是他失政的地方,实际上也是后唐灭亡的重要原因,我们不能重蹈覆辙。在老赵眼里,郡刺史或州司马,都是需要有担当的地方官,而这些地方官职应该是士人也就是有学历的人担任的,卫德仁虽然有资历有威望,但也不能让他去担任这些职务。他是教坊使也就是艺人出身,他可以在艺术界里继续升迁,但不能跨行去当地方官。老赵的意思很明确,最好让专业的人干专业的事情,对事对人都有好处。当然,这些事,尽管都有讨论的余地,比如士人也未必个个都有操守,个个都能胜任工作,但他们应该是通过逐级选拔出来的人才,是有执业资质的,我觉得老赵在用人方面的思考方向还是对的。当然,更科学的用人方式,应该是让合适的人去做合适的事,这样,于人于事更有益处,所以,我觉得老赵的用人方式,其方向是正确的。

有了上面的事例,我们大致也可以看出来,赵匡胤和他同时代的先辈们比,的确有些不一样。当然,帝王家的事,表面上看,按部就班,风风光光,但实际上,大事小情,台面上的客套、私底下的扳扯,每一样都得做足了功课,要想做得服服帖帖,非是高手不能为。《宋史》作者对老赵的评价极高,他说:"五季乱极,宋太祖起介胄之中,践九五之位,原其得国,视晋、汉、周亦岂甚相绝哉?及其发号施令,名藩大将,俯首听命,四方列国,次第削平,此非人力所易致也。建隆以来,释藩镇兵权,绳赃吏重法,以塞浊乱之源。州郡司牧,下至令录、幕职,躬自引对。务农兴学,慎罚薄敛,与世休息,迄于丕平。治定功成,制礼作乐。在位十有七年之间,而三百余载之基,传之子孙,世有典则。遂使三代而降,考论声明文物之治,道德仁义之风,宋于汉、唐,盖无让焉。呜呼,创业垂统之君,规模若是,亦可谓远也已矣!"这段话的要点,是说老赵出身行伍,而登上皇帝宝座的过程,与后晋、后汉、后周的君主们上位的情形相差并不太大,但等他开始发号施令时,一切都不同了,结果是藩镇听命,列国平服,在位 17 年,奠定了大宋三百多年国运的根基,在他治下的大宋,社会发展,文化繁荣,三代以下,不让汉唐。这个评价真的很高了,当然,这个评价有没有拔高或者溢美的成分我们自然可以讨论,但通过作者的评价,我们也可以知道,在《宋史》作者眼里的老赵,是个堪比前贤的好皇帝。

再读《岳阳楼记》

一

1978 年以后，只要是上过中学的人，一定都知道《岳阳楼记》，而且即便是不会背诵，也一定是熟读过的。我第一次读《岳阳楼记》，却与如今许多人读《岳阳楼记》的情形大不一样，不是别人教我读，而是为了教别人而读的。所以会有这样的奇遇，则完全是因为在一个并不偏远的地方，却有许多人连自己的名字都不会写的年代里，因为自己至少是一个有高中毕业证书的回乡知识青年而有了教别人读《岳阳楼记》的机会，这已经是四十多年前的事情了。当时怎么教别人的，细节已经记不得了，但用照本宣科、生吞活剥、囫囵吞枣、以其昏昏使人昭昭这些词来形容，一点都不为过。如今想来，还有些对不起那些曾经受教于我的学生们的愧疚。但，因为要教别人，所以自己还是下了很大的功夫读过，而且是达到了能毫无阻碍地能背诵的程度。几十年过去了，我还能记得第一次看到《岳阳楼记》时一口气读完之后的激动，在一个曾经充斥着口号、标语、文风千篇一律的年代刚结束的时点上，《岳阳楼记》带给我的是震撼，没想到在千年之前的封建时代，居然有人能写出如此立意高远、震古烁今的美文！尽管其中的一些字眼，当时理解起来还是很吃力的，但丝毫没有影响我第一次读到它时的兴奋。而其后也曾有机会多次《岳阳楼记》，而每读一次，都会像第一次读一样，都会被精彩的遣词和高远的境界有所触动。而今，再一次读《岳阳楼记》,却是因为闲来无事读书时,读到了范仲淹死后别人给他的评语之后,一如当年司马迁在孔子墓前拜谒时的感慨一样,看见其人想读其文,看见其文想见其人。

史书记载,宋仁宗皇祐四年,即公元 1052 年,时年 63 岁的北宋一代名臣范仲淹,走完了他并不平凡的一生。《续资治通鉴》的作者,给了他如下的评语:

> 仲淹少有大志,于富贵、贫贱、毁誉、欢戚,不一动其心,而慨然有志于天下,常自诵曰:"士当先天下之忧而忧,后天下之乐而乐也。"每感激论天下事,奋不顾身,一时士大夫矫厉尚风节,自仲淹创之。性至孝,以母在时方贫,其后虽贵,非宾客不重肉,妻子衣食仅能自充。而好施予,置义庄里中,以赡族人。守杭之日,子弟知其有退志,乘间请治第洛阳,树园圃,为逸老地。仲淹曰:"人苟有道义之乐,形骸可外,况居室乎!"吾今年逾六十,生且无几,乃谋治第树园圃,顾何待而居乎!吾所患在位高而艰退,不患退而无居也。且西都士大夫园林相望,为主人者莫得常游,而谁独障吾游者?岂必有诸己而后为乐邪?"及卒,赠兵部尚书,谥文正,又遣使部问其家。既葬,帝亲书其碑曰"褒贤之碑"。仲淹为政主忠厚,所至有恩,邠、庆二州之民与属羌皆画像立生祠事之。其卒也,羌酋数百人哭之如父,斋三日而去。

这个评语,对一个人来说,应该是一个很高的评价。而在中国历史上,死后能得"文正"谥号,是中国无数有志于天下大同的知识分子所向往的,而真正得此谥号者,也仅几人而已。而范仲淹能得此谥号,也是激发我再读《岳阳楼记》并想知道作者在什么背景下写了这一千古名篇的原因。

庆历,是北宋仁宗几个年号中的一个,时间是从公元 1041 年到

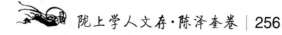

1048年共8年,其间发生过许多影响当年以及其后宋王朝命运的大事,其中以整顿吏治为号召的明黜陟、抑侥幸、精贡举、择官长、均公田、厚农桑、修武备、减徭役、覃恩信、重命令等十项新政,尤其引人瞩目,成为当时震动朝野的热点话题,因此号为庆历新政。而新政的倡导者,则是我们本文的主角范仲淹等。而在北宋仁宗朝,与新政同样亮眼的,则是影响了仁宗朝以及其后北宋王朝政治的一批政治家,同时活跃在当时的政治舞台上:吕夷简、晏殊、范仲淹、富弼、欧阳修、韩琦、明镐、宋庠、余靖、蔡襄、杜衍、陈执中、文彦博、庞籍、狄青、赵抃、包拯、曾公亮、吕公著、王安石、司马光等,可以说,宋代有名的治世能臣几乎都出现在仁宗朝堂之上。但是,这些名重一时且流芳千古的明星们,并没有谁有幸出现在《岳阳楼记》中,倒是一个被贬到地方的官员却随着《岳阳楼记》的千古传诵而成了当红明星。"庆历四年春,滕子京谪守巴陵郡,越明年,政通人和,百废俱兴,乃重修岳阳楼,增其旧制,刻唐贤今人诗赋于其上,嘱予著文以记之。"为什么会这样?滕子京系何人?为什么被贬?为什么范仲淹一定要遵嘱为其重修岳阳楼而著文记之呢?而更让我想知道究竟的是,《岳阳楼记》当中的许多表达,到底因何而生?滕子京,岳阳楼,范仲淹,这中间到底有些什么我们不知道的事情呢?我想找一个合理的解释。

二

滕子京,《宋史》有传。本名宗谅,字之京,古人朋友之间互称字而不名,故而《岳阳楼记》中记滕宗谅用字而不以名。从滕宗谅(之京)本传及有关记载中我们可以看到,滕本人进士出身,与范仲淹、庞籍、谢绛、吴育、吴遵路、魏介之、明镐、周骙、王丝、王涤、王焕、朱贯、沈周、沈严、郭维、萧贯、张昇、王益、欧静、刘越等一帮宋仁宗时期的北宋名臣是进士同年,也曾经是范仲淹的属下,在范仲淹知兴化(治在今江苏兴化一带)时滕宗谅曾经协助其筑捍海堰,此堰当时虽因暴风雪而停建,但其首倡之功甚伟。两年后捍海堰筑成,被时人称为"范公堤"。"范公堤"的最终筑成,滕子京当是有功人员。仁宗天圣八年,滕子京曾与同年进士刘越上书,请太后还政于仁宗,"言犹鲠直",故而在仁宗亲政之后的第二年即景祐元年被任命为左正言,这个职务范仲淹也曾担任过。之后,因西北边事,滕子京以刑部员外郎、直集贤院、知泾州(治在今甘肃平凉泾川一带)。因为在泾州表现不错,所以范仲淹"荐以自代,擢天章阁待制,徙庆州(治在今甘肃庆阳庆城一带)"。从滕子京本传的记载看,他本人在被贬之前的表现应该是很不错的,应该是一个没有不良记录的公职人员,按正常情况看,他也应该是前途光明的公职人员。那滕子京到底为什么被贬?资料显示,是有人告发他枉费公使钱:"(公元1044年)时郑戬发宗谅前在泾州枉费公用钱,而监察御史梁坚亦劾奏之,诏太常博士燕度往邠州鞫其事,宗谅坐是徙。"由此我们知道,滕子京谪守巴陵郡之前,就曾因为有人告发其动用公款胡花乱用,事实上已经被贬过一次了,至少是因为这件事从原来的岗位上换了地方。但滕子京为什么枉费公使钱、枉费公使钱的数量到底是多少,资料当中没有记录,我们不知道,但到了被人告发、责以重罪的程度,可知数量一定不少。查阅滕子京本传,他在知泾州任上发生了一件大事,事情是这样的:当滕宗谅知泾州时,在北宋与西夏的战争中,北宋"葛怀敏军败于定川(今宁夏回族自治区固原一带),诸郡震恐,宗谅顾城中兵少,乃集农民数千戎服乘城,又募勇敢,谍知寇远近及其形势,檄报旁郡使为备。会范仲淹自环庆引蕃兵来援,时天阴晦十余日,人情忧沮,宗谅乃大设牛酒迎犒士卒,又籍定川战没者于佛寺祭酹之,厚抚其孥,使各得所,于是边民稍安"。也就是说,滕子京知泾州,应该是受命于危难之际,故而在他知泾州时,为了稳定因定川战败而造成的边地州郡人心不稳的局面,滕子京做了许多的应急处置，其中一件事情就是犒劳来援泾州的环庆援军和当地的守城军民之事。这件事的花费，自然是动用了公使钱。对于这件事，当有人向朝廷反映时，范仲淹曾上书为其进行了说明。《续资治通鉴》记载，范仲淹在给朝廷的奏折中说，"梁坚奏宗谅于泾州贱买人户牛驴，犒设军士。臣窃见去年葛怀敏败后，向西州军官员惊扰，计无所出。泾州无兵，贼已到渭州，宗谅起遣人户强壮数千人入城防守，时值苦寒，军情愁惨，得宗谅管设环庆路节次策应军马，酒食薪柴并足，众心大喜。虽未有大功，显是急难可用之人，所以举知庆州。仓卒收买牛驴犒军，纵有亏价，情亦可恕。今一旦逐之如一小吏，后来主帅，岂敢便宜行事！欲乞朝廷指挥，宗谅止在任句当，委范宗杰在邠州一面勘鞫。如宗谅显有欺隐入己及乖违大过，臣甘与宗谅同行贬黜。"从范仲淹的奏文看，有人指证滕子京的所谓"枉费公使钱"的事，和滕子京本传记载的他在泾州大设牛酒犒赏士卒的事应该是同一件事。告状人所指证的所谓"枉费公使钱"，实际上也就是大设牛酒犒赏军士人等的开销，而这个开销的数量自然不会太少，因此被人指为胡花乱用。而据告发人指证，滕宗谅动用的公款是16万贯，如果确如指证所言，数量确实不少。但到底是多少呢？按理说，如果派员调查，就自然会有一个明确的结论。但事实上，最终还是一笔糊涂账。为什么会这样？据滕宗谅本传的记载，原来用钱的账册被他烧了，这事直到朝廷派员调查才知道，原因是滕宗谅刚到任时，以"故事犒赉诸部属羌，又间以馈遗游士故人。宗谅恐连逮者众，因焚其籍以灭姓名"。事情基本清楚，即滕子京上任之初，按照惯例进行公务应酬，犒赏当时当地的头面人物，除了吃喝之外，还有馈赠，当时参与的人不少，本来是有花名册的，但他担心把花名册上交会牵连到其他人，所以，当朝廷派人来调查时，他把花名册烧了。所以，关于这次动用公款搞应酬的花费，就成了无籍可依的事，这也就给滕子京本人留下了说不清的硬伤。这里出现了一个问题，即本传记载的枉费公使钱的说辞，和我们前文所引范仲淹上书中所说滕子京所以枉费公使钱的措辞，看起来有点出入，粗看好像是两件事，一说是因为犒赏，一说是因为应酬，但对照告发人的姓名以及朝廷对滕子京的处理和所任职务及时间看，实际上是一回事，问题的焦点则是花费是否符合规定，是合理开支还是胡花乱用，有没有虚增开支等问题。而范仲淹为滕子京辩白的主旨，是说因为滕子京果断处置，使得因为战败而处于人心浮动之中的泾州得以人心安定，化解了一次边地危机，这虽然算不上是大功劳，但说明滕子京还是急难可用之人，用现在的话说，应该是一个有担当的人。他所以用公款买牛驴犒劳军士，完全是从稳定人心、稳定军心出发，事急从权，也许还存在"亏价"的问题，但并非完全意义上的胡花乱用或贪污，即便是有一些账目上的出入，也都是可以说清楚的，是可以原谅的，希望朝廷能够一边让他接受调查一边继续工作，并且极力主张查明事实，还以清白，并以自己的官身为其担保。当朝廷明确派员甄别之际，范仲淹又进一步表明自己的态度，"先是仲淹力辩宗谅、亢等非有大过，乞免下狱。及是又言：燕度勘到滕宗谅所用钱数分明，并无侵欺入己。张亢借公用钱买物，事未发前，已还纳讫。又因移任借却公用银，却留钱物准还，皆无欺隐之情。宗谅及亢（张亢）由是得免重劾"。在这里我们可以看出，在范仲淹看来，有人指证滕子京的所谓"枉费公使钱"，并非枉费，而是根据当时当地情况的合理处置，并无欺隐之情，属于地方官员施政过程中的正常情况。因为范仲淹的极力辩解，滕子京和张亢都被免去了重责。

因为此事，涉及西北边防重镇官员的去留问题，身为谏官的欧阳修也曾上书为此事发声。他说，近来听说朝廷派人调查滕宗谅事，"枝蔓句追，囚系满狱，人人嗟怨，自狄青、种世衡等，并皆解体。乞告谕边臣以不枝蔓句追之意，兼令今后用钱，但不入己处，任从便宜，不须畏避,庶使安心用命立功。"还说:我听说主持边事的重臣张亢、狄青、种世衡等人也因为使过公用钱,被陕西置院调查,"干连甚众。亦闻狄青曾随亢入界,见已句追照对。臣伏见兵兴以来,所得边将,惟狄青、种世衡二人,其忠勇材武,不可与张亢、滕宗谅一例待之。且青本武人,不知法律,纵有使过公用钱,必非故意偷谩,不过失于点检,乞特与免勘。"当时知渭州尹洙亦上书朝廷为狄青等人辩解:"青于公用钱物,无毫分私用,不可以细微诖误,令其畏惧。望特旨谕青,庶安心专虑边事。"从欧阳修、尹洙的奏文看,当时因为边事吃紧,在用公使钱做公务往来应酬及应对其他突发事件时经常会有出入不相符的事情发生,而且事情往往会牵扯到许多人,就连一代名将狄青等人也因这样的事牵涉其中。而当时发生的每一桩擅自动用公款的事情的原委,则各不相同。欧阳修和尹洙都希望朝廷能够甄别事由区别对待,以便于具体办事的人遇到事情能够根据情形灵活处置。

因为有当时熟悉边事且颇为仁宗信任的两位大佬为其辩解,滕子京不但被免除了重罪,尽管被削去了京官的头衔,但还保留了异地为官的待遇:"辛未,降天章阁待制、权知凤翔府滕宗谅知虢州,职如故;并代副部署张亢为本路钤辖。宗谅及亢皆置狱邠州,狱未具而有是命,从参知政事范仲淹言也。"也就是说,朝廷相信范仲淹所说属实,也采纳了范仲淹关于滕子京的使用建议。但是,老话说:欠了债,总是要还的。尽管滕子京枉费公使钱的事确实可能是事急从权,是事出有因,朝廷也因为有人为其辩护并派人调查后有了结论,但是,那钱用得是否合规,数量是否属实,因为没有了可以验证的账册,故而此事总归是会被人诟病的硬伤。滕子京徙知虢州(治在今河南灵宝一带)后,御史中丞王拱辰就不断上书朝廷,认为对滕子京枉费公使钱的事处罚太轻,应该处罚得重一些,于是滕子京被再贬,因而有了他"滕宗谅知岳州"(今湖南岳阳)的任命。至于御史中丞王拱辰为什么一定要盯着滕宗谅,一定要一贬再贬,显然与我们后面将要讨论的朋党有关。在这里,值得庆幸的是,因为滕子京被再贬而知岳州,岳州也就是范仲淹《岳阳楼记》中所说的巴陵郡所在地,由此我们知道,如果不是滕子京谪守巴陵郡,如果不是滕子京请范仲淹为其重修岳阳楼作文以记之,也许就没有流传千古的名篇《岳阳楼记》了。

滕子京一生为官是清是浊,史书语焉不详,但从范仲淹不惜自身荣辱愿与其同进退的情况,以及欧阳修以其谏官的身份也为其辩解的情况看,滕本人应该是个能得上司赏识的干员是没问题的,这从他谪守巴陵,在不到两年的时间里能做到"政通人和,百废俱兴"、重修岳阳楼且能"增其旧制"的情况看,也可得到佐证。而从范仲淹为其不遗余力地辩白,到遵嘱为其作文,足见两人是意气相投的朋友。但滕本人是不是善谀或欺下罔上之人,因资料欠缺,我们不好妄断,但范仲淹一身正气,曲意逢迎、阿谀奉承本就是他厌恶的,排斥的,所以,不论怎么看,对滕子京,至少范文正公对他被贬一事是抱有同情的。而《宋史》滕宗谅本传赞论中有"宗谅尚气,倜傥自任,好施予,及卒,无余财"的评语看,他的被贬,的确也是值得同情的。由此我们可以推断,滕之京的贬与不贬,其实并不完全在于他是否枉费公使钱那么简单,滕子京的去留问题的背后,实际上是范仲淹等主持的庆历新政的继续还是终止的较量。范仲淹所推行的庆历新政,开宗明义讲要"明黜陟""抑侥幸""择官长",表明了在选人用人上要进行用能去冗的工作,这当然会触及到众多官员的去留,是要动既得利益者们奶酪的大动作,估计心甘情愿者寡而心有不甘者众,而滕子京(宗谅)则是范仲淹向上推荐的能者之一。明黜陟、抑侥幸、择官长的动作,本来是得到仁宗支持的,明着反对自然不行,射人先射马,迂回攻击凡可奏效。因此,滕子京的用与贬,事实上是对阵双方较量的一个点,这个事件的结果,意味着庆历新政的兴与衰,而滕子京的一贬再贬,只说明了庆

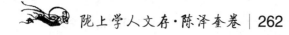

历新政由兴而衰的整个过程中的两个阶段。

三

庆历六年（公元 1046 年），也就是范仲淹写《岳阳楼记》的这一年，范仲淹自己在做什么呢？实际上，这一年他也被贬在邓州修百花亭了。那他的被贬，与滕子京谪守巴陵之间有无瓜葛呢？我觉得二者之间可能多少还是有点关系。因为滕子京枉费公款的事，他曾与欧阳修一起发声为其辩诬，其后，他又与欧阳修、富弼等人因为新政等关乎天下苍生、国家安危的一系列重大问题上认识、立场一致，也就是俗话说的道相同而共相谋，因此被他们的政敌目为"朋党"。而在仁宗朝里，"朋党"一说是个敏感话题，而范仲淹则只是这一敏感话题的躺枪者之一，因为早在仁宗亲政之初，在其朝堂之上，王曾、李迪、吕夷简、张士逊为相时，因为政见不同，相互之间就以朝臣之间党附或者阿附、朋附为说辞相互指摘，只是那时关于朋党的说法还没有成为政坛上让人关注的焦点。而"自仲淹贬而朋党之论起，朝士牵连而出，语及仲淹者皆指为党人"。也就是说，从范仲淹被人以朋党之名贬黜之后，仁宗朝的所谓党争才正式出现在了当时的政治生活中，也是从范仲淹这次被贬开始，以朋党论罪成了仁宗朝官员入罪的一个可以拿到桌面上的依据。而发起这一波政浪的人，则是当朝惯以朋党指摘政敌的名相吕夷简。《续资治通鉴》宋纪四十记载：公元 1036 年五月，因为当时朝廷讨论迁都洛阳之事，范仲淹发表了自己的见解，但其看法与吕夷简为首的许多朝臣们意见相左。其后，又因"仲淹言事无所避，大臣权幸多恶之。时吕夷简执政，仕进者往往出其门。仲淹言：官人之法，人主当知其迟速升降之序，进退近臣，不宜全委宰相。又上《百官图》，指其次第曰：如此为序迁，如此为不次，如此则公，如此则私，不可不察。夷简滋不悦。"因为批评吕夷简为官不公、独断专行、顺之者昌逆之者亡,因而得罪了当朝宰相,结果可想而知。有一次,仁宗曾就迁都之事朝臣们的各种说法想听听吕夷简的看法,吕夷简就在皇上面前给范仲淹点眼药,他告诉仁宗说,范仲淹这个人太过迂腐,好虚名而无实才。范仲淹听说之后,自然不服,就给仁宗写了一份报告,想校正吕夷简说他有名无实的说法:"为四论以献:一曰《帝王好尚》,二曰《选贤任能》,三曰《近名》,四曰《推委》,大抵讥指时政"。其中有一段话是这么说的:汉成帝因为相信张禹,从不怀疑他舅舅家的人会有什么不轨,结果却发生了王莽篡汉的事情。我担心在今日的朝廷里也会有张禹式的人"坏陛下家法,不可不早辨也"。宰相吕夷简知道之后,大怒,"以仲淹语辨于帝前,且诉仲淹越职言事,荐引朋党,离间君臣。仲淹亦交章对析,辞愈切,由是降出。侍御史韩缜,希夷简意,请以仲淹朋党榜朝堂,戒百官越职言事,从之。"因为直接与皇上信任的当朝宰相对怼,故而被贬,而且被善于揣摩上意的同僚指名道姓的列入朋党的榜单之中。这个处罚是相当的重。史载:"时治朋党方急,士大夫畏宰相,少肯送仲淹者。""范仲淹既贬,谏官、御史莫敢言"。只有祕书丞、集贤校理余靖为其上书辨解,结果,余靖也被贬谪。因为范仲淹被贬而仗义执言而被吕夷简贬谪的,还有太子中允、馆阁校勘尹洙、镇南节度掌书记、馆阁校勘欧阳修。而其中尹洙的被贬,可以说是他自愿申请红牌罚下的,表现出了有良知的知识分子的硬气:"臣尝以范仲淹直谅不回,义兼师友。自其被罪,朝中多云臣亦被其荐论,仲淹既以朋党得罪,臣固当从坐,乞从降黜,以明典宪。宰相怒,遂逐之。"

　　这是发生在北宋时期仁宗朝朋党之说的开始,也是仁宗朝最早也最著名的党争之事的过程及其原委。由是也开启了北宋仁宗朝所谓党争的大门。而此时遭贬的范仲淹,实际上是一个职务并不高的谏官,而其被贬的理由除了说他"越级言事"之外,最主要的还是"以忤吕夷简,方逐数年,士大夫持二人曲直,交指为朋党",即他被贬的主

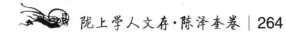

要原因是得罪了当朝宰相而被人指为朋党，而贬他的目的则是以儆效尤。事实上，在这次以儆效尤之前，范仲淹实际上已经有过一次被贬的经历了，只不过那一次的被贬，是因为作为言官的他上书并动员台谏官集体讽谏仁宗不该听信近臣之惑而废黜郭皇后，因而忤皇帝和吕夷简之意被贬的，只是那一次的贬谪不是因为朋党而已。

四

范仲淹从参知政事被贬知邓州，是他一生当中因为所谓的朋党被贬的第二次，这次被贬，则是因为力推前文所述的明黜陟等为内容的新政引发的。据《宋史》本传记载，"及陕西用兵，天子以仲淹士望所归，拔用之。及夷简罢，召还，倚以为治，中外相望其功业。而仲淹以天下为己任，裁削幸滥，考覆官吏，日夜谋虑兴致太平。然更张无渐（革新深入），规摹阔大（涉及面广），论者以为不可行。及按察（对官员进行督察）使出，多所举劾，人心不悦。自任子之恩薄（对官员任职的要求严格），磨勘之法密（对官员的考核进行量化），侥幸者不便，于是谤毁稍行，而朋党之论浸闻上矣。"一句话，范仲淹们的新政，触碰到许多官场的痛点和官员的切身利益，于是关于范仲淹结党营私的中伤开始盛行起来，让本来就对朋党过敏的皇上再次戒心陡起。而这一波舆论的发起者，阵容也不弱，夏竦为首，王拱辰、陈执中、宋祁、张方平、章得象等皇帝身边的人襄助，他们处心积虑，不动声色地为力推新政者们共同做成了所谓朋党的一个局。史书记载，仁宗庆历年间的所谓朋党之说的原委，首先是因为奸相吕夷简和夏竦的先后被罢，而士望所归的杜衍、富弼、韩琦、范仲淹入主二府，也就是中书门下和枢密院，而欧阳修做了谏官，这些人已经成了事实上的主政者，这个班子应该是个符合士望的黄金组合，因此让一些对吕夷简、夏竦施政不满的人欢欣鼓舞。当时作为台谏官的石介，就写了一首《庆历圣德诗》

来表达自己的心情，中心意思就是说进贤退奸大不易，贤当然是以杜衍为首的富、韩、范等；而奸，则自然是指夏竦等。这自然让夏竦难以释怀，这就为以后夏竦伺机报复种下了祸根。而作为谏官的欧阳修，本就与杜衍等四贤是志同道合者，又是一个习惯于不避嫌疑，旗帜鲜明、直抒胸臆的人，所以这就给别人造党论提供了方便。而欧阳修直抒胸臆的檄文《朋党论》更是引起了政敌的不满。于是他们寻章摘句，让人上书言事："范仲淹、欧阳修、尹洙、余靖，前日蔡襄谓之四贤。斥去未几，复还京师。四人得时，遂引蔡襄以为同列。以国家爵禄为私惠，胶固朋党，递相提挈，不过三二年，布满要路，则误朝迷国，谁敢有言？"由此，一场以夏竦为首，制造朋党案的构陷大戏开场了。

对于这种毫无根据的构陷，一开始，仁宗当然不信，但阴影却也留下了。其后，事情的进程，则因为一次匿名举报逐渐发酵。

事情的原委是这样，先前作为谏官的石介，曾经上书给当时已经成了宰相的富弼，希望他能像周公辅成王一样辅佐仁宗。石介所以这样说，是因为仁宗继位之时年龄太小，只有12岁，当时是由真宗的章献皇后、当朝太后刘娥垂帘听政的，亲政之后也还确实需要大臣们的辅佐。夏竦想借此构陷富弼，就让家奴开始练习模仿石介的字体，练好之后，就让家奴把石介奏书中的"行伊、周之事"改成了"行伊、霍之事"，并且模仿石介的书体为富弼写了一份废立诏书的草稿，之后以此匿名上报。"帝虽不信，而仲淹、弼始恐惧，不敢自安于朝，皆请出按西北边，未许；适有边奏，仲淹固请行，乃使宣抚陕西、河东。"这个匿名举报的分量不轻，"伊、周"和"伊、霍"虽一字之差，但性质完全不同，前者是说该行周公辅成王之事，后者则是说要做霍光专权之事，而后者一旦坐实，是有灭门之虞的重大事情，因为西汉时的霍光，在其当权时曾做过废帝刘贺为海昏侯而立刘询为汉宣帝的事，其后因为权威太盛而祸及家门，霍氏几乎被灭门。富弼和范仲淹都意识到了迫在眉睫的危机，他们想躲避，但别人并不给他们机会。有一个很有意思的细节：范仲淹和富弼出使河北之时，朝堂之上攻击他们的言论也就越来越多，而他们主政时的新政也开始受到各种阻碍。这时候，曾经积极支持他们推行新政的仁宗因为听信了身边人的蛊惑，信心不再坚定。这让范仲淹越发担心自己的处境。因此他写了一个申请辞去参知政事、专心边务的报告。仁宗看到了范仲范的报告之后，本来打算同意他的申请。但是，皇帝身边的近臣章得象给仁宗出主意说，不能这么办。范仲淹是名臣，就这么一申请辞去参知政事就同意了，以后有人会说您轻率地废黜贤臣。不如先赐诏不同意，如果范仲淹谢绝挽留，那就是包藏祸心刻意要挟，这时再罢免最好。仁宗接受了章得象的建议。章得象的这个套下得很巧也很有效，也是吃准了一向行事直爽的范仲淹的性格。范仲淹果然上表再辞，从此仁宗开始更加信任章得象，而对范仲淹们则多了一份戒心。因此，当富弼和范仲淹还在从河北回来的路上时，事实上罢免他们参知政事的文件已经起草好了。史载："弼自河北还，将及国门，右正言钱明逸希得象等意，言：'弼更张纷扰，凡所推荐，多挟朋党，所爱者尽意主张，不附者力加排斥，倾朝共畏，与仲淹同。'又言：'仲淹去年受命宣抚河东、陕西，闻有诏戒励朋党，心惧张露，称疾乞医；才见朝廷别无行遣，遂拜章乞罢政知邠州，欲固己位以弭人言，欺诈之迹甚明，乞早废黜。'疏奏，即降诏罢仲淹、弼。"从这份罢免范仲淹和富弼的文件里，我们丝毫看不到有范仲淹主动辞去参知政事而专心边务的影子，而能看到的，只是"挟诈要挟"、"欲固己位以弭人言"的"心惧张露"。从这里我们也能看出，即便是做小人，也还是需要一些能耐的，没能耐的坏人，是写不出如此恶意中伤的文字的。这是发生在公元1045年亦即仁宗庆历五年朝堂上的一件事。而与此有关的另一件事情，也被明明白白的记载了下来。

事情是这样的：就在范仲淹被罢去参知政事知邠州的诏书下发

之时,同时也在起草罢免宰相杜衍的文件,但是,这些事都是关起门来秘密做的,杜衍本人并不知道,他还是按照往常的惯例履行职责。先前,在朝堂之上关于范仲淹朋党之说弥漫之时,对范仲淹新政认同的一些同僚们,同样感受到了压力,其中的蔡襄、孙甫等人就提出愿意从中枢离开到地方去任职,以避免朋党嫌疑。二人的报告被转到了中书省。因为孙甫是由杜衍推荐在谏院任职的,因此中书省的官员们就上报皇帝,说现在谏院缺人手,希望把孙甫留下。皇帝点头了,但没有发正式的批件。因为皇帝已经点头了,作为首辅的杜衍就让办事员出正式文件按程序会签,准备下发执行。办事员拿着文件去找同在中书省的陈执中会签,但陈执中拒绝会签,他给办事人员说,这个文件没有经过皇上御批,要发得先报告皇上同意,不能着急发。办事员回来给杜衍汇报说,陈执中不同意会签下发文件,要发文必须要有皇上的御批。杜衍觉得陈执中的说法有道理,就把已经起草好准备下发的文件毁了。借着这个事,陈执中给皇上打小报告说,杜衍在谏院私结朋党留用官员,我发现了这个情况,所以杜衍把上报的文件毁了,借以毁灭证据。史载,"帝入其言"(相信了陈执中的话)。"丙戌,衍罢为尚书左丞、知兖州。"而在罢免杜衍的文件上,明确写了罢去他宰相的原因,说杜衍自从做了宰相以来,没有什么建树,但是朋比为奸倒是很明显,所以不适合在中枢机关工作。史书上明确记载,这个文件的措辞,是由承旨学士丁度写的。从杜衍被罢相的过程,我们可以看到,仁宗朝这一轮的所谓朋党,可以说是一帮心怀叵测的无良朝臣精心设计的构陷之局。一件本已得到皇上首肯的正常的官员任命,只需要按部就班走流程的事,经过陈执中的细致周纳之后,就变成了皇帝眼中必须取之而后快的朋党之举,一代名相就此成了别人的网中之鱼。前引史书的记载,就像是一部小说当中的精彩情节,把章得象、陈执中以及习惯于揣测上意、看上司脸色行事的丁度等的小人嘴脸刻画得入木三分，由此可知官场之险恶。

在杜衍被贬之后，朝堂之上能够主持正义的力量大为削弱，而曾经意气风发主持新政的范仲淹、富弼等人，等于又失去了一个强大的支持者。

而杜衍被贬之后，因为一次偶然事件，终于引发了仁宗朝关于朋党的追竞之事。而这件事，则是由北宋一代很有才情的才俊苏舜钦召妓宴友引发的。

早在杜衍、范仲淹、富弼等主政之时，为了推行新政，曾经引荐、提拔了一批崭露头角的青年才俊，而在这些人当中，苏舜钦更是佼佼者。这让担任御史中丞的王拱辰颇有压力。而苏舜钦，则是由范仲淹所推荐提拔的，又是杜衍的乘龙快婿。史书记载，苏舜钦"年少能文章，议论稍侵权贵"。才华横溢是好事，但议论不避权贵，则自然迟早是要吃苦头的。有一次，进奏院举办祭祀活动，苏舜钦是此次活动的组织者，活动结束之后，苏舜钦根据惯例把祭祀用过的废纸卖了，然后用这些钱呼朋唤友搞了一次聚会。一件本是"循例而为"的小事，也就是说，正常情况下，用进奏院祠神之后卖废纸的钱宴客本是常例，但是，这次因为是苏舜钦用这个钱召妓宴友，情况就变得复杂起来了。俗话说，不怕贼偷，就怕贼惦记，一件事只是明着做并不可怕，可怕的是我们不知道被人惦记的这个事会啥时候发生，会带来什么结果。恰恰，苏舜钦就是一个被人惦记着的人。所以，他用公钱召妓宴友这件事被王拱辰知道了以后，就借此事大做文章，他立刻让他的属下鱼周询、刘元瑜等进行举报。因为事情很清楚，苏舜钦不但是用公款宴客，而且还召了妓，花公款已经是违规，官员召妓更是有伤风化。北宋一代，对官员花公款办私事的处罚是很严厉的，前文说到的滕子京、张亢、种世衡、狄青等都是因为动用公款而被人弹劾的，而苏舜钦花公款还喝的是花酒，处罚自然不轻，于是苏舜钦及刘巽俱坐自盗除名，而参与这次活动的王洙等被同时斥逐。这件事让王拱辰十分高兴，史书记载说："喜曰：吾一举网尽之矣！"而王拱辰所以狠抓苏舜钦用公款召妓宴客这件事，并不是真的要为大宋朝正风肃纪，他所以如此用心地要拔苏舜钦这棵萝卜，为的是要带出更多的泥，他是要通过这件事来倾覆推荐提拔苏舜钦以及与苏舜钦沾亲带骨的范仲淹和杜衍。这一招确实很厉害，不仅让当事人悉数被谪，而且一石激起千层浪，在夏竦、陈执中、王拱辰等人的全力围剿下，一件在宋人眼里本该是"（苏）舜钦一醉饱之过，止可付有司治之"的小事，却慢慢被编织、发酵成了和朋党相关联的重大事件。于是杜衍、范仲淹、富弼、尹洙、余靖以及由他们引荐和重用的刘巽、苏舜钦、王洙、刁约、江休、王益柔、周延隽、章岷、吕溱、周延让、宋敏求、徐绶等都被视为朋比为奸者，先后被一一做了贬谪处理。再其后，一代名臣韩琦，也因为范仲淹、富弼鸣不平而罢枢密院副使，加资政殿学士，知扬州；欧阳修上疏为杜、范、富辩诬，虽然没被当作一党一起遭贬谪，但给皇上的为杜、范、富辩诬的报告打上去之后却如石沉大海不说，而且惹得那些指欧阳修与杜衍、范仲淹、富弼为一党的人很不高兴，为欧阳修此后的宦途蹉跎埋下了伏笔。

五

朋党一说，在中国历史上是当政者相互攻讦之时最能打动皇帝的利器，从东汉始有党锢之祸开始，到唐朝时的牛李党争，再到宋初的朋党之说，可以说，因朋党之说而不幸倒下的精英们不在少数。党争所以能打动人君的关键，则在于其为人君宸衷独运、乾纲独断、操控各路精英提供了最好的抓手，因为是否党争的最终裁决，是由皇帝来判断的，这就为人君借 A 打 B，或借 B 打 A，借以实现自己的政治目标提供了方便，这也是历史上许多时候许多人君乐此不疲、喜欢以此在知识精英中有意让其表面上是党争，实际上是皇帝有意为之的根本原因。而事实上，物以类聚人以群分，在实际生活当中，在人群里，各种各样的"朋党"，事实上是存在的。范仲淹就曾经在与仁宗的交谈中很接地气地给仁宗举例子说："臣在边时，见好战者自为党，而怯战者亦自为党，其在朝廷，邪正之党亦然，惟圣心之所察耳。苟朋而为善，于国家何害也！"而范仲淹所举的例子，是生活当中的常态。而所谓的各种"朋党"的存在，到底是好还是坏，不能一概而论。古人虽然有君子不党之说，但事实上，因为价值认同的不同，价值观相同的一类人，事实上更容易形成共识。而我们判断各种各样的"朋党"，到底谁好谁坏、孰优孰劣的标准，应当是我们时下常说的有利于社会发展，有利于天下苍生，有利于社会安定来作为标准进行判断。而作为家天下主人的皇帝，作为家天下的主事人，他判断臣下之争孰对孰错的终极标准，很多时候，事实上只有一个，那就是首先是否有利于巩固家天下的稳固。仁宗在宋代的一干皇帝中，也可以说是为数不多的有为之君，在他的朝堂上，如我们前文所述，出现过一大批治世能臣，而他统驭他们的最简？的利器，就是娴熟地使用党争之说，在各路精英之间维持平衡，让他们为自己的权力服务，防止大权旁落。这也是那些曾经被史家们认为尚属明君的人君们也经常听谣信谗的关键所在。而那些在朝堂之上能够洞悉皇帝心思的所谓的治世能臣们，则充分地利用人君的这个致命弱点为实现自己的政治抱负服务。利益所在，使君主和有着相同诉求的一类臣下更容易形成利益共同体，这也就是历史上党争不绝的根本原因。范仲淹的数次被贬，其中最致命的就是因为被人指为朋党。

北宋仁宗朝的所谓朋党，从现有的记载看，实际是一个上不了台面经不起推敲的政治臆想，是对一些有为之臣本就心怀猜忌的皇帝和一些心怀叵测的政治小人为实现他们的政治野心而为一帮敢于真言、匡正时弊的有为之臣们挖的坑。《续资治通鉴·宋纪四十一》当中，有一段仁宗和韩琦的对话，是很能说明问题的："初，韩琦数言执政非才，帝未即听。琦又言曰：'岂陛下择辅弼未得其人故邪？若杜衍、宋道辅、胥偃、宋郊、范仲淹，众以为忠正之臣，可备进擢。不然，尝所用者王曾、吕夷简、蔡齐、宋绶，亦人所属望，何不图任也？'帝惟听琦罢王随等，更命士逊及得象为相。士逊犹以东宫旧恩，或言又夷简密荐之。得象入谢，帝谓曰：'往者太后临朝，群臣邪正，朕皆默识；惟卿清忠无所附，且未尝有干请，今日用卿，由此也。'"从这里我们可以看出，实际上皇帝用人并不完全看你能不能干，忠不忠诚，还要看你是不是相互依附，会不会形成朋党来左右朝政。由此我们知道，仁宗朝伤及许多政治精英的所谓朋党，与唐代发生的党争有着实质上的不同。唐代的党争，是旗帜鲜明的党争，是权利之争，利益之争。而北宋仁宗朝的所谓朋党以及很多被视为朋党者，实际上只是与他人政见不同而已，并非有意结成同盟，正方如此，反方亦如此，只不过正方是政见相合，反方则是利益相近；正方为共同的理想而目标一致，反方则为个人利益或野心所驱使；正方为保持人格而发声，反方则以出卖人格谋利。这一点，欧阳修在《朋党论》已经做了很生动的说明："臣谓小人无朋，惟君子则有之。小人所好者利禄，所贪者财货。当其同利之时，暂相党引，及其见利而争先，或利尽而交疏，则反相贼害。君子则不然，所守者道义，所行者忠信，所惜者名节。以之修身，则同道而相益；以之事国，则同心而共济；终始如一，此君子之朋也。为人君者，但当退小人之伪朋，用君子之真朋，则天下治矣。"而与欧阳修、范仲淹同为仁宗朝同事的尹洙，在范仲淹们因为朋党之说祸及而有口难辩之时，向朝廷上书辩解之论，更是切中要害。他说："去年朝廷擢欧阳修、余靖、蔡襄、孙甫相次为谏官，臣甚庆之，所虑者任之而不能终耳。夫今世所谓朋党，甚易辨也。陛下试以意所进用者姓名询于左右曰：某人为某人称誉;必有对者曰:此至公之论。异日其人或以事见疏,又询于左右曰:某人为某人营救;必有对者曰:此朋党之言。昔之见用,此一臣也;今之见疏,亦此一臣也,其所称誉与营救一也。然或谓之公论,或谓之朋党,是则公论之与朋党,常系于上意,不系于忠邪也。惟圣明裁察!"至此,我们该明白了,仁宗朝的所谓朋党,实际上就是一个毫无根据的影子,完全是因为有人揣测上意而夹带私货的结果,也是仁宗借以平衡朝臣利益的结果。而范仲淹的屡次被贬,完全是因为敢于直言、匡正时弊而得罪了他的同僚们,而有些匡政时弊的做法不仅是抑制了一些不法官员的行为,实际上也会对仁宗的随心所欲形成约束,而仁宗则为了在各路精英间维持平衡,同时也为了摆脱朝臣们匡正时弊对自己的行为的约束,经常有意无意地制造是非并不失时机地将本该承担的责任当作锅甩给臣下的结果。

一场由吕夷简策划、夏竦执导、仁宗皇帝扮演主角的天衣无缝的尽逐朋党的活剧,让北宋仁宗朝庆历新政本该出现的大好局面烟消云散了。

北宋一代,仁宗因为前三帝的苦心经营,给他留下了一个不错的局面,而人才辈出,精英云集,为他有为而作凑足了一副好牌,但因为他的自任、多疑,一手好牌几乎被他打烂了。

滕子京的被贬,表面上看,只是一个在仁宗朝里声名并不显赫的边地官员的被贬,而事实上却是范仲淹们苦心经营的庆历新政从热烈开场到不得已偃旗息鼓的一个缩影,也是北宋仁宗朝经略西北地区的战略从信心满满到一地鸡毛的过程,事实上也是北宋由盛而衰的一个标志性事件。

六

了解了这些背景之后,我们再来看《岳阳楼记》,我们发现,《岳阳楼记》，书面上为记滕子京重修岳阳楼而作，而事实上是范仲淹借以述怀，而其中的内容，表面上饱含着对朋友的宽慰之情，但事实上也是范仲淹借以自况。

> 庆历四年春，滕子京谪守巴陵郡。越明年，政通人和，百废俱兴，乃重修岳阳楼，增其旧制，刻唐贤今人诗赋于其上，属予作文以记之。

物伤其类。由滕子京的被谪，联想到范仲淹自己的数次被贬，其中的人生况味是很值得回味的，借岳阳楼的重修，为朋友被贬之后方能有所成就，当然是值得铭记的，相同的经历，不同的人生，让范仲淹的感慨油然而生。而任凭艰难困苦，不坠青云之志，这是范文正公自己一生所倡导、所践行的，也确实是值得作文并记之的。

> 予观夫巴陵胜状，在洞庭一湖。衔远山，吞长江，浩浩汤汤，横无际涯，朝晖夕阴，气象万千，此则岳阳楼之大观也，前人之述备矣。然则北通巫峡，南极潇湘，迁客骚人，多会于此，览物之情，得无异乎？

查年谱，范仲淹一生并未到过巴陵（岳阳），而有关巴陵（岳阳）胜景的描述完全出于想象。但我们读《岳阳楼记》完全感觉不到它是想象之作，而这个想象之作，却让千百年来无数曾经身临其境的人叹服之至。原因何在？我以为，如果我们把这段关于洞庭胜景描述的文字，看成对范仲淹以天下为己任，波澜壮阔、气象万千、"腹中自有数万甲兵"的一生的胸臆的表达，是否可以找到一些头绪？因为接下来的那两段文字，与其说表达出的是对朋友的宽慰，还不如说是范文正公自己胸臆的真实表露。

> 若夫淫雨霏霏，连月不开，阴风怒号，浊浪排空，日星隐曜，山岳潜形，商旅不行，樯倾楫摧，薄暮冥冥，虎啸猿啼。登斯楼也，则有去国怀乡，忧谗畏讥，满目萧然，感极而悲者矣。

至若春和景明，波澜不惊，上下天光，一碧万顷，沙鸥翔集，锦鳞游泳，岸芷汀兰，郁郁青青。而或长烟一空，皓月千里，浮光跃金，静影沉璧，渔歌互答，此乐何极！登斯楼也，则有心旷神怡，宠辱偕忘，把酒临风，其喜洋洋者矣。

人生无常，有失意自然也会有得意，有得意当然也会有失意。人生失意，人的情绪会低落，一切的事物会带上灰暗的色彩，个人的世界也许会像梅雨季节的洞庭湖，"淫雨霏霏，连月不开，阴风怒号，浊浪排空，日星隐曜，山岳潜形，商旅不行，樯倾楫摧，薄暮冥冥，虎啸猿啼。登斯楼也，则有去国怀乡，忧谗畏讥，满目萧然，感极而悲者矣"；人生得意，人的情绪是愉快的，一切事物看上去都充满着喜庆，就像雨过天晴，碧空如洗的洞庭湖景，自然是"春和景明，波澜不惊，上下天光，一碧万顷，沙鸥翔集，锦鳞游泳，岸芷汀兰，郁郁青青。而或长烟一空，皓月千里，浮光跃金，静影沉璧，渔歌互答，此乐何极！登斯楼也，则有心旷神怡，宠辱偕忘，把酒临风，其喜洋洋者矣"。范文正公的一生，在我看来，失意的时候比得意的时候多，但他不论是失意还是得意，始终坚守为国为民的情怀，让后人敬仰。由此，我们看这段文字，似乎看到了范仲淹一生的自况。

嗟夫！予尝求古仁人之心，或异二者之为，何哉？不以物喜，不以己悲，居庙堂之高则忧其民，处江湖之远则忧其君。是进亦忧，退亦忧。然则何时而乐耶？其必曰"先天下之忧而忧，后天下之乐而乐"乎！噫！微斯人，吾谁与归？时六年九月十五日。

"为天地立心，为生民立命，为往圣继绝学，为万世开太平"，这是宋代大儒张载的名言，而观照范仲淹的一生，似乎与张载所说相近了。"不以物喜不以己悲"，通达人生；"居庙堂之高则忧其民处江湖之远则忧其君"，贯之心底的家国情怀；"先天下之忧而忧，后天下之乐而乐",境界高远的人生追求。把《岳阳楼记》和范仲淹的一生两相对照,忽然有了一种贯通的感觉,《岳阳楼记》中的许多表达,除了对朋友的宽慰之外,事实上是范仲淹自己心境的表达,也是其一生追求的真实写照。俗话说,文如其人,也只有像范仲淹这样境界高远的人,才能写出如此彪炳千古的美文,也只有这样胸怀天地的人,才能让我们读其文想见其人,也只有这样的人才能问心无愧地撑起中国知识精英的文心。而文末一句"噫!微斯人也,吾谁与归?",则是范仲淹发自心底的长叹,这声长叹,在回荡了千年之后,我们还能感受到他内心的无尽的悲怆!人世间,如果能多一些心怀天下、境界高远的人,如果没有了无休无止的相互猜忌和不信任,没有了无休无止的于事无补的各式各样的内耗,也许范文正公的千古长叹的音量会轻许多吧?

范文正公已经远去了,但他的《岳阳楼记》和他的"先天下之忧而忧,后天下之乐而乐"的宠辱不惊、心系天下的士人情怀不仅已然名耀千古,也必将继续名传后世而不朽,也必将为后世贤良传诵而永为名篇。

出版，从不断创新中走来的产业

出版，"是指通过可大量复制的媒体实现信息传播的一种社会活动，是有文字以后发展起来的。古代金文石刻以及人工抄写、刻绘书籍是一定意义上的出版。现代意义上的出版是随着印刷术的发明，至唐代中叶盛行。现代出版主要是指对以图书、报刊、音像、电子、网络等媒体承载的内容进行编辑、复制（包括印刷、复制等）、发行（或网络传播）三个方面"。这是我们能看到的《百度百科》给出版下的定义。从这个定义看，出版所涉及的面还是比较广的，除了书、报、刊之外，音像制品、电子出版物、网络出版等，都在出版的范围内。为了讨论方便，我们这次讨论的范围，就仅以纸质出版即书、报、刊尤其是以图书为主进行讨论。

从历史上看，纸质出版特别是图书业的每一次重大发展，实际上都是伴随着技术进步、科技创新的进程而发展，呈现出不断创新的特征。下面分几个方面来加以说明。

一、信息载体的创新贯穿始终

从发展的角度看，人是最早的信息载体。科学研究证明，人类诞生以后至语言产生之前，人与人之间的信息交流，主要是通过肢体语言实现的，比如手势、眼神及其他的动作。语言产生以后，人与人之间的信息交流，除了肢体语言之外，人类语言的口耳相传是在肢体语言之外的创新，它使得人与人之间的信息交流更加清楚、明了、简单。随着人类交往的增加,肢体语言、语言仍不足以满足人与人之间的信息交流,比如,信息交换双方不在现场的时候,于是结绳记事充当了信息交换的角色。这是在肢体语言、语言之上的创新,它使人类信息交流的方式更加丰富,从一定意义上说,结绳记事的方式,开启了人类文字创造的先河。肢体语言表达保存至今的例子,一是交通警察指挥交通的手势,二是现在仍在各种场合使用的手语、旗语、聋哑人之间交流用的手语等。结绳记事的遗存,如盲人阅读用的盲文。打字机、计算机键盘实际上就是雕版印刷、活字印刷的创新应用。随着人类文字的出现,兽骨、龟甲、泥土、莎草、石材、金属、竹木、绢帛等都充当过人类信息传递的载体。

以我国为例。最早充当古人信息传递载体的当是兽骨、龟甲(如殷墟出土的刻在甲骨上的文字)和石材(如出土的石鼓文和散见于我国北方各地的岩画等)、金属(如商周以后的钟鼎文),其后是帛书(以绢帛为记录信息的材料),再其后是竹、木为记录信息的载体(如大量出土的秦汉竹木简牍),再其后则是对人类信息交流影响至深的纸成为信息交流的主要载体(它产生于我国的西汉时期,后传至西方,至今仍是人类社会信息交流的重要载体)。目前,随着计算机的普及,智能手机的普及,移动互联网的出现,无纸化信息传递正在成为新的趋势。这是一个信息交流的全新时代,是人类历史上信息交流载体集大成的时代。从我国信息载体的演变过程,我们可以看出,创新是其发展变化的主要特征。

二、信息书写工具的创新贯穿始终

文字的产生,开启了人类社会信息传递和书写工具的探索和创新时代。前文所述,文字出现之后,我国古人保留信息的载体主要有兽骨、石材、金属、绢帛、木材、纸张等。与之相适应,书写或刻划的工具成为人类保留信息的必要手段。从殷墟出土的殷商后期的甲骨卜辞、契文中，可以看出当时的人们是用石刀或铜锥在龟甲、兽骨上刻上各种符号或象形的文字，这就是我国古代文献所载"古用简牍，笔即刀锥"的早期由来。以石材为载体的石鼓文和岩画的书写工具自然是和龟甲兽骨书写的刻划工具差不多的石制、金属制的刀锥之器。而钟鼎铭文则表现的是我国古人的范铸技艺，即在将要铸造的金属器物范上先行刻上文字然后进行浇铸。进入以绢帛和竹木为载体的信息记录时代，是用笔写字开始的时代。根据研究，我国在秦以前即已经发明了毛笔，所以晋人崔豹的《古今注》有"古以枯木为管，鹿毛为柱，羊毛为被。秦蒙恬始以兔毫、竹管为笔"的记载。当然，我们说此时的笔或者说毛笔，与汉代以后，特别是纸出现以后所用于书写的笔或者毛笔是大有区别的。"1954年在湖南长沙南郊左家公山发掘一座战国木椁墓，出土了整套书写工具，它们是以竹竿为管的兔毫笔、铜管、竹片和小竹筒。其中竹片可能相当于后世的纸张竹简，铜削是用于削竹片用的，小竹筒可能是储存墨汁一类的用品的。这种笔和现在的毛笔的最大不同，就在于它不是将兔毛插入笔管内，而是围在笔管一端的周围，然后用丝线缠住，用漆封固。"(《百度百科》)

纸的发明是中国对世界文明的一大贡献。而纸的出现对笔的广泛使用提供了广阔的空间。从汉代开始，笔的使用已很普遍，特别是毛笔的使用成为中国古人普遍使用的书写、绘画工具，并将毛笔的使用达到了极致，而影响世界艺术史的中国书法、绘画等则是中国人使用毛笔的杰作。随着造纸术的传播和纸张使用的普及，书写工具呈现出百花齐放、争奇斗艳的局面。在世界范围内，毛笔、铅笔、羽毛笔、石笔、蘸水笔、自来水笔、钢笔、圆珠笔等都曾各领风骚，特别是钢笔和圆珠笔，在世界范围内得以普及，成为人类社会进入现代社会以来的主要书写工具。

近代以来，打字机的出现，进一步丰富了人类的书写工具。进入20世纪，随着计算机的普及，计算机键盘、手写板、打印机的出现，以及其后的智能手机手写屏的出现，在很大程度上有取代传统书写工具而成为主要书写工具的趋势。总之，用笔代替石、刀书写是人类书写史上的一大进步和创新，用方便、干净、简易的笔代替使用复杂的笔是更大的进步，而在无纸化的基础上使用手写来代替传统书写工具，则是迄今为止划时代的创新。

三、信息装帧形式的创新贯穿始终

装帧，简单地说，就是对已经收集到的信息及其载体的外观进行造型、艺术化设计的书面称谓。通俗地讲，就是对出版物进行包装、设计或美化。文字的出现、记录文字的材料特别是纸张的出现，为人类信息收集、交流、传播带来了极大的方便，而人们在享受方便的同时，也开始有了对信息及载体外观艺术化的追求。也因此，出版物载体取得进步的同时，出版物的装帧形式也开始逐步丰富起来了。

早期的信息收集因受各种条件的限制如载体（介质）甲骨金石等，书写工具如刀锥等的限制，信息传播的装帧形式只能因地制宜、因陋就简，缺乏系统和考究的方式。

进入简牍时代，其信息收集、整理的条件优于早期，其信息传播的装帧形式也有了一定的规制，"这就是通常所说的编简或简编的方式，即将书写于竹木简上的信息，以篇为单位，写完一篇，以绳作结，编简成策，第一策必定要写这一策的篇名。编简成策之后，以尾简为轴心，朝前卷起，装入帙内，以便收藏。"（《百度百科》）除此之外，对简和牍的外形比如长、短、宽、窄的尺寸都会做一些美化处理。孔夫子读《易》韦编三绝，即是指此种装帧形式的编简。与简牍并行的当有帛书，因其昂贵，故虽有但难以普遍使用。因此，从春秋至西汉时期，处于主导地位的信息装帧形式是编简或简编。《史记·滑稽列传》记载，"武帝时，有齐人东方生名朔，以好古传书，爱经术，多所博观外家之语。朔初入长安，至公车上书，凡三千奏牍。公车令两人共持举其书，仅然能胜之。人主从上方读之，止，辄乙其处，读者两月乃尽"。这段文字透露出两个信息：一是汉武帝时，简编仍是主要的信息装帧形式；二是简编的携带和阅读的不便显而易见，其亟须变革也就在情理之中了。

纸张出现以后，信息传播的装帧形式大为丰富，先后出现了卷子装（卷轴装）、旋风装、册页装、经折装、蝴蝶装、包背装、线装等多种形式。

卷子装也叫卷轴装、卷子本。"卷"的本义，是把东西弯曲裹成圆形。卷子装，是用帛或纸若干张粘连成长幅，从左到右卷成束，即称一卷；而所谓卷轴装则是将帛、纸粘连成的长幅，用木杆作轴（也有用金、玉、牙、磁轴的），从左到右卷成一束，即称一轴。上述二法都称卷子装。这种装帧形式在我国唐以前是帛、纸书籍的常用形式，所以，明代学者胡应麟在他的《少室山房笔丛》中说："凡书，唐以前皆为卷轴，盖今谓一卷即古之一轴。"这种装帧形式对中国书籍装帧产生过较大影响，现在中国画的装裱也还在用这种卷轴形式来保存作品。

旋风装也有人把它称作龙鳞装，是卷轴装到册页装的过渡形式。其方法是用较厚的纸张两面书写，另用素纸裱成手卷，将写好的书页四周套边，右端留有空余，然后从尾纸由左向右逐页贴在素卷面上，形如鳞次，卷时则由右向左，其外表仍为卷子或手卷形式，阅读时由左向右展开，可以循环翻阅，连续不断，不致散开。

册页装是将积累的许多单页装订成册的装帧形式，它是中国历史上发展历史长、形式多而且比较完善的一种信息装帧形式。时下常见的活页文选、活页笔记本、活页记录本等都是这种装帧方式的余续。

经折装又称折子装。"经"的本义是织物的纵线，与纬相对。所谓经折装，是将长幅纸卷一正一反地折叠成长方形的折子，首页和末页用书面粘连，佛家经典多用此形式。卷轴装展开和卷起时都较费时，改用经折装后较为方便，这为古代书籍装帧形式由卷轴型向册页型的演变提供了思路。

蝴蝶装简称蝶装。其方法是将书页反折，即将有文字的纸面相对折叠，将中缝的背口用糨糊粘连，再以厚纸包裹作书面。翻阅时，书页左右展开，如蝴蝶的双翅，故名。这种装帧形式的优点在于版心不外露，使书写面不受损伤。从时间上说，我国宋元时期盛行此种装帧形式。

包背装是由蝴蝶装演化而来，其法改蝴蝶装的书页反折为正折，将书页版心向外，版心外露，于书脑处以纸捻装订成册，外裹书面，用糨糊包背粘连。蝴蝶装容易发生散失，包背装改正了这一缺陷。因其包裹书背，所以称其为包背装。元、明、清时多用此形式，如明代的《永乐大典》、清代的《四库全书》等就用此法装帧。包背装也有其自身的缺点，如久经翻阅，背脊容易破裂，这就为线装的产生留下了空间。

线装是中国刻版书籍的主要装帧形式，外形与包背装近似：将印页依中线折正，理齐书口，加封面，切齐毛边，打眼穿线而成。线装书既便于翻阅，又不易散破，是中国传统的装订技术史上最为进步的形式，具有典雅的中华民族风格的装帧特征。线装书的出现，形成了我国特有的装帧艺术形式，具有极高的民族风格，至今在世界上享有很高的声誉，是"中国书"的象征。明清时期的书籍多用线装。当下，能读线装书者，仍被认为是有品位之人。

近代以来，西式印刷装订技术逐渐引入中国。清末，上海出现了现代形式的中文书籍的平装本和精装本。1908年以后，两面印刷、平装在中国的图书出版印刷界风行，表明了中国的书籍装帧进入了又一个新的时代。

从上述情况而言，我国信息装帧经历了不同历史时期的多种变化，经历了由繁到简、由笨至巧的演变，而这些变化都是在原有基础上的创新成果。

四、信息复制方式的创新贯穿始终

人类最原始的信息复制，应该是肢体语言的模仿，紧随其后的应该是语言产生之后的口耳相传，因此，言传身教当是早期人类信息复制的主要方式。言传身教的优势，在于可以耳提面命，但无法异地交流。简牍和纸张出现以后，信息的异地交流成为可能，适应信息异地传播的需要，传抄成为言传身教之外信息传播的一种新的方式。随着人类社会的发展和相互交往范围的扩大，信息异地交流量的增加也成为趋势，信息传抄的方式成了印刷术出现之前信息传播的重要方式，也因此，社会上出现了大量以抄书为业的人，敦煌藏经洞发现的藏经上有大量的写经手的名字出现，说明了唐代及以前就有抄书人的存在，而且他们的职业化程度很高，因为从写经看，他们的抄写不但是熟练的职业化的，而且抄写的水平很高，已经达到了书法的水准，他们的写经风格也被现代人称作"写经体"。抄书人和写手的出现对我国古代信息的流布起了积极的作用。但抄书也有其明显的缺点，比如费时、费力、错抄、漏抄的现象，既对信息的复制造成阻碍又对信息的准确传播带来不应有的损失。这时，与抄写相比，既省时省力又能准确保留信息的复制方式——雕版印刷应运而生。

雕版印刷是在印章和碑石拓印的基础上发明的。"早在公元4世纪，即战国时期，私人印章就已经很流行了。汉代印章盛行。起初的印章多是凹入的阴文，用于泥封之上，做保密之用。后来纸张流行，封泥逐渐失去效用水印起而代之，凸起的阳文多起来。印章创造了从反刻的文字取得正字的方法，阳文印章提供了一种阳文反写的文字取得正写的文字的复制技术。印章的面积很小，只能容纳姓名和官爵等几个字。东晋时期，道教举起。道教注重符箓，他们开始在桃木枣木上刻文字较长的符咒，从而扩大了印章的面积，《枹朴子》记载有一种刻着120字的符咒。"（《百度百科》）可见到此时，印章已经变成可以复制一篇短文了。这实际上是雕版印刷的先驱。

拓印是雕版印刷的另一个渊源。汉武帝"罢黜百家，独尊儒术"之后，当时儒家经典全凭经师口授，学生笔录。因此，不同的经师传授同一典籍也难免会有差异。汉灵帝熹平四年（公元175年），政府立石将重要的儒家经典全部刻在上面，作为校正经书的标准本。为了免除从石刻上抄经的劳动，大约在公元4世纪左右，人们发明了拓碑的方法。"其法很简便。把一张坚韧的薄纸浸湿后敷在石碑上，再蒙上一张吸水的厚纸，用毛刷轻敲，到纸陷入碑上刻字的凹穴时为止，然后揭去外面的厚纸，用棉絮或丝絮拍子，蘸着墨汁，轻轻地均匀地往薄纸上刷拍，等薄纸干后揭下来，便是白纸黑字的拓本了。这种拓本的方法，跟用雕版印刷的性质相同，所不同的是碑帖的文字是内凹的阴文，而雕版印刷的文字是外凸的阳文。石碑上的文字是阴文正写。拓碑提供了从阴文正字取得正写文字的复制技术。"（《百度百科》）到唐代，人们把印章和拓碑的技术相结合，创造出了雕版印刷的复制技术。到北宋时，毕昇在前人雕版印刷的基础上进一步发明了活字印刷的复制技术。毕昇之后，活字印刷技术不断发展，在活字材料、拣字方法方面都在不断改进。元代著名农学家王桢创造了木活字印刷术，印刷速度大大提高。至元代，活字印刷传入欧洲。

活字印刷的复制技术是中国对世界信息复制技术的巨大贡献，自此之后，海量信息的快速复制成为可能。自活字印刷技术传入欧洲，印刷技术得到了进一步的发展和完善。欧洲人不仅使用铅、锡、锑来制作活字,而且还制作了铸字的模具,所以欧洲人制作的活字比当时中国和朝鲜的活字更加精细,使用的工具和操作方法也更先进。此后,欧美人在已有基础上继续创新,逐步创造出了平版印刷、机械印刷、电子打印、激光照排等复制技术,一系列创新技术成为现代信息复制的主流技术。

五、信息传播形态的创新贯穿始终

这里所要讨论的信息传播形态将仅限于有形介质所承载的信息传播形态,火、烟、钟声、色彩、旗语等不在本文讨论范围之内。文字产生以前,肢体语言和语言是人类信息传播的最早最原始的方式。文字产生以后至纸张发明之前,信息传播形态主要是兽骨(如甲骨文)、石材(如石鼓文、岩画、石刻、石碑等)、金属(如钟鼎文)、泥版(如埃及的泥版书)、莎草(如埃及的莎草纸)、竹木(如中国的竹木简)等。造纸术发明之后,纸质书籍在杂志、报纸出现之前是信息传播的主要形态。近代以来,随着杂志、报纸的出现,图书、杂志、报纸共同形成了信息传播的传统形态。19世纪30年代,美国发明家莫尔斯发明了电报。它是利用电信号来传输文字、图表、照片的通信方式。电报的出现,不仅丰富了人类传播信息的形态,而且使人类传播信息的速度加快,距离障碍消失。1876年,美国发明家贝尔发明了电话。它是利用电信号传输以互通语言的通信方式。电话的发明,是人类实现了长距离的语言交流,大大丰富了人类信息传播的形态。20世纪40年代,计算机问世。计算机的问世为人类信息传播方式打开了无限空间。互联网、移动互联网、信息的无纸化传输等一系列现代化技术都是在计算机技术的基础上产生的。因此,我们可以这样说,未来,计算机技术的每一次改进,都将对人类的信息传播带来深刻的影响。

六、结语

以上我们分信息载体、信息书写、信息装帧、信息复制、信息传播等构成人类社会出版业的五大要素的创新、发展情况进行了粗略地分析，可以看出，一部出版业史，事实上就是人类科技创新、文明传承，最终由创新取代传统的发展史。仔细研究，人类社会出版业的创新、发展，有它自身的一些特征。其一，由原生性向科技性转化的特征。人类早期的信息收集、记录、复制、传播都是原生性的，随着人类社会科技的发展，人类社会知识的逐步积累，信息收集、记录、复制、传播的原生性特征逐步消退，科技含量更加丰富。如信息载体，由人体向兽骨、龟甲、泥土、莎草、石材、金属、竹木、绢帛、纸张、磁介子（无纸化）发展的过程，实际上就是科技含量逐步增加的过程。再如信息书写工具，由石刀、铜锥、范铸到毛笔、铅笔、钢笔、圆珠笔、打字机、计算机键盘、手写板，每一个改变，都是科技含量更加丰富的过程。其二，承前启后，多元并存的特征。如信息载体，从早期的土、石、草、金属、竹、木、绢帛、皮革到纸张、磁介子（无纸化）的过程，既表现出它们的时代性，又体现出它们的传承性；既反映出它们各自的阶段性，又表现出它们是由低级向高级的发展历程。但是，我们也同时看到，在它们由低到高、由粗及精的过程中，新事物的出现，并没在使原有的事物完全退出历史舞台，而是出现了兼容并包、多元并行的格局，从古至今，石、木、金属、皮革、绢帛与其后出现的纸张、磁介子并存的现象，一以贯之。当下，以石、木、金属为载体的碑、匾、摩崖的大量存在，就是例证。再如信息装帧，从简策、卷轴、线装到其后的平装、精装，表明了人类社会在装帧艺术上的传承与进步。而卷轴、折页技术在当今书画装帧及保存中的普遍使用，线装仍被视作当下制作高档书装中必选的现象，则说明了它们持久的生命力和出版业多元并存的现实。

其三,殊途同归的特征。人类社会在其发展的早期,信息的收集、记录、复制、传播的方式,都明显表现出地域性、时代性、封闭性。随着人类社会的发展,特别是人类交通状况的逐步改善,人类各文明之间的交流日益频繁,信息收集、记录、复制、传播方式的地域性、封闭性被打破,因而信息收集、记录、复制、传播方式的地域性特征逐步消退,趋同性、通用性、殊途同归的特征更加明显。比如信息载体。早期,兽骨、龟甲、泥土、石材、莎草、金属、竹木、皮革、绢帛等都曾经是世界上不同民族在其不同的历史阶段上信息保存的承载者。但随着纸张的出现,计算机技术的出现,纸介质、磁介质成了人类共有的、主要的信息载体。再如信息复制。人类社会早期的信息复制,在大多数情况下,都是靠刀刻石凿、手抄、雕刻、拓印的形式。自北宋毕昇发明活字印刷术之后,人类信息的复制的趋同性大增强。自活字印刷传入欧洲,经欧洲人改造后的铅印技术在很长的时间里形成了一统天下的局面。而今,随着计算机技术的普及,人类的信息复制技术进入了一个全新的时期,无纸化印刷已成为当今世界当下和今后影响出版业态的重要因素。随着计算机技术、移动互联网技术的日益提高,人类信息的收集、记录、复制、传播都将受到深刻影响,因而出版业态也将因此而发生日新月异的变化。一方面出版业将随着科学技术的日益提高,在创新中发展的态势将一以贯之;另一方面,不论技术如何创新、发展,一些有价值的传统技术依旧会熠熠生辉,与新技术形成交相辉映的情景;第三方面,未来的出版业态,将会表现为清洁、环保、简单、快捷、方便、节能、原材料消耗少、通用、利于共享的特征。有人说,当今世界是一个技术超速发展的时代,错过了一个机会,意味着错过了一个时代。如果用这句话来形容未来的出版业也许是合适的。

穿越千年说版权

版权,也就是我们平时说的"著作权",是体现作者对作品权属的重要标志,其中最突出的事项有两项,其一是在作品上的署名;其二就是在作品正式出版物上的版权记录。这两个事项之所以突出,因为它是作者通过它们来主张自己与作品相关的其他权利的依据。版权记录,正式的称呼应该叫版权页或者版权记录页,顾名思义,它就是有关版权或者著作权的记录,是出版物的版权标志,也是出版物的版本记录。现在标准的出版物版权页一般位于书名页的背面、封三或书末。在版权页中,按规定应记录书名、著译者、出版者、印刷者、发行者、版次、印次、开本、印张、印数、字数、出版年月、版权期、书号、定价等及其他有关说明事项。著作权是作者创作作品时随作品的产生而自然产生的作者的权利,版权页则是正式出版物对作者著作权亦是版权的规范性确认。打一个不甚贴切的比喻,版权页对于作品或作者的著作权而言,犹如合同签订时除了有双方当事人签字之外,又找了一些担保人,由这些担保人和双方当事人一起确认合同的真实性一样,而它另外的一层意思,实际上是把一些双方合同正文中不便出现的内容即除了署名以外需要表达的意思表达清楚,犹如签订合同时不便在合同正文中出现的事项,通过附件加以体现一样。因此我们说作品上的署名和版权记录,才构成了完整的作品或者作者的著作权或者版权。

当然,版权或者著作权既是作者的权利的体现,当然也是作者责任的承诺,文责自负,应该是它应有的含义。

当下,在自己的著述上署名,不仅天经地义,而且还有法律为之保证。在现实生活中,这种谁创作谁署名的观念,早已深入人心。其实,这种我们现在认为天经地义且得到法律保障的作品署名以及版权记录,作为现代版权或者著作权的重要内容之一,它能变成我们现代文化生活当中的天经地义,事实上是经过了一个漫长的过程。

一

有学者研究指出,在秦汉以前的古人著述都是不署名的,我们现在看到的许多古籍上的署名,其实都是后来的整理者们补署上去的。有两个例子。一是战国时人韩非写的书辗转传到了秦国,秦王嬴政看到《孤愤》《五蠹》之后大为感慨:"嗟乎!寡人得见此人与之游,死不恨矣。"这话用现在的话说就是,天啊,我如果能和这个人在一起,死了也就没有什么遗憾了。当时秦王嬴政的丞相李斯告诉他,说这是韩国一个叫韩非的人写的。这是秦以前著述不署名的一个例子。另外一个例子,是说有一个叫杨得意的蜀地人,本人是为汉武帝养狗的侍从官,汉武帝读了《子虚赋》大为喜欢,说:"朕独不得与此人同时哉!"(这句话用现在的话说就是:我为啥偏偏不能跟这个人生在同一个时代呢!)杨得意告诉汉武帝说,这是我的同乡司马相如说是他写的。汉武帝大为惊讶,就把司马相如招来问,司马相如告诉汉武帝说,有这回事。这是汉武帝时期著述不署名的一个例子。

由以上两个例子,我们可以知道,汉武帝以前,古人在自己的著述上不署名应该是通例或者是习惯,而在自己的著述上自觉署名的事,应该至少是到汉武帝以后的事了。至于秦汉以前古人著述不署名的原因,现代学者余嘉锡援引《毛诗稽古编》的作者、清人陈启源论有关《诗经》当中的诗歌有名或者无名、署名或不署名(这里所说的有名或者无名、署名或者不署名,应该是指当时的作品有的有名称,有的则只有内容没有名称;有的是创作者自己给作品起了名字,有的则是作者只作了内容,并没有给作品取名称等)情况时的一段话说:"盖古世质朴,人情动于中,始发为诗歌,以自明其义。非若后世能文之士,欲暴其才,有所作辄以名氏也。及传播人口,采风者因而得之,但欲识作诗之意,不必问其何人作也。国史得诗,则述其意而为之叙,固无由尽得作者之主名矣。师儒传授,相与讲明其意,或与叙间有附益,然终不敢妄求以实之。阙所不知,当如是耳。"这段话的大意是说,古人著述不署名是因为古人质朴,无名利羁绊,有感而发,把自己发自内心的对生活的感受变成诗歌,以用以表达自己对生活的真实感受,他们不会像后来那些能文善写的人一样,打算彰显自己的才华,只要写了作品就一定要署上自己的姓名。古人的创作因为是对生活的至情至性的心声的自然流露,所以很容易被人们口耳相传,采风的人由此得到了这些在民间广为流传的诗歌,而采风的人收集这些诗歌时也只是从作品的抒情达意的情况出发来作为取舍的标准,并不会在意是谁作的。而掌管国家档案管理的官员们,则也只是根据诗歌本身内容的优劣来判断后加以收录、记载,也不会一定要知道作者是谁。以后讲授这些诗歌的大师宿儒,也只是讲解诗歌本身,即便是知道前人的介绍或叙录有增益或附会的东西,最后也不会妄加推断穿凿求证。不知道的仍旧让它"阙如"(即原样保留),应该是这样的。余嘉锡完全同意陈启源的看法,并给予了极高的评价:"陈氏之言,可谓通达。不惟可以解诗,即凡古书之不题撰人者(即不在作品上署名)者,皆可以其说推之,学者可无事穿凿也。"他的意思是说,该说的,陈启源的说法已经很客观了,他的观点不仅可以解释《诗经》中的作品有名或无名、署名(有作品名称)或不署名(没有作品名称)的情况,而且可以以此来看待古书上署名或者不署名的原因了,学者们可以接受(相信)陈

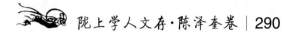

氏之说,不必再去怀疑了。这个评价应该是很高的了,它也告诉我们,秦汉以前的著述不题撰人即不署作者之名应该是符合实际情况的。

由以上秦王嬴政读韩非书而不知道作者是谁,汉武帝读司马相如的赋而不知道作者是司马相如,以及陈启源、余嘉锡对周秦之前古人著述不署名情况的研究,我们可以知道,秦汉以前,人们或因自谦或因习惯,作品上不署名应该是普遍现象。而更有可能的情况,也许是当时的人们对署不署名处在一个模糊状态,署与不署都是很自然的事。

二

中国人从什么时候开始自己在自己的作品上署名,其实是个很模糊的事情,如果我们能够找到中国人开始在自己的作品上署名的确切的时间的实证,应该是一件令人愉快的事。

在印刷术出现以前,知识或者信息的传播,用人工抄写应该是一种最常见最容易保存也最方便实用的方式。从现有的秦汉简牍及长沙马王堆帛书等实证资料的情况来看,在相当长的时间里,手写或者说抄书的复制方式,应该和现代印刷业一样,是作品复制、传播的主要方式。

敦煌莫高窟藏经洞的文献中,有大量的唐人写经,它是敦煌遗书中的一个大类。唐人写经,按历史实际看,一部经或者一个经卷,事实上就相当于我们现如今的一部书或一本书。坦白地说,作为敦煌遗书或文献中的一个大类,有关敦煌写经及与写经有关的问题的研究,已经无空白可言,即如写经题记这样的写经的附属品的研究也如写经本身的研究一样,也已经无空白可言。但是,对敦煌写经,不同的人,其关注点不同,有人关注内容,如写经本身的内容,是莲华经还是般若经等;有人关注写经的风格或书法,即写经是何人所写什么书体等;有人关注题记及相关的问题。而这些与写经相关问题的研究,则因人们关注点的不同,以及研究者们关注后用力的不同,因而其研究进展,应该永远是一个进行时。

写经题记,如上文所说,应该是写经的一个附属品,但这个附属品的价值,却在很早就引起很多人的关注,而且对这些写经题记的关注似乎不亚于对写经本身的关注,人们对个别写经题记的关注,甚至于超过了对写经本身的关注。其中的原因,我觉得是由题记本身的价值引起的。因为写经的主体,经及写经所用的材料、书体,很大程度上说是类同者或同质化的东西,如莲花经,般若波罗蜜多经等等,内容是一样的,如果说有区别,那也只是不同的写经手写了相同的经,或者同一个写经手写了多部不同的经而已;而写经的风格,如果一定要说有什么不同,也只是不同的写经手用同样的书体写了同一部经,或者不同的写经手用同样的书体写了不同的经;而写经所用的材料,大致说来,同一时期所产生的写经,尤其是那些标明官方组织的写经,其用材基本上一致。而题记,虽然从形式上说,都是题记,但仔细观察,不同的写经上的题记的内容是不同的,而同样是写在同一内容的经卷上的题记,也因为写经的人或时间不同而不同,有些写经题记有时还会保留下一些与写经不相关的事情,给我们留下了了解写经以外的其他事情的线索。也因此,写经题记,以自身事实上的价值,为自己争得了该有的地位而引起了该有的关注。

从出版物的角度来看,敦煌莫高窟藏经洞的文献中的唐人写经及写经题记的存在,让我们有了了解唐人文化传播的实物资料。首先,它告诉我们,有唐一代,佛经的"出版"相当繁荣,不仅有官办的,更多的是民办的。唐代的佛经,如果我们把它当成当时的出版物来看,其复制、流播的方式主要是手写(抄),也就是主要是写经。同时,敦煌莫高窟藏经洞大量的写经的存在也告诉我们,因为佛教的兴盛,

佛经的需求量大增,由此产生了一种专门的职业——写经,而在印刷术没有出现的古代,"写"相当于现在的复制或印刷,是文字产品流布的主要形式。另外,写经的存在也告诉我们,因为要写经,自然也就产生了一种职业,由此也产生了一种专门人才——写经手,由这些职业人在职业抄写经书的过程中又逐渐形成了一种标准的或者说被市场认可的专门的写经书体——写经体。写经手和写经体的出现,说明了两个问题,从书籍出版的角度看,一是唐代书业的复制方式主要以手写为主,而在唐代已经开始出现的雕版印刷的方式并不是主要方式;二是写经已经职业化了,而且有了一套职业化的流程,而这套流程,在官方主持的写经过程中更为严格和细致,形成了完整的记录,而这些记录,与我们现代出版业的版权记录已经很接近了。

三

20世纪90年代末,机缘巧合,我有机会在敦煌研究院敦煌遗书研究专家施萍婷先生指导下系统地查阅了敦煌研究院、敦煌市博物馆及酒泉、张掖等地博物馆、文化馆藏的所有唐人写经,由此也了解了敦煌研究院及河西各地市现存的所有敦煌唐人写经及题记的情况。因为是做出版的,当年所以有机会系统地查阅敦煌写经,本也是为出版甘肃省内收藏的敦煌文献做准备的,也因此,在系统查阅敦煌研究院和河西各地市博物馆、文化馆馆藏敦煌文献的过程中,唐人写经题记,尤其是那些记录写经从翻译到校勘全过程的写经题记,让我时不时地在脑海里把它们和我们现代出版物的版权记录相联系,因此产生了把写经题记和现代纸质出版物版权记录做些分析对比的想法。此后的一段时间里,我将敦煌研究院保存的写经和当时已知的我能看到的英藏(主要是斯坦因当年从敦煌莫高窟王道士手中骗买的敦煌写经,这部分写经有自己的收藏编号)写经进行了比对。通过比对,发现两者之间有一些明显差异。一是外观即品相方面的,敦煌研究院和河西其他地市博物馆或文化馆馆藏的唐人写经,虽然数量不少,但其中残卷较多;英藏唐人写经,尽管数量上没有敦煌研究院和河西其他地市的馆藏加在一起的总量多,但几乎没有残卷。这说明,当年斯坦因在王道士手中盗买唐人写经时,实际上是进行过认真挑选的,而且特别注重品相和保存完好的写经。另外一个问题是两者之间题记的差别。敦煌研究院和河西其他地市的馆藏唐人写经当中,有题记的很少,不仅少,而且所能看到的题记的内容都比较简单,其中最简单的就几个字,如"某某人写了"。而英藏唐人写经的题记,不仅数量多,而且内容也很丰富。这也说明当年斯坦因在敦煌盗买这批唐人写经时,不但进行过认真挑选,而且特别注重挑选了带有题记的写经。通过对写经及写经题记的比对,特别是对写经题记的比对,我觉得这些写经题记的形式及内容都有进一步研究的地方。在我看来,写经题记,尤其是那些官方组织完成的写经,其写经的写经题记,首先应该是由写经者自撰的一份准确记录写经产生年代及过程的完整的工作记录,而且是明确每个人责任的工作记录。这种写经的参与者一起自撰工作记录的情况,是从何时开始出现的,其具体年份我们不好直接判断,但从许多写经题记格式基本相同,所记内容有一定的基本事项的情况看,它们所反映的应该是写经尤其是官方写经,应该是有统一或者相对规范的管理要求的。而我们知道,形成一种完整而规范的工作要求,事实上是需要一定的时间,需要有一个过程的。按照常理推断,要养成一种工作习惯或形成一种制度,都须有个过程也需要一定的时间,而且这种习惯或者制度,基本规律都是初时阶段可能相对简单,其后随着时间的推移,工作经验的积累,逐渐形成了完整的制度,而有了制度之后,就等于有了工作规范,也就有了工作遵循。一旦变成了工作规范或行业遵循,就有可能变成强制性的工作要求,因而越到后面记录也就更加完整。通过对唐人写经题记的实物或资料的比较，大致也能支持我们的推断。这里我们看几个例子。先看一个现藏敦煌市博物馆的唐人写经《妙法莲花经卷第六》的写经题记的情况：

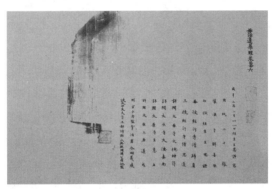

照片中所提示的《妙法莲花经卷第六》及题记，现收藏于敦煌市博物馆（编号为敦煌博物馆 055 号），写经题记的内容，除标明了写经年代（咸亨二年即公元 671 年）、用纸、初校、再校（二校）、三校以及四个详阅人员和监制者的身份、姓名，表明此经应该是官方组织的写经，但没有标明此经为何人所译，这与后面两卷写经题记有所不同，是疏忽还是因为其他原因呢？

下面我们再看两个英藏唐人写经题记的情况：

S.3712《金光明最胜王经卷第八》题记（编号前的 S 表示这个经卷是由斯坦因盗买后收藏于大英博物馆的唐人写经）

大周长安三年（703 年）岁次癸卯十月已口朔四日丙戌，三藏法师义净奉制长安西明寺所译，并缀文正字。

S.2423《佛说示所犯者法镜经》题记（编号前的 S 表示这个经卷是由斯坦因盗买后收藏于大英博物馆的唐人写经）

　　景龙二年(708年)岁次景(丙)午十二月廿三日三藏法师室利未多(唐言妙惠)于崇福寺翻译　大兴善寺翻经大德沙门师利笔受缀文　大慈恩寺翻经大中心德沙门道安等证义　大首领安达摩译语至景云二年(711年)三月十三日奉行　太极元年(712年)四月日正议大夫太子洗马昭文馆学士张齐贤等进　奉敕大宗大夫昭文馆郑喜王详定　奉敕秘书少监昭文馆学士韦利器详定　奉敕正议大夫行太府寺卿昭文馆学士沈全期详定奉敕银青光禄大夫黄门侍郎昭文馆学士延悦详定　奉敕银青光禄大夫黄门侍郎昭文馆学士尚柱李义详定奉敕工部侍郎昭文馆学士护军卢藏用详定　奉敕左散骑常侍昭文馆学士权兼检校右羽林将军上柱国寿昌县开国伯贾膺福详定　奉敕右散骑常侍权兼检校羽林将军上柱国高平县开国侯徐彦伯详定奉敕银青光禄大夫行中书侍郎昭文馆学士兼太子右庶子崔湜详定　奉敕金紫光禄大夫行礼部尚书昭文馆学士上柱国晋国公薛稷详定　延和元年(712年)六月廿日大兴善寺翻经沙门师利检校写　奉敕令昭文馆学士等详定入目录讫流行

上引S.3712《金光明最胜王经卷第八》的题记的内容较为简单,只是表明了写经的时间以及由何人所译。这里我们有必要说一下经与译者及写经者之间的相互关系问题。佛经应该是当年释迦牟尼讲经说法时的要义,后经弟子整理而用梵文写成了经文,传入中土之后为了便于传播,则必须将梵文先行译成汉文,因此,把梵文译成汉文的译者,实际上就应该是汉文经卷的作者了。因此,写经题记标明了译者,实际上也就是表明了经由梵文变成汉文的翻译者实际上就是本卷经卷的作者,而写经实际上也就是写经手接受别人的委托,把作者的作品按要求进行复制的行为。而这个题记还告诉我们几个重要信息,本卷经书的译者也即作者,是奉敕翻译,也就是说是受上级指派进行翻译,是职务作品。另外,它告诉我们,该卷经是由法师义净独立翻译并缀文正字(词语修改)的,也即是说,该经的翻译、修改是义净独立完成的,是事实上的个人作品,义净应该是该卷经的作者,题记标明了翻译和修改者的名字,这说明这卷经的翻译者也即是作者,在写经上是可以署名的了。

S.2423《佛说示所犯者法镜经》题记内容较前一个更加丰富,除了记录了译者(亦即此汉文经卷的作者)及在何处译成之外,与此有关的笔受缀文、证义、译语、进呈、详定(多人)、检校写人等以及奉行、入目、流行的时间等,都一一详加记录,表明这是官方组织的写经,以及官方组织的写经由翻译、笔受缀文(修改词语)、译语(译文词语规范?)、奉行、进呈的过程以及其后多级多人详定、检校写到最终登记入目、流行的全过程,这个过程,现在看,有点像现在大型电视剧末尾版权记录的字幕的样子了,各相关人等都一起出现了。只不过所不同的是,唐人写经题记的末尾,少了那句我们惯常所见的"版权所有,翻录必究"的用语。另外,从参与写经过程的所有人等都标明了官衔,说明了这卷写经应该是职务作品。参阅其他唐代由官方组织的写经题记会看到,这是一种常见的题记形式,可见当时的官方写经,不仅有严格的程序,也有严格的规范,事实上已经形成了一套完整的制度,也即是说,正式的官方写经,必须有翻译、审定、证义等一套完整的工作记录,方可入目(登记备案),然后流行(允许传播或者发行)。

通过以上三例唐人写经题记的情况以及我们上文提到的有些写经题记只是简单地说"某某人写了"的情况,我们可以知道,唐人写经题记不仅有年份的区别,事实上也存在详略不同的情况,也因此,它们告诉我们,其实写经题记实际上有一个从简单到丰富、粗放到详细的过程,而在这个过程中保留在写经上的写经题记,实际上在告诉我们,唐代的写经,事实上也就是唐代的出版物,而那些由官方组织的写经,更应当是正式出版物,在正式的出版物上标明作者及与出版相关的诸多内容,则让我们穿越时空,看到了古人有意表明作品著作权或者版权的实际存在。

四

如果我们有意把上述所引的唐人写经题记,和我们现在的正式出版物的版权记录做些对比,我们不难发现,它和我们现在的出版物的版本或版权记录,实际上有异曲同工之妙。下面我用几张当下的出版物的版权页或者版权记录页的图片与大家分享:

右上图是 20 世纪 50 年代中华书局出版的历史名著《资治通鉴》的版权页,只是简单地记录了一些重要的事情,如作品名称、作者、出版者、印刷者(复制责任人)、发行、出版时间、印刷数量、印张、定价、书号(书号为统一书号)等。这里面值得注意的是《资治通鉴》点校者注明是"校点资治通鉴小组",告诉我们这是集体校点的作品。

右下图是 20 世纪 70 年代由中华书局出版的《新唐书》版权页。相关信息与 20 世纪 50 年代出版的《资治通鉴》的版权页没有什么大的变化,其中最值得关注的是

图书在版编目(CIP)数据

读史方舆纪要:(清)顾祖禹撰,贺次君,施和金点校.一北京:中华书局,2019.9
(中华国学文库)
ISBN 978-7-101-14050-7

Ⅰ.读… Ⅱ.①顾…②贺…③施… Ⅲ.历史地理-中国-清代 Ⅳ.K928.649

中国版本图书馆CIP数据核字(2019)第168235号

书 名 读史方舆纪要(全十册)
撰 者 [清]顾祖禹
点校者 贺次君 施和金
丛书名 中华国学文库
责任编辑 许 旭 陈友 蔡鸿茗 王学坡 孙文颖
出版发行 中华书局
(北京市丰台区太平桥西里38号 100073)
http://www.zhbc.com.cn
E-mail:zhbc@zhbc.com.cn
印 刷 北京盛彩虹印刷有限公司
版 次 2019年9月北京第1版
2019年9月北京第1次印刷
规 格 开本/680×1230 毫米 1/32
印张 193½ 插页20 字数3800千字
印 数 1-5000册
书 号 ISBN 978-7-101-14050-7
定 价 580.00元

'81/2
(总第二期)

刊名题字 赵朴初

编辑 《读者文摘》编辑部
(兰州市庆阳路230号)
出版 甘肃人民出版社
印刷 兰州新华印刷厂
发行 甘肃省新华书店
经销 全国各地新华书店
书号 17096·40
定价 0.30元

此书在1987年第3次印刷时,已经开始使用国际标准书号了,而且书号的使用方式变成了"统一书号"+"国际书号"的形式。这表明,改革开放以后,我国的版权管理有了新的变化,开始使用国际标准书号了。

左上图是2019年由中华书局出版的《读史方舆纪要》的版权页,其中的信息较20世纪80年代要丰富许多,单从形式上看,就多出了许多的东西:除了原有的作品名称、作者、出版者、印刷者(复制责任人)、发行、出版时间、印刷数量、印张、定价、书号,新增了一套"图书在版编目(CIP)数据",还加上了点校者、丛书名、责任编辑、印刷版次、规格等内容。版权页的信息量较之前有了大幅增加。

上述由同一家出版单位中华书局出版的三种图书的版权记录的变化告诉我们,从20世纪80年代到当下,出版物的版权记录变化实际上是很大的,其过程是从简单到丰富的过程,而且应该是一个渐变的过程,这个过程也告诉我们一个基本事实,那就是,人们对著作权的认识,是一个渐进的过程,版权记录的规范、完善也是一个随着时代发展而渐进的过程。

下面我们再来分享一下20世纪80年代初创刊的《读者》(创刊时的名字为《读者文摘》)的版权页的变化情况:

上页左下图面这是 20 世纪 80 年代初,《读者》(《读者文摘》)创刊后第二期的版权页,只是简单地记录了编辑、出版、印刷、发行等单位及书号、定价等,而且确切地标明当时的杂志使用的是统一书号而不是刊号,这也告诉我们一个情况,在新中国的出版史上,曾经有过书号可以出刊的情况。

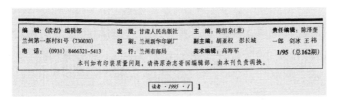

上图是 20 世纪 90 年代中期已从《读者文摘》更名为《读者》之后的《读者》的版权页,版权记录页上的信息,显然比初创时期丰富了不少。除了编辑、出版、印刷、发行等单位及书号、定价,创刊时曾使用的书号已经变成了正规的刊号等外,已经有了编者个人署名的记录。

右图这是 2022 年第 13 期《读者》杂志的版权页,信息明显较前两个时期丰富了很多。可以说,与杂志编辑、出版、发行、广告有关的信息应有尽有。

《读者》杂志不同年代的版权记录,明白地告诉我们,中国改革开放以来著作权意识在我们生活中发生变化的时间和过程,而这个过程也表明了一个基本事实,改革开放,改变的不仅是经济体制,更重要的是人们的思想观念,而人们对著作权的认识则是从模糊到清晰、从粗放到精致的过程。

从 20 世纪 80 年代以来的几个不同时期的不同出版物的版权记录的样本，我们可以看出，即便是在现代著作权意识已经深入人心的当今，对国人而言，版权意识的增强，亦即版权记录的重视，其实也是一个渐进的过程，是一个由粗放向精细的过程。

五

如果我们把唐人写经中那些官方组织的写经题记的内容，和我们现在的出版物的版权记录进行比较，我们不难发现，两者之间在格式上虽然不可能一一对应，二者之间虽然叫法上有些不同，但在一些关键节点上都存在一些对应关系，如作者、出版者、印张(用纸)、编辑(详定、详阅以及一校、再校、三校)、发行(流行)、书号(入目)等等，实际上存在着一定的可比性。而最为重要的是，不论是唐人的写经题记还是当下的出版物的版权记录页，虽然相距千年，但它们都应该体现的是不同时代条件下，政府对出版物进行管理的一个标志。也因此，我们说，对唐人写经题记和现代出版物版权记录信息的比较，会让我们看到，相距远了说(唐初至今)1600 多年、近了说(唐末至今)差不多 1200 年的两个历史时期的人，当其面对性质相同的事情时，思维的大方向应该是一致的，人们对自己所从事的工作以及所需承担的责任等，不论时代远近，事实上都会有所界定，而这种界定，则会因时代的不同有所差异。 我们知道，我们当下出版物的版权记录，自然是因为管理的规范性要求而制定的工作规范要求，而事实上也就是一份实实在在的工作记录。而古人不经意地留在写经上的题记，也许有官方的规范，也许是约定俗成的行业规矩，事实上也是那个时代的工作记录，而在有了版权意识的现代的我们看来，古人的这些工作记录事实上也暗含着自有版权的意义。当然，我们也不排除，古人所以要在写经上用题记的方式，把每个人在写经完成的过程所做的工作

——标明，只是在向佛祖表达个人所有的敬意的可能。但即便是在表达对佛的敬意，即这是我或者我们对佛祖的一点敬意，但不可否认的是也表达着这种敬意是我或者我们的，是属于我或我们的，而不是他人的，用现在的眼光看，也还是在无意间流露出来了一定的权属意识。由此，我们可以说，如果说我们现在出版物上的署名权、版权记录是明白无误地以法律规定的著作权意识的体现，那写经题记就是那个时代人们有意识的著作权的正式记录。如果说，现代著作权中最能体现作者著作权的事项是在作品上的署名的话，从时间上说，中国人在作品上署名的意识，早在唐代就有了。而从我们上文列举前人有关古人著作权的研究以及唐人写经题记的内容和20世纪80年代以来的当代出版物的版权记录的内容，我们也能体会到，国人的著作权意识，从无到有，从粗放到完善，经历了一个漫长的过程。

唐人写经，在印刷术还没有出现之前，应该像现在的出版物一样，是那个时代事实上的出版物，是传播知识、文化的事实上的主要途径，因此在写经上的署名，也应该看作是在作品上事实上的署名。如果我们把官方组织的写经作为正式的出版物来看待，那写经上的署名，就是在正式出版物上的事实上的正式署名。若以上我们的推论成立，那我们就可以认为，至少在唐代，在作品上署名已经成了风气，而这种风气的形成，一定是需要时间即有一个过程的，由此我们也可以知道，至少在唐代，中国人已经有了在作品上署名的习惯。而事实上，如果唐代开始在自己的著述上署名已经成为风气，已经成了习惯，那我们有理由相信，在自己的作品上署名的开始时间还可以推至隋代以前，因为隋朝的大一统时间很短，我们有理由相信，在自己的作品上署名的情况，也许在隋以前就有了。

我们可以想象，我们经常讨论的各种制度或者跟制度相关的体制等许多重大问题，在其初始阶段也许就很简单，也许就是为了相互之间相互理解、避免误会,于是乎开始形成一些相互都明白也相互愿意遵守的约定, 并不会像后世正襟危坐而需要专业人士青灯黄卷历经千辛万苦才能理出头绪那么复杂,许多制度,也许就是在相互争吵得不可开交时突然觉得应该有个约定,而这种约定,若能在实践中得到贯彻,就有了演化成制度的可能。著作权的出现,也许就是为了避免作品的归属不清以及为了保护创作者该有的权益而进行的事先约定而已,只是随着时代的发展和进步,创作者越来越多,也因为人心不古,为了相互区别,也为了防范无良者剽窃,故而逐步有了在作品上署名的约定或成例。这也许就是我们现在大家所熟悉的版权或著作权法所以会产生的由来。

为经典树碑，为经典立传

——《中国编辑》访谈录

引言

这是 2018 年 3 月我接受《中国编辑》采访时的访谈录，内容涉及出版业的多个方面，尤其是《读者》杂志的方方面面。我觉得，出版业应该是为经典作品树碑立传的行业，发现经典，传播经典，为经典树碑为经典立传，使之传之久远，应当是职业出版人的职业理想。

所谓经典，就是指那些能够名扬当世同时又能传之后世的作品。经典作品，应该分为两个大的范畴，一个是经典名著，一个是经典名篇，简单说就是图书和文章，名著名篇。中国有倡导经典阅读的优秀传统，从孔子将《诗》由三千首变成三百零五篇（俗称诗三百）以及历代的各种文选，影响较大的如南朝萧梁太子萧统的《昭明文选》、清代吴乘权、吴调候叔侄俩的《古文观止》，都是倡导经典阅读的成功范例。《诗》三百篇和《昭明文选》《古文观止》，现在看，它们既是名著也是名篇的集大成者。《读者》应该是中国改革开放以来，倡导、引领经典阅读的最成功的范例，或者叫倡导、引领经典名篇阅读的最成功的范例，这种倡导或引领不仅成就了它期刊中排头兵的地位，也成就了它成为品牌型的名刊。当然，它在成就自己的过程中，也使许许多多的名人名作得以彰显，成了名人名作广泛传播的平台和媒介，使他们和他们的作品成为经典有了渠道和可能。从一定意义上说，《读者》也是在中国改革开放的过程中自觉传承了中国经典阅读的优秀传统,自觉担当了引领经典阅读的责任。作为职业出版人,躬逢盛世,能够在职业生涯中参与经典作品搜集、整理、传播,为之树碑为其立传,使之传之久远,应该是我们的职业骄傲。而我们几十年一以贯之的坚持,最终造就了《读者》的辉煌。

《中国编辑》:

读者集团拥有"中国期刊的第一品牌"——《读者》杂志,集团名称更是以她来命名;2018 年初,《读者》杂志再次获得中国出版政府奖期刊奖,《读者》在人们心中的重要地位,不言而喻。您曾说过,《读者》的灵魂在于她所倡导的文化价值观。请您结合《读者》的选文标准,谈谈她的文化价值观与编辑思想内核以及如何在优秀文化的传播中体现其自身价值?

陈泽奎:

自 20 世纪 80 年代起,《读者》杂志名闻遐迩。2006 年《读者》的月发行量曾经达到创纪录的 1003 万份。因而,《读者》成功的原因的探讨,一直是刊界的热门话题。发表的专著、论文,就一份杂志的专门研究而言,可谓可观。仔细阅读这些专著和论文,给人能留下深刻印象的,是它们所关注的问题。概括起来,大致集中在以下几个方面:一是对杂志发展过程的细节的挖掘;二是对杂志装帧设计、栏目设置的分析;三是对杂志经营模式的探究;四是杂志选文风格的分析;五是杂志办刊宗旨的解读;六是对杂志审美情趣的分析;七是林林总总的关于个人在办刊过程中的作用的描述。个人以为,对一本杂志的研究而言,涉及的面足够广,内容足够丰富。但个人同时也认为,研究还存在一些值得进一步深化的东西。我以为，一本杂志的价值取向，也即是杂志的精神魂魄更值得研究。人无精神魂魄，即是一副皮囊，杂志无魂魄即可视为精神垃圾。要考察一个人对社会是不是有用的人，我们最常用的方法，就是考察他的"三观"，即世界观、人生观和价值观。如果"三观"正确，那他是一个合格的社会人，也就意味着他是一个对社会有用的人；如果"三观"不正确，那我们说，他是一个不合格的社会人，他对社会而言，负面作用有可能大于正面作用。对一个人的考察，应该看他的"三观"。如果我们要考察一份刊物对社会的影响是好还是坏时，我们该拿什么做标准呢？通常，我们会用"二为"（为人民服务，为社会主义服务）、"双百"（百花齐放，百家争鸣）、出版政策法规为标准。这无疑是正确的。但个人认为，单有上述标准是不够的，笼统地说用"二为""双百"、出版政策法规衡量办刊是好还是坏，虽然从表面上看放之四海而皆准，而实际上却失之机械。实际上，每一种刊物是有灵魂的，而这种灵魂又是通过办刊人对刊物内容的把控体现出来的。个人认为，一种刊物，符不符合"二为""双百"、出版政策法规，只是取得了刊物的通行证，刊物与刊物的好、坏之分则是通过刊物的内容特别是刊物是不是有"魂"而表现出来的，而刊物的这个"魂"，个人认为就是办刊人的文化价值取向。一种刊物取什么，弃什么，完全取决于办刊人的文化价值观，是通过对文章的选择和对什么事表示褒扬、对什么事表示贬斥体现出来的。《读者》的成功，不仅仅表现在什么节点上创刊、什么节点上采取了何种经营策略和做了多少公益、如何包装上，因为与它同时创刊、经营策略比它精细丰富、做公益不比它差、包装远比它精美的刊物不在少

数，许多和它同时且当时名气、实力在它之上的刊物在昙花
一现之后凋零了。我认为，《读者》的成功，就在于在"文革"
结束、我国改革开放、拨乱反正的大背景下自觉充当了优秀
价值观的弘扬者。什么样的文化价值观是优秀的文化价值
观呢？我以为，正义、公平、善良、友爱、诚信、平等、仁慈、大
度、宽容、自律、谦虚、礼让都是它的范畴。如果以此为参考
来考量《读者》刊发的文章，以它们为主旨的文章可谓俯拾
皆是，而且是几十年一以贯之。正其如此，也就使得刊物有
了能打动人心的东西，使之能够触动人们内心深处最柔软
的东西，与千千万万阅读者能够产生共鸣也就不难理解，因
此而长盛不衰也就在情理之中了。

　　回看《读者》发行量的几个高点，都是编者很好地把握
了正向文化价值观的时点。

　　做一个优秀价值观的弘扬者的角色，对20世纪80年
代初期创刊的杂志来说，正当其时，也是创刊者的智慧之
处。20世纪80年代，是中国拨乱反正之年，也是中国人思
想极其活跃的一个时期，也是中国人价值观由极度单一向
多元取向转化时期。人应该怎样生活？什么样的人是高尚
者？什么样的人生更有价值？这些问题是当时人们急切需要
找到正解的问题。正向的、优秀的文化价值观既是国人的渴
望，也是正本清源的利器。而在当时的背景下，能够从古今
中外的视角，向国人提供路标性的参考资料者如凤毛麟角。

　　时代的需要为能够满足这种需要的精神产品提供者打
开了通天大道。谁把握住了时代的脉搏，谁就拿到了进入通
天大道的通行证。显然，在这场智者的游戏中，《读者》找到
了破解迷局的钥匙。《读者》杂志在办刊之初在文化价值观

的选择上做了正向选择。文章的选择脱离了生硬和明显的标签式的用阶级以分优劣的表达，突破了地域和社会形态的藩篱，更多的时候是用全新的视觉，选取人们在日常生活当中足以体现人性高尚的细节来表达编者的价值取向和认同。从大的方面看，这种正向的文化价值观主要表现在既有对民族优秀文化的弘扬，也表现在对世界各民族优秀文化的接纳和汲取，并使两者在杂志的内容搭配上相互交融，形成了杂志自身的风格。从小的方面看，这种正向的文化价值观，表现为不拘内外，凡优秀者为我所用的用文取舍。也即是说，在对待不同背景的文化上采用理性、客观的唯物主义态度，摒弃了"文革"时期单以阶级、阶级的意识形态意识做形而上学的判断和取舍。而杂志的这种探索，不是通过大张旗鼓的群众运动式的宣扬，也不是通过政府的强力推动来普及，它是通过取自人们生活中的富有生活气息的故事，以随风而至随雨滋润的方式把严肃的探索变为春雨润物的浸润，把激烈的争辩变成了温婉的细语。正其如此，沉重的话题，变成了轻松的恳谈，因而也使它有了打动人心的力量。

上述的认识，既是《读者》在办刊过程中的遵循和实践，也是真正体现它自身价值的地方。

《中国编辑》：

《读者》与读者可谓唇齿相依、一衣带水。2017 年 6 月，"首届读者大会"的成功举办，不仅响应了国家对于全民阅读的号召，更加拉近了《读者》与读者之间的关系。《读者》创办者之一的胡亚权认为《读者》最核心的东西便是读者关系管理得好。在新时代，您认为读者关系管理的关键是什么？如何更有效地做好编读往来工作？

陈泽奎：

　　《读者》杂志在其发展的过程中,对读者关系的管理应当说是一个与时俱进的过程。个人觉得,《读者》在读者关系的管理上有一些成功的探索。首先是让读者参与办刊,这就是诚邀读者荐稿,这个举动让广大的读者有了参与感,至今读者的荐稿仍然是《读者》杂志刊发文章的重要来源。其次是《读者》创刊之初至上世纪九十年代中期一直坚持的不定期的阅读奖评选活动,极大地吸引了读者的参与与关注,为《读者》杂志的社会影响力形成及品牌形成起了助推作用。第三是"编读往来"和"心声"栏目的设置。"编读往来",实际上编辑和读者的互动;"心声"既是编辑和读者的互动也是两者之间的交流。通过这两个栏目,既可以最直接地收集到广大读者阅读杂志的感受, 也可以最大限度地收集到广大读者改进刊物质量的各种建议或意见, 及时改进办刊方面存的问题。第四是短信评刊和微信评刊。这两种方式都是互联网、移动互联网时代杂志社读者关系管理与时俱进的结果。当然,我列举到的这些方式,具有明显的时代特征。而实际上,到现在为止,在实际工作中这些方式在读者关系管理中经常交互使用,并不机械,并非过了这个时点,这种方式就不用了。在我看来,《读者》最成功最关键的读者关系管理,就是实行开门办刊——让读者荐稿、参与办刊,它极大地调动了广大读者参与的兴趣, 同时也增强了杂志与读者的黏性。未来,公司将继续保持和发扬杂志社在办刊实践中积累的经验,同时也与时俱进,充分利用新技术、新方法,尽量增强与读者的互动与参与感, 使杂志真正成为编辑与读者相互进行思想、学术、文化、情感交流的平台,同时也应努力使杂志变成读者自己的杂志。

《中国编辑》：

　　《读者》杂志多年来坚持推出有思想、有温度、有品质的好文章，因此成就了她精品期刊的地位。内容质量是刊物的生命线，《读者》的编辑是如何对内容质量进行把关的？读者集团对其质量考核提出了什么要求？

陈泽奎：

　　质量，对一切产品、商品而言，都是其生命线。图书、期刊作为特殊的产品、商品，既有意识形态属性又具有商品属性。因其如此，其质量，也就有了特殊的要求。首先是要满足意识形态属性的要求，要符合时代精神，要有正确的政治导向，需要向社会输出正能量。其次，它必须具有优质产品或者商品的基本属性。图书、期刊作为商品或产品，其质量，应该从形式（装帧）、内容上保持一定的水准。比如一篇好的文章，应该逻辑清晰，行文流畅，语言清新，阅读感好；比如好的装帧，应该是典雅、大方、良好的艺术感等。出版物的质量管理，其实是包括了意识形态质量（政治质量）和编辑质量管理两大部分。而编辑质量的管理又包括装帧、内容编辑、编校质量。在一般情况下，各出版单位，都会在法律和行业规范的指引下制定符合法律规范和行业标准的适合自身企业规划的管理制度。这些由企业自主设立的企业规范或制度，都是在上位法的基础上形成的，是"大同"而"小异"。出版物质量管理真正的难度，不在于制度或规范的制定，而是在于在制度和规范的框架下，怎样生产出艺术性或者说读者认同感强，也就是受大众群体欢迎的出版物。对我们公司而言，《读者》杂志是核心产品，《读者》杂志的质量管理，要点在于严格的稿件选择上。首先是它要在海量的可供选择的稿件中选出适于杂志刊载的文章;其次是《读者》杂志最终得以刊载的文章,都是经过多次筛选甚至经过沉淀的作品,如何优中选优,同时通过编辑的工作使其青出于蓝而胜于蓝;第三编辑要按杂志风格最终进行职业化的严格筛选。编辑的职业化筛选就包含了对行业规范和读者、社会需要以及杂志风格的精准判断。在这一点上,对编辑个人的职业素养的养成有很高的要求。这个过程,犹如高级厨师的培养过程,历练和实践是必不可少的功课。而这种素质养成的过程中,需要主持编辑工作的主持人有高于编辑、总揽全局的能力而在此过程中不断地、及时地给予帮助、指点。《读者》杂志所以能够在阅读领域里独领风骚,一批批优秀编辑的职业化素质的养成以及他们不懈的努力是其坚实的基础,而统领编辑的编辑部领导则是真正总其成的操盘人。在读者集团里,我曾经是这为数不多的能够总其成的操盘人之一。而《读者》杂志选文的标准这一一直为业内人士所关注的问题,则是《读者》杂志社优秀编辑职业素养养成的基本功。一般来说,导向正确,时代特征明显,逻辑清晰,行文流畅,语言生动,阅读感强,是《读者》编辑选文所关注的基本要求。以上多个条件同时具备的文章就是编辑眼里的好文章。这些个标准,说起来司空见惯,但在现实当中,多个条件同时具备的这样的文章并不是俯拾皆是,实际上是凤毛麟角,需要编辑有沙里淘金的耐心在海量的信息中去寻找。杂志社对此初心不改,一以贯之,三十多年坚持下来,的确不是一件容易的事情。我们平常说的图书、期刊的质量,个人理解,更多的时候是指内容而言。我个人坚持内容为王是出版业的圭臬的理念,坚持内容为王的出版实践。个人认为,能够被视为经典而长久流传的作品,其内容一定是具备上述多项条件的作品。编刊的过程,实际上就是对内容质量的管理的过程,也是把我们对文化价值观的正确理解贯穿、运用在工作实践中的过程,这两个过程才是真正体现职业化水准的关键所在。公司未来的质量管理也应该是遵循这个轨迹,坚持内容为王,以社会主义核心价值观作为衡量标准,为读者奉献能够经得起时间检验的精神食粮,为人民大众的美好生活提供优质的精神产品。

《中国编辑》:

在《读者》杂志社的那些年,您最想跟我们分享的"编辑部的故事"是什么?编辑工作给予您的意义又是什么?

陈泽奎:

有人的地方一定就有故事,有名有利的地方的故事就会更有情节。读者编辑部的故事,在我看来,就是现实版的《编辑部的故事》,而且故事情节的曲折、丰富程度毫不逊色于原剧,甚至于在某些情节上比原剧更精彩。我在读者杂志社先后工作了近12年,主持编辑部工作有七年之久。我更愿意把编辑部看作一个大舞台,原因是我很欣赏有关舞台的那副对联:不大地方能家能国能天下,平常人物能文能武能鬼神。舞台上既可以演各种各样的活剧,也能容纳下各种各样的角色,它能给剧种和角色带来巨大的张力。人们可以选不同的剧种和不同的角色,根据剧情的需要和角色个人的张力尽情地演绎和展示。因为受教育和职业熏陶的缘故,我对文化的研究一直保持了较高的热情。从文化研究的角度看,从一定意义上说,读者编辑部的故事,就是中国改革开放四十年的一个缩影：读者编辑部的故事演绎了中国改革开放四十年的精彩和不易。作为编辑部一部活剧的重要角色，我更推崇儒家"和而不同"的处世哲学，也更愿意与大家分享这种处世哲学给读者编辑部带来的张力。编辑部的故事中的人和事是每天都必须面对的。编辑部一直以来是精英荟萃之地，精英有精英的精神追求，个性张扬，崇尚自由，这些都是他们的基本特征。和而不同，它让编辑部在处理人际关系上保持了最大限度的宽容，也为有个性的人有了充分体现个性的空间，保持基本的"和"，保留一定的"不同"，让二者在规矩允许的范围内达到一种相对的平衡；杂志有海量的稿件来源，而杂志每期的容量有限，怎么样最大限度地处理好"量"与"质"的关系十分微妙。为了最大限度地发挥好这种微妙，允许在保持杂志风格的同时，留出让编辑充分发挥能动性的不同的余地，"和"而"不同"，在处理杂志内容上保持了最大限度的包容和丰富，让杂志的内容和编辑的个性达到一定的平衡。有了人和事这两个方面的"和而不同"，在遵守规则的同时保留最大限度的宽容和包容，其他一切的一切都会显得微不足道了。

把"和而不同"作为处理人和事的方法，是一种文化自觉，也是一种自我修养。因此我更愿意把编辑部的故事让它变得更"形而上"一些，而事实上，在编辑部的故事中，"形而下"的占比更高也更加多姿多彩。而编辑工作带给我的意义，就是真真切切地感受到了职业和生活的温度：分享过成功的喜悦，体会过遇到困难的焦虑，分担过遇到挫折的痛苦，也深切地感受过大环境的无奈。在改革开放的大环境里，在精英荟萃的职业环境之中，人的文化观、价值观在改革开放的环境里,在多样性文化相互激荡、相互交融、相互影响的背景下,都会受到影响。要在五光十色的诱惑里,保持一种定力,保持独立的思考,保持正确的文化价值观,保持独立人格,实属不易。"和而不同",是一种境界,也是一种智慧,它会让你的生活空间变大,也会让你的职业空间变宽,它会让你的人格与环境和谐相融,也会让你的人格与职业环境相协调,也会在纷繁复杂的环境里让你持一分清醒。

《中国编辑》:

在新媒体发展的探索中,《读者》取得了一些骄人的成绩,比如,读者微信荣登《2017 年中国微信 500 强年榜》第83 位。但毋庸置疑,更是面临前所未有的挑战,请您介绍一下《读者》在媒介融合趋势下的总体构想和举措。

陈泽奎:

融合的本质或者本意,应该是指把不同的东西融会在一起。传统的媒体,主要是指书报刊广播电视等,而新媒体主要应该是互联网、移动互联网或者移动终端。而媒体融合,个人理解会有两种可能:一是形式的融合,把传统媒体形式融合为集成式的一个新载体,如电纸书、智能手机等具有多种功能的载体,集读、说、写、听为一身,可根据客户的喜好选择不同的获取信息的方式;二是内容的融合,把过去传统媒体以各自不同的呈现方式的内容进行整合,在一个平台上可以看到同一内容的不同方式呈现。从原理上和现在技术发展的角度来看,这是办得到而且正在办的过程中。但正如歌德"理论是灰色的,生活之树长青"所言,融合不论从成本节约和社会资源的合理使用上讲,都是值得赞美的,但是不是唯一的、最好的、最后的选择呢? 从自然界的生存状态看,一花独放不是春,百花争艳才是春。未来媒体的发展,说不定会应了罗贯中的那句名言:天下合久必分,分久必合。为什么?我个人觉得,人类对美好生活的向往是无止境的,人类社会对未知世界的探索永远不会停止,因此,不断地推陈出新既是趋势同时也是必然。媒体的融合和各领风骚,我判断,必然会不断上演。现在的融合,像拼盘和脍菜,看上去样样俱全,但带来的是个性的消失。出版史证明,历史上信息载体和传播方式的情形,基本上是"江山代有才人出,各领风骚数百年",呈现的是不断地推陈出新而同时又多元并存的局面。融合固然带来了快捷、方便,但会使单媒体的鲜明特色消失。工匠精神,慢工出细活:手打的铁锅、铁壶热卖不是传说,石碑、木匾在特定的场合仍然不失优雅也是现实,"非遗"所传承的,绝大多数是较为原始的手工艺。基于这样的理解,我觉得新时代媒体的情况一定是合分互见、各呈异彩的局面,而且这个局面靠个人之力是无法撼动的。面对这样的大趋势,我们一定要记得那句话,形势比人强,你若比人强,就必须顺应时势,在此状况下,适应大势是我们最好的选择,《读者》现在能做的,就是充分利用互联网移动互联网等现代技术,做好《读者》公众号、客户端等新传播方式,让它原有的选文风格适应当下的传播方式和阅读需求。另一方面,则是把现在已经深入人心的纸质版杂志做到尽善尽美,使其成为纸质期刊中最后一个匈奴。当然,规避风险,多元布局,也是新时代的一个明智的选择。历史实践一再告诉我们,在大势面前,顺之者昌,逆之者亡,我们作为一个企业的管理者,应该学会当明白人。

《中国编辑》：

2021 年,恰逢《读者》杂志创刊 40 周年,您希望在那时达到一个什么样的发展目标?为加速促进这一目标的实现,这几年的工作重点应该是什么?

陈泽奎：

办企业的,其共同的理想,恐怕就是希望自己创立的企业是常青树,自己创办的公司能够成为百年老店。读者人也不例外。《读者》创刊于 1981 年,如今已走过了三十七年的历程。在已经过去的三十七年中,《读者》可谓风生水起,创造了属于它自己的光荣与辉煌。而今,几近不惑的它与报刊行业一起,正在经历无情岁月的洗礼。当下,以《读者》为代表的大众类阅读刊物所面对的是互联网、移动互联网等新媒体带来的阅读方式变化的挑战。我曾经写过一篇文章,叫《纸质出版的失落》,对纸质出版物的近况和未来谈过一些看法。"可以说,读者杂志 37 年的发展过程,是中国纸质出版在改革开放以来发展的一个缩影:1978 年到 2008 年以前的从无到有、快速发展,经历和分享了 30 年改革开放带来的丰硕成果;2008 年以来则经受着阅读市场和阅读方式变化带来的痛苦和失望。……逝者如斯,纸媒曾经的辉煌渐次成为追忆。而面对互联网、移动互联网的方兴未艾,纸媒的失落将是从事纸媒出版者在一定时段内不得不面对的新常态。"在自然界物竞天择,适者生存,是自然界的铁律;在市场经济条件下,适者生存,优胜劣汰,也是铁律。《读者》未来首先是要找到适宜它生存的土壤和环境,转型发展是它的第一战略目标,主动拥抱互联网,利用新技术,走融合发展之路。其次,在实现转型发展的过程中,要切实找到适合自己转型的路径和支撑点,看到事物发展的多样性,把自身优势和不断推陈出新相结合,保持自己的个性,探索走个性化发展之路。生存然后才能发展。个人觉得,《读者》未来的大目标是成功实现转型发展,小目标是继续当好期刊的排头兵,紧紧抓住 2020 年全面建成小康社会的机遇,在构建中国人美好生活的过程中构建出自己的发展空间。

《中国编辑》:

近年来,读者集团与多家企业签署战略合作协议,发展领域已从出版、培训拓展到社会公益、文化旅游、文化地产、IP 开发运营等多方面,基本上形成了一个跨界融合的全产业布局。在这个布局中,如何更好地利用自身优势,同时借力各家优势,促进全产业的发展?

陈泽奎:

历史上的读者出版集团,实际上是一个轻资产运营的公司,主业就是图书和期刊出版。2015 年上市之前,在数字出版、动漫、文化产业等方面做了一些布局,但总体上还是围绕出版主业的规划。2015 年 12 月上市之后,公司在产业布局上有了重要调整,主业之外,金融、保险、文化基金、文化地产、研学旅行等方面都有一些动作。2017 年 6 月,经甘肃省委省政府批准,飞天出版传媒集团划归读者出版集团,实现战略重组。重组之后的读者出版集团实现了编印发一体运营,成了名副其实的地方性综合出版集团,公司的多元布局和多元发展有了重要的基础。此外,自 2016 年公司领导班子经甘肃省委省政府调整之后,新一届领导班子在对外合作方面有了很大进展,先后与中信、人民社、人教社、中铁十七局、甘肃省教育厅、敦煌研究院等签订战略合作协议。这种布局，既有公司上市之后产业布局的需要，也有公司从长远发展进行的规划。公司从过去一个完全轻资产运营的企业，变成一个编印发一体的公众公司，除了主业的经营，还多出了为股民营利的责任，多元布局实际上成了一个"不得不"的选择。看看国内的上市出版企业，个个都大抵如此。我们多元布局也好，签订多家战略合作也罢，首先是从做强主业、做大产业方面考虑，谨慎地选择战略伙伴。其次，强强联合，大胆地寻找在各自的领域里有广泛、良好的影响力的企业或单位做战略合作伙伴，扩大上市公司的影响力。第三，选择真正能够优势互补的合作者，补短板、消洼地，增强综合实力。这些动作的目标就是利用自身优势，借用外部资源，优势互补，拓展市场空间，增强可持续发展的信心和能力。从长远看，这些布局都是必要的；从近期看，这些布局都还是初始阶段，取得成效尚需时日。

杂志、编辑及其他

一、关于杂志

杂志,查工具书,有简单明了的定义:杂志(Magazine),有固定刊名,以期、卷、号或年、月为序,定期或不定期连续出版的印刷读物。它根据一定的编辑方针,将众多作者的作品汇集成册出版,定期出版,又称期刊。也因此,一本杂志或者期刊,对读者而言,就是一种连续出版物或者一本书或者一期杂志,但对一个以杂志或期刊编辑为职业的人来说,意义却大不相同,对他们而言,杂志或期刊,除了职业而外,也是他们生活的一部分。面对千姿百态、形形色色的杂志,对职业编辑而言,就像在观察社会生活当中的人世百相,也因此,职业编辑眼中的杂志或者期刊,对职业编辑而言就有了与读者不同的看法。

(1)一本杂志或期刊,对职业编辑而言,实际上就是自己的职业平台,这个平台既是自己的职业岗位也是自己文化价值观的展示平台。杂志作为媒体是信息发布的平台,但杂志绕不开的问题就是用什么不用什么,发谁的不发谁的,也因此,发布什么样的信息,选谁的发谁的,则完全取决于办刊人的选择。杂志或者期刊,形形色色,千姿百态,它们之间的区别,除了自然科学和社会科学这些大的分野之外,各种杂志的区别,实际上就是对信息进行不同选择的区别。从职业人的角度看过来,杂志,特别是阅读类杂志对作者作品的选择,实际上就是办刊人以自己的文化价值观对作者作品的审视,对作品的好与不好的判断,是以编辑的三观为标准给作品的评价。也因此,每一期杂志或者每一种杂志最终呈现给读者的作品,事实上是经过编辑认真甄别或选择之后的东西,而在这个甄别或选择的过程中,对作品价值最终给出的认同与否,即用或是不用,实际上表现出来的既是编辑对作者作品自身价值的认同与否的衡量标准,实际上也是编辑自身价值观的体现,编辑从选择稿件到最终完成编辑的过程,实际上也是一个把符合办刊宗旨也符合自身文化价值观的作品介绍给更多愿意了解的人的过程,也是一个自身文化价值观传播的过程。在一定程度上说,编辑有什么样的文化价值观,必然会有什么样的稿件的选择。文化价值观直接影响着编辑也影响着我们对事物的判断。对同一事物的不同看法,实际上反映的是文化价值观的不同。好与坏,美与丑,善与恶,真与假,实际上在不同的人之间是有着不同的理解的,这种不同,不仅只是事物本身的不同造成的,而且也是在不同文化价值观里也有其不同的评价标准造成的。正因为文化价值观是影响我们对事物判断的主导因素,因此不同的杂志的内容的不同选择,实际上就是不同文化价值观的体现。阅读类杂志的区别,实际上就是对阅读价值理解的区别。一些优秀杂志在创刊之初就会做一些必要的选择,把传播优秀文化、传导正向价值观作为自己的办刊理念,与广大读者的阅读期待相契合,并由此而获得了读者的认同。

(2)一本杂志或期刊,对职业编辑而言,既是职业舞台也是人生舞台。人这一生,职业选人或人选职业,在一定意义上,职业既是一个人的职业选择也是一个人的人生选择,也因此,职业或者岗位既是一个人的职业舞台也是一个人的人生舞台,人生的精彩与否,一定意义上也是与个人职业的精彩与否相联系的。也因此,演好职业角色实际上也在演绎自己的人生角色。杂志或期刊,事实上是给每个编辑提供了一个展示自己才华的舞台。尽管杂志之间有类的不同也有定位的

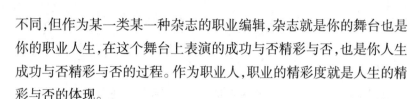

不同,但作为某一类某一种杂志的职业编辑,杂志就是你的舞台也是你的职业人生,在这个舞台上表演的成功与否精彩与否,也是你人生成功与否精彩与否的过程。作为职业人,职业的精彩度就是人生的精彩与否的体现。

(3)一本杂志或期刊,对于职业编辑而言,实际上也是职业擂台。杂志众多,市场竞争激烈,无异于精英角逐,擂台比武。杂志的市场竞争,实际上是生存之争,是不见硝烟的战争,从业者的能力是这场竞争的核心竞争力。杂志与图书的最大的不同处,在于图书的榜单很有可能是一次性的,他反映的是某个出版社甚至某个责任编辑在一个单项上的业绩;杂志的榜单则往往不是某一期的发行量,反映的往往是杂志多年的积累。这是杂志的耐力比拼,是杂志职业编辑们的比武擂台,考验的是职业人一以贯之的治刊水平,是一种综合的考量。事实上,对杂志考量的硬指标,实际上就两个,那就是印数和社会影响力。正常情况下,大众阅读类杂志的印数也是社会影响力的反映。对大众阅读类的杂志而言,事实上的硬指标就一个,就是印数的大小。由此说,杂志必须重视印数,因为这是品牌和社会影响力的基础,这也是作为杂志的操盘手们最终能站直了的底气。

(4)从微观上说,一本杂志或期刊,实际上应该是一个创意与技巧相结合的产物,一本杂志的封面、栏目、内容、版面设计、插图、编排次序、印刷用纸、整体品相都大有讲究。也因此,杂志,事实上就是编辑们编辑专业水准和技巧的综合展示。比如,大众阅读类的杂志,一般都会有栏目设置。栏目越多,说明分类越细,杂志的内容越丰富。栏目设置的目的,实际上就是办刊人自己为丰富杂志的内容而自设的要求,某种意义上说,有点像初学书法者的描红本的意思,是为了让初学者更好地掌握空间感。一旦书家练到炉火纯青时,就不能以"格"来约束自己,而是要破"格",完成从必然王国向自由王国的转变,从整体上来考量作品的布局,该大则大,该小则小,要讲气韵讲格局讲留白。杂志栏目的设置,实际上也有这样的妙用,就是提醒你用稿的方向。但是,栏目的设置一定要和杂志的内容相结合来考虑设置的多少,不能只求表面上的丰富而忽略了内容的实际情况,要讲究整体的把握,不能让栏目约束整体格局,要能认识到杂志的内容是足,栏目是履,只能按足试履而不可削足适履。再如,杂志的编排也有许多细节,文章的长短、软硬的搭配,都是学问。文章的长短好理解,而文章的软硬就看个人的理解。我们说的硬文章,是指那些偏于说理、教人思考的文章,软文则一般是指那些文学性、故事性较好的文章。长短搭配、软硬搭配,都是要调节读者阅读疲劳的问题。这种细微之处的把握,需要细心体味。而这些技术或技巧性的合理运用或使用,是一个职业编辑职业化水平的具体体现。

二、关于杂志与编辑

我们说,杂志或期刊,对职业编辑而言,既是职业平台也是职业舞台也是职业擂台,也因此,作为该行当的职业人,应当具备对自己所从事的行当应该有的职业操守和敬畏。以下,我们将重点讨论一下有关职业编辑的职业意识。

杂志编辑,更书面的叫法应该称期刊编辑。但不管是叫杂志还是期刊编辑,实际上也只是我们平时对从事杂志或期刊编辑职业的所有人的职业称谓,事实上,杂志或期刊编辑不仅是一种职业称谓,虽然称谓相同,但其职业分工却各有不同。从专业角度讲,从事这个职业的人,大致可以分为从事自然科学研究成果记录的科技杂志或期刊(包括科技类学术研究和科普类两大类刊物)编辑和从事社会科学研究成果记录的社科杂志或期刊(学术型的社学科学研究类和大众阅读类两大类刊物)编辑,而我们的这种划分,充其量也只是就其所编辑内容的学科大类进行的一种简单的划分，在具体的职业执业情况，还要根据不同的学科进行具体的划分。一般情况下，社会科学和自然科学虽然有不同学科的差别，但在其工作过程中的有些内容则是可以交叉的，当然，这种交叉也仅限于涉及较为简单的涉及生活常识方面的内容的相互交叉，在面对较为专业特别是较为尖端、前沿性的学科领域，对不同专业的编辑的专业性要求就会更高更专业。另外，从专业的职业角度讲，作为从事精神内容生产、文字产品加工的编辑，无论是社科期刊还是科技期刊的编辑，都应具备包括文字功底、编辑技术在内的职业技能，以及读者意识、专业意识、规范意识、精品意识等基本的职业意识，这是其共性。但从社科杂志或期刊和科技杂志或期刊的学科属性及所承载的不同社会职能来看，则应该说还是有着显著的差异。广义上讲，社科杂志或期刊传播社会科学、人文科学的研究成果，主要传播的内容涉及人类社会生活现象和精神生活现象；科技杂志或期刊传播自然科学研究成果，内容涉及无机和有机自然界的各种类型、状态、属性、运动形式等各种现象。前者跟人类的意识形态、精神世界紧密相关，后者针对客观世界的运动变化。因此，对社科杂志或期刊和科技杂志或期刊的办刊人、编辑的意识和社会责任，在坚持职业和专业要求的共性基础上，也应该有一些适合各自工作特点的不同要求。

（1）关于社科杂志编辑的职业意识。需要说明的是，我这里所要说的编辑的职业意识，是在具备基本职业素养，是在认真贯彻党和国家出版方针政策和出版管理法律法规条例基础上，是在保证正确的办刊方向的前提下，对期刊编辑的一些希望，不符合这些条件的杂志，自然不在我们讨论的范围内。

我个人认为，在以上前提下，社科杂志或期刊的编辑应该具备以下五种职业意识。

创新意识：创新意识，从本质上说，就是不满足于现状的一种自我革新的意识，这种自我革新不单单是源于外力的挤压，更多的是源于内心的改变现状的自觉。从一定意义上说，创是解决有和无的问题，即从无到有的变化叫创；而新的内涵则是针对原有事物的突破或者变革，事物发生的变化都可以看成是新。对文学、哲学、艺术、历史的研究，是人类对自身物质生活和精神生活的观照，是对自身文明程度自觉的观照，而人类对自身物质生活和精神生活、自身文明自觉的观照，是一个不断发现、发展、变化的过程，是一个由时代特征组成的漫长的过程，是一个每个时代都会有自己特征的过程。因而人类对自身的观照是一个无穷的过程，而对人类自身观照的研究的新视角、新方法和新认识，是智慧也是突破，也是一种创新。社科杂志或期刊尤其是大众阅读类的刊物，其不同于科技杂志或期刊的重要之处在于，丰富多彩的社会生活，为社科杂志或期刊特别是大众阅读类刊物适应环境、自我变革，自我更新提供了无限的可能。社科杂志或期刊特别是大众阅读类刊物，其所发表、传播的研究成果并不完全是按照实验、计算、求证而来，编辑对作者作品的编辑过程，实际上是对作者的创造性劳动给予理解与完善的过程。社科杂志或期刊的创新，在一定意义上说，是面向大众阅读的大众阅读类刊物的创新，要求编辑能够从丰富多彩的现实生活中及时地发现那些带有个人创见，突破先前优于当下的反映当下生活或时代精神的经典作品。从总体上把握和预测处在动态的、变化的、发展之中的社会需要，发现新选题；从社会需要和文化视点的结合中对选题进行多视角、深层次的开发，使之具有独到的文化和学术价值，以适应时代的发展，满足读者的需求，起到传播新思想、新观念、新知识的作用。此外，社科杂志或期刊编辑的创新意识的实质就是编辑全过程中所体现出来的对创新性思维的引领和把握，并把这种引领和把握运用在构思选题、组织稿件、物色作者、修改稿件等编辑过程中。同时,从职业技能的角度来说,对期刊编辑机制的重构、编辑方法的修正、编辑手段的更新,也体现了编辑工作的创造性。

市场意识:社会主义市场经济条件下,市场意识也就是生存意识,求生存,在一定程度上也是我们能办好刊物的动力之一。社科杂志或期刊,除了一部分学术研究性的杂志或期刊之外,绝大部分是面向市场的大众阅读类刊物,这些刊物一个明显不同于专业科技杂志或期刊(不包括科普期刊)之处在于,所涉及的领域都是和人们的社会生活现象、精神生活密切相关的,因此,它们不能只是在象牙塔里翻阅的本本,而应是在最广大的受众中流传的、活的精神产品,这样才能达到最大的传播效果,把最新的观念、知识传播得更广。普及性是衡量其是否成功(事业和商业的成功)的重要标志之一。所以社科杂志或期刊不能只讲宣传工具、政治效果,还要讲其商品属性、传播效果。社科杂志或期刊特别是大众阅读类杂志的编辑必须具备市场意识和营销能力,掌握出版、制作、营销等多方面的本领,运用价格规律、市场规律来办刊。在市场定位上,要主动依据市场需求,寻求杂志或期刊的市场定位,确立杂志或期刊的方向和风格;在题材设计上,要紧跟时代,多策划反映当下、急读者所急的选题;在内容编辑上,要注重读者反馈,及时改进刊物的内容和形式,适合读者不断变化的阅读方式;在营销手段上,通过一切可能的技术手段和方法,创新营销模式,加强宣传,开拓市场,赢得更多读者。

正向价值观意识:杂志或期刊的生存对办刊人而言意义不言而喻的,但是我们说,在解决生存问题的同时,我们不能忘记了我们职业该担负的社会责任和文化使命。其实,在当前条件下,期刊是党的舆论宣传阵地是我们一直强调和坚持的导向意识。社科期刊作为意识形态领域一种重要的宣传阵地,不仅是党和人民的喉舌,而且把握正确的舆论导向,引导读者树立正确的人生观、价值观,传递正向价值观和正能量,是社科期刊编辑必须把握的工作遵循。在这里,我想和大家分享个人对正向价值观的理解。我个人理解的正向价值观,应当不限于政治导向,而且应当包括思想导向、价值导向、行为导向、知识导向等,是一个全面的、系统的价值体系。比如,文艺类期刊就应该"以科学的理论武装人,以正确的舆论引导人,以高尚的精神塑造人,优秀的作品鼓舞人"为指引,给读者提供健康阳光积极向上的精神食粮和娱乐方式;法治类期刊就要引导读者知法、守法、用法;生活类期刊就是引导读者追求文明、优雅、积极的生活方式。在当前,社科期刊所要传达的正向价值观就是社会主义核心价值观。

文化积累意识:文化积累实际上是社会变迁和文明进步的过程。一切民族和地区的文化都是一个动态的积累并进化、进步的过程,并且无时无刻不在积累之中。文化积累是渐进的、隐性的过程,随着生产力的发展、社会的变迁,新的文化元素不断地被发明创造出来,经传播、选择而被社会接纳,同时,旧的文化元素中的一部分被保留下来,同新的文化元素同时发挥功用,从而形成特定时期、特定民族或地区的文化。因此,文化的进步过程并不意味着新旧和异质、异地文化的断裂和冲突,而是不断互相砥砺、融合的过程。而承载这一过程的载体,除过固化的物质形态、无形的习俗和观念外,最重要的就是出版物,是图书,是杂志或期刊,是报纸。而这三者当中,杂志或期刊应该是介于两者之间而兼有二者之长,比图书的生产周期短又有报纸的连续性、灵活性,便于购买便于携带便于留存。也因此,杂志或期刊在文化的积累和传承方面当充分认识自身的特点和优势,发挥好自身的特点和优势,及时地把人们日常生活中能够反映时代特征和现实精神的优秀文化因子收集整理,使之发扬光大传之久远,这当是我们每一个杂志或期刊工作者的责任也是应该有的社会担当。我们应该自觉地把这一责任和担当扛在肩上，做好文化薪火传承的接力人和推动者。因此，社科杂志或期刊的编辑一定要有包容的胸怀和文化传承的使命感，也要有基本的文化素养，即既具有做好文化积累工作的能力，也当具有做好文化积累工作的自觉。

个性化意识：这里说的个性也就是办刊人的特色意识。据中国期刊年鉴的统计，我国现有期刊的数量已经近万种，在如此众多的杂志群里，要想引起大家的关注，让人愿意花时间去欣赏你，有点个性或者特色，也许就是我们有别于他人的地方，千人一面或者虽有不同但其实则大同小异，是很难被读者记住的，记不住，自然也就谈不上喜欢或者不喜欢了。在这里，我们要说，大众阅读类的杂志或期刊，更应该注重自己的特色和个性，这是我们能够从众生中脱颖而出成为唯一的路径，也是我们能够在激烈的市场竞争中立于不败之地的有效途径。在群雄逐鹿的杂志或期刊市场上，也只有那些特色鲜明、个性鲜明的杂志或期刊，才有可能成为大众青睐的上品。看看中国现如今的社科杂志或期刊特别是大众阅读类的杂志或期刊，能够成为名刊大刊者，都是个性和特色显著者。因此，在市场充分竞争的条件下，为使杂志或期刊特色鲜明，个性突出，就要从杂志或期刊的性质出发，关注社会关注现实关注生活，在符合管理要求的前提下，发别人之未发，见别人之未见，想别人之未想，别开生面，不随波逐流，让个性、特色成为读者在乱花渐欲迷人眼的繁杂环境中选择的鲜明标志，才能为读者认可，收获读者的青睐，让你的杂志或期刊最终成为读者众里寻你千百度之后的唯一，若没有个性和特色做支撑，跟风逐浪，随波逐流，在现在崇尚个性和特色的时代背景下，只会泯然众生，在这个有多元化选择的时代，自然只会被大众多元的选择无声地吞没。

（2）关于科技杂志编辑的职业意识。下面，谈谈我所认为的科技期刊编辑所应具备的四种职业意识。

诚如前文所提到的,需要说明的是,我这里所要说的科技杂志或期刊编辑的职业意识,也是在需要具备基本职业素养,是在认真贯彻党的出版方针政策和出版管理法律法规条例基础上, 是在保证正确的办刊方向的前提下,对科技杂志或期刊编辑的职业要求或希望,有违这些条件的杂志或期刊不是我们所想关注的。

影响力意识:对办刊人而言,每个人都希望自己所办的杂志或期刊在读者、行业和专业领域里具有较大的影响力甚至话语权,这是每个杂志或期刊办刊者所梦寐以求的, 社科杂志或期刊和科技杂志或期刊都是如此。如果把影响力作为一个评价结果来衡量,影响力的大小对科技杂志或期刊而言, 犹如发行量的大小对大众阅读类刊物的影响一样,是一个标志性指标。对科技杂志或期刊而言,影响力是硬指标,对大众阅读类刊物来说,大发行量是硬指标。对科技类刊物来说,因为其先天的曲高和寡,市场狭小,受众较少,是其与生俱来的短板,而以声誉、质量、品牌为特征的影响力的培育和养成,对科技杂志或期刊来说,就显得尤为重要。而能够充分体现其影响力的,当然是那些能够证明自身学术水平和对科技进步所作的贡献的大小。《科学》《自然》等杂志,从发行量和赚钱能力上看,远远不及新闻、生活类杂志或期刊,但没有人敢于否认它们对社会进步所作的巨大贡献。实践证明,刊物的高质量形成普遍认同,普遍认同形成影响力,影响力形成公信力,公信力形成品牌。所以说,高质量的研究成果刊载是科技杂志或期刊影响力的基石, 影响力是科技杂志或期刊的长盛不衰的灵魂。做有影响力的杂志或期刊,应该也是科技杂志或期刊所追求的最高荣誉。

学术底线意识:没有规矩不成方圆,科技杂志或期刊运营是否规范,直接关系到期刊的质量和声誉。对科技杂志或期刊来说,形成影响力或品牌很难,或许需要几十年,甚至上百年的努力,成名不易,但毁掉其声誉却很容易,而对声誉造成损伤最常见的行为,莫过于流于平庸和学术不端。这些年国内某些学术杂志或期刊中存在的收取版面费,发表论文和研究成果不是凭质量,而是看金钱和社会关系,有些杂志或期刊因为编辑人员的工作不慎,发表无良之人剽窃、抄袭之作,这些问题的出现,不仅有社会风气、作者失德的原因,也有我们编辑自身处事不慎或把关不严的问题,而这些问题的存在,造成了极坏的社会影响,败坏的不仅是杂志或期刊的信誉,更是科学的尊严。因此,一个称职的科技杂志或期刊的编辑,必须自觉规范自己的行为,秉持客观公正的原则,牢牢把握办刊宗旨,对稿件凭原则,对作者无亲疏,不要让纯洁的、承载科技进步使命的园地成为庸俗交易的场所,坚决向不规范现象说不,用我们自己的实际行动维护职业尊严,维护科学的尊严。

科技积累意识:人类社会在其发展过程中对有形的物质世界和无形的未知领域的探索和研究,是推进人类社会文明进步的原动力,其成果是人类文明进步的标志和体现。对人类在其文明进程中对有形的物质世界和无形的未知领域研究成果的传承和记录,体现着后人对前贤的伟大创造的认知和态度。对先贤和前人的智慧和创造的完整记录、传承和赓续,是人类社会得以不断发展的重要组成部分。科技杂志或期刊所记录、传承的对象,是科学工作者们实实在在观察、实验、演算、求证的结果,科学的严肃和严谨,要求它的记录者也应该有严肃严谨的科学态度,对待日常工作中的每一个问题或成果必须是准确的,不允许像文学作品一样的似是而非、模棱两可的表述和虚构。对这些记录人类在不同发展阶段的文明成果,都是人类科技发展史上不可或缺的一环,少了某一环,以后的发展都会失去基础,文明的演进就缺少了逻辑。因此,文化传承和积累意识是科技杂志或期刊编辑的基本功,容不得任何夸张和疏忽。同时,科技杂志或期刊编辑也要具备社科杂志或期刊编辑的人文素养，使科学精神和人文素养相辅相成，让科技杂志或期刊变成真正闪耀着人类社会创造性智慧光芒的载体。

前沿意识：科学技术是第一生产力，科技在人类社会发展过程中对社会文明的推动是革命性的。人类科技创新的每一次进步，都极大地提高了社会生产力的飞跃和发展。对科技进步的关注，特别是对当代科技前沿领域的关注，是每一个科技杂志或期刊编辑需要投入极大的热情和精力全心关注的焦点。记录、传承最前沿的研究成果，关注全新的研究领域，对未知领域的积极关注，较之我们对自己负责的文稿进行审查，对其内容进行加工，订正知识性错误，发现逻辑错误，为作者完善成果提出指导性意见等等，这些只属于日常的技术性工作，前者更为重要。因此，科技杂志或期刊编辑既需要有应对日常工作要求的科学基础和学术根底，还要有积极关注新技术、新方法、新理论以及新观点的眼界和意识。因此，科技杂志或期刊编辑必须在自身所具有的专业知识基础上，强化学术积累意识，提高知识更新能力，努力学习新知识，不断调整知识结构，更新知识外延，修正已过时的知识，尽最大努力适应科技发展的需要，跟上科学研究发展的脚步，这样才能够很好地适应科学技术发展对于科技杂志或期刊编辑的新要求。

三、好杂志的几个特征

这里，我想简单谈谈一种好的杂志或期刊，所应具备的特征。

其实，杂志或期刊的好与不好是个泛概念，是相对的。事实上，好与不好是随着人们的评价标准的变化而变化的，标准的变化也意味着好与不好的结果可能是完全不同的。因此，我这里说的好杂志或期刊，当然只是指按照我们现在条件下的评价标准提出的自己的一孔之间。其实，杂志或期刊的好与不好，最有发言权的当然是读者，杂志或期刊的好或者不好，应该是由阅读者自己判断的，作为办刊人来说，在一定程度上说，对刊物好与不好的判断也仅限于自己的认知范围，不代表每一个读者自己的阅读感受。因此，这里有关好杂志的判断，也只是一个职业人自己的感觉。

第一，一种好杂志，应该是既有时代特征又有文化底蕴的公众媒介，既是办刊人文化价值观的载体，也是一个社会公德、社会文明建设的积极参与者，是社会正能量的传播者，是社会正义的维护者，是正向价值观的倡导者，是学术良心的守护者，学术规范的执行者，会鼓励和批判、自觉和自省相结合，从正反两个方面促进良好社会风气养成的建设者。这些要求，是公众对杂志的希望也应该是办刊人的自我遵循，对办刊人来说是一个不低的要求，也正其如此，期刊才有了存在的价值。

第二，一种好杂志，应该特色鲜明，个性突出，旗帜鲜明地弘扬真善美，旗帜鲜明地鞭挞假恶丑，自身应该是为推进社会文明进程提供思想、学术、知识支持的平台。人类社会文明建设的过程，是一个不断探索不断提高不断进步的过程，是一个不断变化的过程，是一个螺旋式上升的过程，也是一个需要各种文明之间不断总结、积累和相互交流与实践的过程。在这个过程中，媒体应该有自己的作为和担当，杂志应该是良好社会风尚的引领者，应该以传承人类既有文明成果和发现生活当中有益于推进人类社会进步的新成果为己任，在弘扬优秀民族文化的同时注意吸收世界各民族的优秀文化，让自身成为先进文化的继承者、倡导者和传播者。

第三，一种好杂志，应该是人民群众进行社会文明建设和社会创造的见证者。"理论是灰色的，生活之树长青"。人民群众的丰富多彩的社会实践和自身生活的丰富多彩，给我们观察社会、理解生活提供了丰富的范本,为研究和创作者提供了丰富的素材,好杂志应该是一个职业有心人的用心之作,应该是现实生活的忠实的记录者,应该是称职的历史见证人, 应该成为后人了解今天人们生活的最真实的记录,让我们无愧于时代,让杂志无愧于时代,书写于我们杂志上的文字应该是有长久生命力的活的文字。

第四,一种好杂志,应该是让社会主义核心价值观深入人心的摇旗呐喊、擂鼓助威者,当以开阔的视野和训练有素的职业眼光,博采广纳,包容并蓄,从个人和社会、国家等不同层面,发现和搜集那些能够反映社会主义核心价值观在现实生活中的真实实践与表现,传统优秀文化与社会主义核心价值观有机融汇的生动实践,把它们用积极的态度及时地反映在我们的记录里,让它们成为指导我们生活,提升个人自觉践行社会主义核心价值观的范本或参考。

第五,一种好杂志,应该是从里到外充满朝气和阳光,充满自信和自尊,既有生活气息又具学术高雅,既有亲和力又庄重大气,是生活的写实也是远离庸俗的精神净地, 是出世者的寺院和入世者的庙堂,是热爱者永远的念想也是嫉俗者的精神寄托,是永远源于生活高于生活又充满人间烟火气的大智慧大境界的体现者, 是既烂漫又现实永远不会过时也永远不会无谓浪费阅读者时间和生命的那一个。

第六,一种好杂志,实际上是软实力的集成。好杂志,除了我们上文说到的一些事项之外,还有其不做不知道的许多道道。而这些许多读者看不到的道道当中, 最核心的当然是编辑团队的整体水平和杂志社的整体管理水平,一句话,人的能力是第一位的。做杂志和看杂志,完全是两回事,事非经过不知难,书到用时方恨少。做杂志,看似容易,做则不易,其中的甘苦只有做了才能体会。我们看杂志,外行看热闹,内行看门道。比如一篇文章 3000 字,刚好排在一面上当然最好;如果一面排不下,怎么办?一般最简单的办法是转到下页。但转下页时，你是接着排还是放底边还是另找地方，这大有讲究。好多杂志，在处理这种情况时很随意，会采用最简单的办法，打上"转下页"或"转第某页"，然后随便找个能放下的地方再写上"接某页"完事。这种方式，编者省事，读者费事。一个好编辑，会尽量避免这种现象。他会用增和减的办法，尽量把一篇文章安排在一个面上或者几个面自然转页接排。所谓增就是排版时如果正好差三行满页，那就想办法增加三行，正好排满一个面，这是增。所谓减，正好相反。这是技巧，但原则是技巧不能害文义，即技巧的使用不能妨碍文章的原意。一本好杂志，一个好编辑，在他日常的工作中，在读者看不见的地方，要处理的这种情况非常多，如标题怎么放，什么字体，几号字，占几行，上下留多少空等等，都是要认真考虑的。作为编辑，除了熟练掌握编辑技巧，还需要更多的敬业精神。编辑熟练的编辑技巧和敬业精神是杂志软实力的坚实基础，而这种软实力，也是好杂志或期刊所以能成为好杂志或期刊的基本要素。

杂志和编辑，就如舞台和演员，一出好戏，没有舞台，演员无处施展；有舞台，而演员功底欠佳，则两不相配。编辑这个行当，是一个理论偏弱而实操较强的行当，好杂志和好编辑，都是在实践中磨炼出来的。

附录

陈泽奎主要著述目录

1.《制度史研究的硕果——简评〈中国近代外交制度史〉》,《甘肃社会科学》1992 年第 2 期。

2.《简评〈中国古代文官制度〉》,《兰州晚报》1992 年 7 月 8 日。

3.《伯希和和他的敦煌石窟笔记》,《兰州晚报》1991 年 1 月 21 日。

4.《简评〈斯坦因第三次中亚探险所获甘肃新疆出土汉文文献——未经马斯伯乐刊布的部分〉》,《敦煌研究》1993 年第 3 期。

5.《试论唐人写经题记的原始著作权意义》,《敦煌研究》1994 年第3 期。

6.《浅析社会主义市场经济体制下编辑的职责》,《甘肃出版》1995 年第 2 期。

7.《灾害学研究的硕果——评〈西北灾荒史〉》,《甘肃社会科学》1995 年第 4 期。

8.《区域灾荒研究的力作——〈西北灾荒史评介〉》,《甘肃出版》1995 年第 4 期。

9.《简评〈道德范畴与当代中国伦理建设〉》,《甘肃书讯》1996 年第 4 期。

10.《经济不发达地区出版业在实现阶段性目标转移中面临的困难及其对策》,《甘肃出版》1997 年第 6 期。

11.《谈谈〈读者·乡村版〉的特色》,《甘肃新闻出版》2000 年第 2 期。

12.《〈读者·乡村版〉应对市场的思考》,《甘肃新闻出版》2000 年第 3 期。

13.《谈谈〈读者·乡村版〉的创意》,《编辑学刊》2005 年第 5 期。

14.《〈读者·乡村版〉的创意与策划》,《出版发行研究》2000 年(增刊)。

15.《中国期刊的结构、生存环境与资源配置》,《甘肃社会科学》2001 年第 2 期。

16.《当前农村刊物现状的思考》,《中国出版》2001 年第 3 期。

17.《路从脚下开始——〈读者〉的成长与创新》,《记忆与收藏》2006 年 5 月。

18.《落实科学发展观,推动〈读者〉杂志发展》,《甘肃新闻出版》2006 年第 1 期。

19.《路从脚下开始——〈读者〉的成长历程》,《甘肃工作》2008 年第 1 期。

20.《在创新中发展　在发展中升华——出版业历史和现实的几点思考》,《甘肃传媒》2014 年第 6 期。

21.《纸质出版的失落》,《明周刊》2015 年第 9 期。

22.《出版,创新中走来的产业》,《甘肃传媒》2016 年第 4、5 期。

23.《应时而作,顺势而为——解读〈读者〉为什么能成长为品牌杂志》,2016 年第三届中国期刊品牌建设年会论文集二等奖论文。

24.《为经典树碑,为经典立传——〈中国编辑〉访谈录》,《中国编辑》2018 年第 5 期。

25.《杂志杂谈》,《中国编辑》微信征文。

26.《体制与社会文明》,兰州新闻网,《文摘报》2020 年 7 月 18 日转载。

27.《漫话道地甘肃文化和甘肃人》,兰州新闻网 2020 年 4 月 12 日,《文摘报》2019 年 12 月 14 日转载,收入《人文甘肃》第六辑。

28.《武威,威武》,兰州新闻网 2020 年 5 月 8 日。

29.《乡愁,化不开的文化情结》,读者读书会 2020 年 7 月 3 日。

30.《再读〈岳阳楼记〉》,兰州新闻网 2020 年 8 月 22 日,百度 APP 转发。

31.《风过河西》,兰州新闻网 2020 年 12 月 15 日,《读者欣赏》 2023 年第 10 期。

32.《北宋神宗朝堂上的大咖们(一)》,兰州新闻网 2019 年 2 月 19 日。

33.《北宋神宗朝堂上的大咖们(二)》,兰州新闻网 2019 年 2 月 20 日。

34.《北宋神宗朝堂上的大咖们(三)》,兰州新闻网 2019 年 2 月 21 日。

35.《北宋神宗朝堂上的大咖们(四)》,兰州新闻网 2019 年 2 月 22 日。

36.《1951 年—1995 年甘肃版敦煌学类图书概说》,《谈文论化》 2021 年 4 月 13 日。

37.《闲话西北》,《谈文论化》2021 年 6 月 30 日。

38.《1951 年—2007 年读者出版集团有限公司(甘肃人民出版 社)发展概述》,《谈文论化》2021 年 7 月 1 日。

39.《六盘山上高峰》,《谈文论化》2021 年 10 月 5 日。

40.《说说〈通鉴〉里的"臣光曰"》,《谈文论化》2021 年 10 月 15 日。

41.《好杂志的五个特征》,《谈文论化》2021 年 12 月 17 日。

42.《写在地名里的历史》,《谈文论化》2021 年 12 月 30 日,《奔流》 转发。

43.《天惠张掖》,兰州新闻网 2022 年 3 月 25 日。

44.《杂志、编辑及其他》,兰州新闻网 2022 年 4 月 6 日。

45.《文化,就在人们的日常生活里》,《谈文论化》2022 年 5 月 13 日,《奔流》分次转发。

46.《文献里的敦煌》,《中华读书报》2022 年 6 月 15 日,《光明日报》光明网同步转发。

47.《穿越千年说版权》,兰州新闻网 2022 年 7 月 29 日,《奔流》转发。

48.《公元 371 年的往事》,《谈文论化》2022 年 8 月 19—28 日。

49.《醉里挑灯看酒泉》,《谈文论化》2022 年 10 月 22 日。

50.《学着看历史》,《谈文论化》2023 年 1 月 7 日。

51.《风雨过草原,驻马望长安——鄂尔多斯盆地上的人文底色》,《谈文论化》2023 年 5 月 26 日。

52.《三十年河东,四十年河西——纸质出版今昔谈》,《谈文论化》2023 年 8 月 16 日。

53.《不一样的赵匡胤》,《谈文论化》2023 年 11 月 26 日。

《陇上学人文存》已出版书目

第一辑

《马　通卷》马亚萍编选　　《支克坚卷》刘春生编选

《王沂暖卷》张广裕编选　　《刘文英卷》孔　敏编选

《吴文翰卷》杨文德编选　　《段文杰卷》杜琪　赵声良编选

《赵俪生卷》王玉祥编选　　《赵逵夫卷》韩高年编选

《洪毅然卷》李　骅编选　　《颜廷亮卷》巨　虹编选

第二辑

《史苇湘卷》马　德编选　　《齐陈骏卷》买小英编选

《李秉德卷》李瑾瑜编选　　《杨建新卷》杨文炯编选

《金宝祥卷》杨秀清编选　　《郑　文卷》尹占华编选

《黄伯荣卷》马小萍编选　　《郭晋稀卷》赵逵夫编选

《喻博文卷》颜华东编选　　《穆纪光卷》孔　敏编选

第三辑

《刘让言卷》王尚寿编选　　《刘家声卷》何　苑编选

《刘瑞明卷》马步升编选　　《匡　扶卷》张　堡编选

《李鼎文卷》伏俊琏编选　　《林径一卷》颜华东编选

《胡德海卷》张永祥编选　　《彭　铎卷》韩高年编选

《樊锦诗卷》赵声良编选　　《郝苏民卷》马东平编选

第四辑

《刘天怡卷》赵　伟编选　　《韩学本卷》孔　敏编选
《吴小美卷》魏韶华编选　　《初世宾卷》李勇锋编选
《张鸿勋卷》伏俊琏编选　　《陈　涌卷》郭国昌编选
《柯　杨卷》马步升编选　　《赵荫棠卷》周玉秀编选
《多识·洛桑图丹琼排卷》杨士宏编选
《才旦夏茸卷》杨士宏编选

第五辑

《丁汉儒卷》虎有泽编选　　《王步贵卷》孔　敏编选
《杨子明卷》史玉成编选　　《尤炳圻卷》李晓卫编选
《张文熊卷》李敬国编选　　《李　恭卷》莫　超编选
《郑汝中卷》马　德编选　　《陶景侃卷》颜华东　闫晓勇编选
《张学军卷》李朝东编选　　《刘光华卷》郝树声　侯宗辉编选

第六辑

《胡大浚卷》王志鹏编选　　《李国香卷》艾买提编选
《孙克恒卷》孙　强编选　　《范汉森卷》李君才　刘银军编选
《唐　祈卷》郭国昌编选　　《林家英卷》杨许波　庆振轩编选
《霍旭东卷》丁宏武编选　　《张孟伦卷》汪受宽　赵梅春编选
《李定仁卷》李瑾瑜编选　　《赛仓·罗桑华丹卷》丹　曲编选

第七辑

《常书鸿卷》杜　琪编选　　《李焰平卷》杨光祖编选
《华　侃卷》看本加编选　　《刘延寿卷》郝　军编选
《南国农卷》俞树煜编选　　《王尚寿卷》杨小兰编选
《叶　萌卷》李敬国编选　　《侯丕勋卷》黄正林　周　松编选
《周述实卷》常红军编选　　《毕可生卷》沈冯娟　易　林编选

第八辑

《李正宇卷》张先堂编选　　《武文军卷》韩晓东编选
《汪受宽卷》屈直敏编选　　《吴福熙卷》周玉秀编选
《蹇长春卷》李天保编选　　《张崇琛卷》王俊莲编选
《林　立卷》曹陇华编选　　《刘　敏卷》焦若水编选
《白玉岱卷》王光辉编选　　《李清凌卷》何玉红编选

第九辑

《李　蔚卷》姚兆余编选　　《郗慧民卷》戚晓萍编选
《任先行卷》胡　凯编选　　《何士骥卷》刘再聪编选
《王希隆卷》杨代成编选　　《李并成卷》巨　虹编选
《范　鹏卷》成兆文编选　　《包国宪卷》何文盛　王学军编选
《郑炳林卷》赵青山编选　　《马　德卷》买小英编选

第十辑

《王福生卷》孔　敏编选　　　《刘进军卷》孙文鹏编选
《辛安亭卷》卫春回编选　　　《邵国秀卷》肖学智　岳庆艳编选
《李含琳卷》邓生菊编选　　　《李仲立卷》董积生　刘治立编选
《李黑虎卷》郝希亮编选　　　《郭厚安卷》田　澍编选
《高新才卷》何　苑编选　　　《蔡文浩卷》王思文编选

第十一辑

《伏耀祖卷》王晓芳编选　　　《宁希元卷》戚晓萍编选
《施萍婷卷》王惠民编选　　　《马曼丽卷》冯　瑞编选
《祝中熹卷》刘光华编选　　　《安江林卷》陈润羊编选
《刘建丽卷》强文学编选　　　《孙晓文卷》张　帆　马大晋编选
《潘　锋卷》马继民编选　　　《陈泽奎卷》韩惠言编选